D1653888

Modalpartikeln zwischen Syntax, Prosodie
und Informationsstruktur

Fachrichtung Angewandte Sprachwissenschaft
sowie Übersetzen und Dolmetschen
der Universität des Saarlandes
Alberto Gil – Johann Haller – Erich Steiner – Elke Teich
(Hrsg.)

Sabest
Saarbrücker Beiträge
zur Sprach- und Translationswissenschaft

Band 20

Peter Lang
Frankfurt am Main · Berlin · Bern · Bruxelles · New York · Oxford · Wien

Manuela Caterina Moroni

Modalpartikeln zwischen Syntax, Prosodie und Informationsstruktur

PETER LANG
Internationaler Verlag der Wissenschaften

Bibliografische Information der Deutschen Nationalbibliothek
Die Deutsche Nationalbibliothek verzeichnet diese Publikation in
der Deutschen Nationalbibliografie; detaillierte bibliografische
Daten sind im Internet über http://dnb.d-nb.de abrufbar.

Umschlagabbildung:
Abdruck mit freundlicher Genehmigung
von Peggy Daut.

Gedruckt auf alterungsbeständigem,
säurefreiem Papier.

D 291
ISSN 1436-0268
ISBN 978-3-631-60882-1
© Peter Lang GmbH
Internationaler Verlag der Wissenschaften
Frankfurt am Main 2010
Alle Rechte vorbehalten.

Das Werk einschließlich aller seiner Teile ist urheberrechtlich
geschützt. Jede Verwertung außerhalb der engen Grenzen des
Urheberrechtsgesetzes ist ohne Zustimmung des Verlages
unzulässig und strafbar. Das gilt insbesondere für
Vervielfältigungen, Übersetzungen, Mikroverfilmungen und die
Einspeicherung und Verarbeitung in elektronischen Systemen.

www.peterlang.de

Danksagung

Die vorliegende Arbeit stellt die überarbeitete Version meiner im Mai 2006 an der Universität Verona verteidigten Dissertation dar. Betreut wurde diese von Alessandra Tomaselli (Verona) und Hardarik Blühdorn (Mannheim).

Die vorliegende Arbeit fertig zu stellen, war nur möglich, weil ich von vielen Menschen unterstützt wurde. Ihnen möchte ich an dieser Stelle von Herzen danken.

Mein Dank gilt zunächst Hardarik Blühdorn. Ihm bin ich für seine intensive Betreuung am Institut für Deutsche Sprache dankbar. Alessandra Tomaselli verdanke ich die für meine Arbeit entscheidenden Grundlagen zur deutschen Syntax. Dorothee Heller (Bergamo) bin ich für ihr Vertrauen, ihren Ansporn und ihre ständige wissenschaftliche und moralische Unterstützung zum tiefsten Dank verpflichtet. Auch Giuliano Bernini (Bergamo) und Roberto Gusmani (Udine) möchte ich für ihre Anregungen danken.

Die Möglichkeit als Gastwissenschaftlerin am Institut für Deutsche Sprache in Mannheim von Juli 2004 bis November 2007 zu forschen, war für die Entstehung dieser Arbeit entscheidend. An dieser Stelle möchte ich mich beim Deutschen Akademischen Austauschdienst bedanken, der mich 16 Monate lang durch ein Stipendium gefördert hat. Mein Dank gilt ferner dem Dipartimento di Lingue, Letterature e Culture Comparate der Università degli Studi di Bergamo, der meinen Forschungsaufenthalt am Institut für Deutsche Sprache mit einem zweijährigen Stipendium finanziert und damit die Erweiterung der Dissertation zum vorliegenden Buch überhaupt ermöglicht hat.

Am Institut für Deutsche Sprache wurden mir hervorragende Arbeitsbedingungen geschaffen. Dabei wurden mir auch Tonaufnahmen und die dazugehörigen Transkripte von Dialogen aus dem Freiburger Korpus zur Verfügung gestellt, wofür ich mich beim Institutsleiter Ludwig M. Eichinger sowie bei der Leiterin der Bibliothek, Eva Teubert, bedanken möchte.

Herzlich danken möchte ich Vahram Atayan (Saarbrücken/Bonn) für anrgende Diskussionen und ständige Ermutigungen. Claudio Di Meola (Rom) danke ich für wichtige Hinweise zur Strukturierung der Arbeit. Wertvolle Ratschläge habe ich ferner von Reinhard Fiehler (Mannheim), Heinrich Graffmann (Heidelberg), Joachim Jacobs (Wuppertal), Birgit Alber und Stefan Rabanus (beide Verona), sowie von Eva Breindl und Ulrich H. Waßner (Mannheim) bekommen. Stefan Baumann (Köln), Inga Engels (Ulm), Wolfgang Rathke (Mannheim) und Willfried Schütte (Mannheim) danke ich für ihre technische Unterstützung bei der Korpuserstellung und -bearbeitung.

Am Institut für Deutsche Sprache habe ich mich dank vielen Freunden wohl gefühlt, mit denen ich eine wunderschöne Zeit verbracht habe. Insbesondere denke ich dabei an Maria José Dominguez Vázquez (Santiago de Compostela), Stephanie Francke (Mannheim), Selma Meireles (São Paulo), Takashi Narita (Tokyo), Aniko Vargova (Bratislava) und Magdalena Witwicka (Breslau).

Ein besonderer Dank gilt schließlich meiner Familie. Diese Arbeit widme ich Rüdiger.

Trento, Mai 2010   Manuela Caterina Moroni

Inhaltsverzeichnis

Einleitung 1

1. Haupteigenschaften der Modalpartikeln 3
   1.1 Morphologische Einfachheit 5
   1.2 Stellungsbeschränktheit 6
   1.3 Nicht-Ersetzbarkeit 9
   1.4 Fehlende Wahrheitswert-Sensitivität 10
   1.5 Nicht-Akzentuierbarkeit 15
   1.6 Sind Modalpartikeln Konnektoren? 19

2. Forschungsstand 23
   2.1 Modalpartikelforschung 23
   2.2 Informationsstruktur 29
   2.3 Modalpartikeln und Informationsstruktur 33
      2.3.1 Modalpartikeln und Thema-Rhema-Gliederung 34
      2.3.2 Modalpartikeln und Fokus 36
         2.3.2.1 Enger und weiter Fokus 36
         2.3.2.2 Modalpartikeln als Grenze der Fokusprojektion 37
      2.3.3 Zusammenfassung 41

3. Topik-Fokus-Modell und Korpus 43
   3.1 Analysewerkzeuge 43
      3.1.1 Theorie der Fokus-Hintergrund-Gliederung 43
      3.1.2 Theorie der Fokusprojektion 46
      3.1.3 Der Topikbegriff 51
         3.1.3.1 Topiktheorie 54
         3.1.3.2 Die Funktion von Topik- und Fokusakzenten 60
      3.1.4 Prosodie 64
         3.1.4.1 Was versteht man unter Prosodie? 64
         3.1.4.2 Frühe Intonationsstudien 65
         3.1.4.3 Nicht-lineare Phonologie 66
         3.1.4.4 Notation der Prosodie im GAT 73
         3.1.4.5 Modalpartikelrelevante Eigenschaften der Prosodie ... 76
   3.2 Beispielanalyse 80
      3.2.1 Ermittlung der Satzakzente 80
      3.2.2 Ermittlung und Notation von Topik- und Fokusbereichen ... 86
      3.2.3 Ermittlung der Stellung der Modalpartikeln 96
   3.3 Korpus 96

3.4 Ermittlung der Modalpartikelvorkommen 100
   3.4.1 Abgrenzung von den klassischen Konnektoren 101
   3.4.2 Abgrenzung von den temporalen und epistemischen Adverbien 102
   3.4.3 Abgrenzung von den Fokuspartikeln 105
   3.4.4 Abgrenzung von den Gesprächspartikeln 117

4. Stellungsverhalten der Modalpartikeln 121
   4.1 Modalpartikeln in der linearen Reihenfolge des Mittelfelds 121
   4.2 Modalpartikelvorkommen in der Topik-Fokus-Gliederung 126
   4.3 Normalfall: Adjazenzstellung zu einem Informationssegment 129
      4.3.1 An einen Fokusbereich angrenzende Modalpartikeln 129
         4.3.1.1 Einem Fokusbereich vorangestellte Modalpartikeln 130
         4.3.1.2 Einem Fokusbereich nachgestellte Modalpartikeln 136
      4.3.2 An einen Topikbereich angrenzende Modalpartikeln 139
         4.3.2.1 Einem Topikbereich vorangestellte Modalpartikeln 140
         4.3.2.2 Einem Topikbereich nachgestellte Modalpartikeln 143
      4.3.3 Zusammenfassung 146
   4.4 Sonderfälle 147
      4.4.1 Distanz zwischen Modalpartikel und Fokus im Vorfeld 147
      4.4.2 Distanz zwischen Modalpartikel und fokussiertem Finitum 152
         4.4.2.1 Korpusbelege 153
         4.4.2.2 Modalpartikelstellung bei Tempus- und Modus-Fokus 156
      4.4.3 Distanz zwischen Modalpartikel und fokussiertem Subjunktor .. 168
   4.5 Zusammenfassung 173

5. Schlussbemerkungen 175

6. Bibliographie 181

7. Anhang: Transkripte der Korpustexte 189
   7.1 Transkript des Dialogs FR012 189
   7.2 Transkript des Dialogs FR023 195
   7.3 Transkript des Dialogs FR030 202

Einleitung

Thema der vorliegenden Arbeit ist das Stellungsverhalten der Modalpartikeln im Deutschen. Als gesicherte Erkenntnis der bisherigen Forschung hiezu gilt, (i) dass Modalpartikeln im Mittelfeld stehen und (ii) dass ihre Position mit der Informationsstruktur zusammenhängt. So wird etwa in der Dudengrammatik (2005: 597) festgestellt: „Syntaktisch sind sie [*die Modalpartikeln*] auf das Mittelfeld beschränkt und stehen dabei meist vor dem Rhema."

Bereits in den ersten Monographien über Modalpartikeln (Kriwonossow 1977, Hentschel 1986, Thurmair 1989) finden sich Hinweise darauf, dass ihr Stellungsverhalten nicht durch rein syntaktische Mittel erklärt werden kann, sondern dass informationsstrukturelle Kategorien wie Thema-Rhema herangezogen werden müssen. Es gibt aber Modalpartikelstellungen, die nicht mit Rückgriff auf die Thema-Rhema-Gliederung erklärt werden können (vgl. Thurmair 1989: 32-35). Die syntaktische Position der Modalpartikeln scheint vielmehr mit der Akzentuierung als Kodierungsmittel des Fokus zu interagieren. So zeigt Lerner (1987) anhand von konstruierten Beispielen, dass die These, dass neben der Syntax die Akzentuierung die Position der Modalpartikeln steuert, plausibel ist. Die vorliegende Arbeit setzt bei dieser These an, um sie zu präzisieren und dabei der Frage nach dem Stellungsverhalten der Modalpartikeln anhand von authentischen gesprochen-sprachlichen Daten nachzugehen.

Zu diesem Zweck wird nach Analysewerkzeugen gesucht, die es erlauben, an authentischen gesprochen-sprachlichen Daten die Interaktion zwischen Syntax und Prosodie als Kodierungsmittel der Informationsstruktur bei der Steuerung der Modalpartikelstellung zu ermitteln. Vier theoretische bzw. analytische Werkzeuge erweisen sich als geeignet: Jacobs' (1984, 1988) Theorie der Fokus-Hintergrund-Gliederung, Uhmanns (1991) Theorie der Fokusprojektion, Bürings (1997, 2006) Topikbegriff und die Darstellung der deutschen Prosodie von Peters (Duden-Grammatik 2005: 95-128). Aus der Kombination dieser Ansätze wird eine Theorie der Topik-Fokus-Gliederung abgeleitet, die sich unmittelbar auf die Datenanalyse anwenden lässt. In diesem Modell bilden Topik und Fokus informationsstrukturelle Bereiche, die prosodisch durch Lage und Art der Satzakzente kodiert werden, wobei ihre Reichweite syntaktisch durch Fokus- und Topikprojektion eingeschränkt ist. Das Modell erlaubt es, authentische gesprochen-sprachliche Daten so zu untersuchen, dass die lineare und hierarchische Topik-Fokus-Struktur des Redestroms sichtbar wird und sich bezüglich ihrer Auswirkungen auf die Modalpartikelstellung auswerten lässt.

Einleitung

Als Untersuchungsdaten dienen drei Dialoge aus dem Freiburger-Korpus der Datenbank Gesprochenes Deutsch des Instituts für Deutsche Sprache. In den bereits in der Datenbank zur Verfügung gestellten Transkripten wird die zu den Zwecken der Untersuchung erarbeitete Annotation eingetragen. Ferner werden im Datenkorpus aus allen Elementen, die aufgrund ihrer Form als Modalpartikeln fungieren könnten, diejenigen herausgefiltert, die tatsächlich Modalpartikeln sind. Hierzu werden syntaktische und semantische Abgrenzungskriterien angewandt. Dabei müssen Modalpartikeln von Konnektoren, temporalen bzw. epistemischen Adverbien und von Fokus- und Gesprächspartikeln abgegrenzt werden.

Die herausgefilterten Modalpartikeln werden auf ihre Position in der Topik-Fokus-Struktur analysiert. Im Korpus lässt sich eine deutliche Tendenz im Stellungsverhalten der Modalpartikeln feststellen, die zum großen Teil Lerners (1987) These bestätigt, dass Modalpartikeln als linke Grenze der Fokusprojektion fungieren. Allerdings sind im Korpus Stellungsvarianten belegt, die von der Haupttendenz abweichen. In diesem Zusammenhang wird auf das Phänomen des Verum-Fokus und auf die allgemeinere Frage der Akzentuierung des Finitums und des Subjunktors eingegangen.

Die Arbeit ist in vier Kapitel gegliedert. Im ersten Kapitel wird auf Haupteigenschaften der Modalpartikeln eingegangen. Nach einem Überblick über die Entwicklung der Modalpartikelforschung und einem einführenden Teil über den Begriff der Informationsstruktur wird im zweiten Kapitel auf die Ansätze eingegangen, in denen die Modalpartikelstellung mit der Informationsstruktur bzw. der Prosodie als Kodierungsmittel der Fokus-Hintergrund-Gliederung in Zusammenhang gebracht wird. Im dritten Kapitel wird ein Prosodie-basiertes Modell der Topik-Fokus-Struktur entwickelt und dessen Anwendung auf die Korpusdaten vorgeführt. Im vierten Kapitel werden zunächst die rein syntaktischen Stellungsbeschränkungen der Modalpartikeln in der Grundreihenfolge der Stellungsglieder (Heidolph et al. 1981: 703 ff.) festgehalten. Dies erfolgt anhand von schriftlichen Daten aus Moroni (2005). Im Anschluss daran werden die belegten Stellungsvarianten der Modalpartikeln in der Topik-Fokus-Struktur im Freiburger-Korpus ausgewertet und interpretiert. Schließlich werden die rein syntaktischen Stellungsbeschränkungen der Modalpartikeln mit den Ergebnissen der Untersuchung der Modalpartikelstellung in der Topik-Fokus-Struktur in gesprochen-sprachlichen Daten zusammengeführt. Dies erlaubt die Formulierung von Stellungsregeln, die an der Schnittstelle zwischen Syntax und Prosodie als Kodierungsmittel der Informationsstruktur anzusiedeln sind. Die Ergebnisse deuten darauf hin, dass Modalpartikeln als eine Art „informationsstrukturelle Anzeiger" fungieren.

1. Haupteigenschaften der Modalpartikeln

In der Forschung herrscht Uneinigkeit darüber, welche Lexeme zur Gruppe der Modalpartikeln zu zählen sind. Dies liegt daran, dass je nach Ansatz unterschiedliche Eigenschaften als Kriterien für die Abgrenzung dieser Gruppe festgelegt werden. In (1) werden die Lexeme aufgelistet, die der größte Teil der Forschung in bestimmten Verwendungen als prototypische Modalpartikeln betrachtet:

(1) *bloß, denn, doch, ja, halt, mal, nur, schon, wohl*

(2) bis (10) sind typische Beispielsätze, in denen die Lexeme aus (1) als Modalpartikeln betrachtet werden:

(2) Warum ist Hans **bloß/nur** hingegangen, ohne es mir vorher zu sagen?
(3) Wo wohnst du **denn**?
(4) Komm **doch** her!
(5) Ich habe gestern Hans **doch** sofort angerufen.
(6) Ich habe ihr **ja** Blumen geschenkt.
(7) Ich kann dir **halt** nicht weiterhelfen.
(8) Sag **mal**, hast du etwas von Hans gehört?
(9) Keine Sorgen. Du schaffst es **schon**.
(10) Du spinnst **wohl**!

An diesen Beispielen sieht man, dass Modalpartikeln in verschiedenen syntaktischen Positionen und in unterschiedlichen Satzmodi auftreten.[1]

Außer den Elementen in (1) werden in der Literatur auch einige weitere Elemente aufgrund ihres syntaktischen und semantischen Verhaltens in bestimmten Kontexten als Modalpartikeln eingestuft. Die Elemente dieser Gruppe werden normalerweise zu den Adjektiven oder zu den Adverbien gezählt, kommen aber in bestimmten Verwendungskontexten auch als Modalpartikeln in Frage:

(11) *aber, auch, eben, eigentlich, einfach, ruhig, vielleicht.*

---

1 Die im vorliegenden Kapitel besprochenen Beispiele stammen aus der gängigen Literatur zu den Modalpartikeln (vor allem Weydt 1969, 1977, 1979) oder wurden selbst gebildet und muttersprachlichen Informanten am Institut für Deutsche Sprache in Mannheim zur Überprüfung vorgelegt.

Kapitel 1

Zur Erläuterung schauen wir folgende Beispielpaare an:

(12a)   Hans arbeitet nebenbei in einer Kneipe, aber er ist **eigentlich** Künstler.
(12b)   {Hans ist nach Berlin umgezogen.}[2] Weißt du **eigentlich**, bei welcher Firma er arbeitet?

(13a)   Hans kommt **vielleicht** zur Feier.
(13b)   Das war **vielleicht** eine Überraschung!

(14a)   Sind die Kinder **ruhig** gewesen?
(14b)   Gehen Sie **ruhig** hin, er beißt nicht.

In (12a) wird *eigentlich* als Adverb mit der Bedeutung 'wirklich, im Grunde' (vgl. Thurmair 1989: 175) eingestuft. In (12b) dagegen steht *eigentlich* unter dem Verdacht, eine Modalpartikel zu sein. Hier kann *eigentlich* nicht mit 'wirklich, im Grunde' paraphrasiert werden. Oppenrieder/Thurmair (1989: 33) deuten *eigentlich* in solchen Fragesätzen als Anzeiger eines thematischen Übergangs. Ickler (1994: 384) meint, dass *eigentlich* die Frage, in der es auftritt, als Vertiefung eines schon im Kontext behandelten Themas markiert. In (13a) liegt das Adverb *vielleicht* vor. Es ist ein Anzeiger von Möglichkeit. In (13b) dagegen scheint *vielleicht* eine andere Bedeutung zu haben. Ickler (1994: 389-390) meint, dass der Sprecher durch *vielleicht* auf das eigene Angebot hinweist, noch weitere Einzelheiten zu liefern, wenn der Adressat daran Interesse hat. Im Verwendungskontext von (14a) ist *ruhig* ein Adjektiv mit der Bedeutung 'leise, still'. In (14b) dagegen drückt der Sprecher durch *ruhig* eine Erlaubnis aus (vgl. Ickler 1994: 397, Duden-Grammatik 2005: 599).

Obwohl viele Aspekte der Modalpartikeln noch nicht ausreichend erforscht oder umstritten sind, können folgende Merkmale festgehalten werden, über die der größte Teil der Forschung sich einig ist. Modalpartikeln sind:

A   morphologisch einfach,
B   stellungsbeschränkt,
C   weder erfragbar noch durch Proformen ersetzbar,
D   nicht wahrheitswert-sensitiv,
E   nicht akzentuierbar.

---

2   Geschweifte Klammern verwende ich zur Kennzeichnung von Kontexten für den zur Diskussion stehenden Satz.

Haupteigenschaften der Modalpartikeln

Im Folgenden wird auf jede dieser Eigenschaften eingegangen. Anschließend wird der Frage nachgegangen, ob Modalpartikeln als Konnektoren angesehen werden können. Hierbei wird auf die Klassifikation der deutschen Konnektoren von Pasch et al. (2003) Bezug genommen.

1.1 Morphologische Einfachheit

Modalpartikeln werden nicht flektiert. Die prototypischen Modalpartikeln wie *doch, ja* und *mal* weisen die folgenden morphologischen Eigenschaften auf:

(i)   Sie sind monomorphematisch.
(ii)   Sie sind nicht Ergebnisse sichtbarer Wortbildung.

Die Modalpartikeln, die die Eigenschaften (i) und (ii) aufweisen, sind diejenigen, die am stärksten grammatikalisiert sind. Ihre morphologische Kürze ist durch die grammatikalisierungstypische phonologische Abnutzung (*phonological attrition*) bedingt (Lehmann 1995: 126-127). Wegener (1998) weist z.B. auf den im heutigen Deutsch sichtbaren Unterschied zwischen dem phonologisch schwereren, zweisilbigen Temporaladverb *einmal* und der phonologisch abgenutzten Modalpartikel *mal* hin.

Neben monomorphematischen Elementen wie etwa *doch, ja* und *mal* gibt es weitere Lexeme, die unter dem Verdacht stehen, als Modalpartikeln verwendet zu werden. Zu dieser problematischen Gruppe gehören Wörter, die morphologisch komplex, teilweise flektierbar (vgl. Ickler 1994: 376) und phonologisch schwerer als die typischen Modalpartikeln sind. Sie werden nur in bestimmten Verwendungen als Modalpartikeln betrachtet, wo sie den übrigen Kriterien zur Abgrenzung dieser Wortklasse entsprechen. *Eigentlich* wird z.B in einigen Kontexten als Modalpartikel eingestuft, obwohl es deklinierbar, nicht monomorphematisch und klares Ergebnis eines Wortbildungsprozesses ist: Es besteht aus dem Adjektiv-Morphem *eigen* und dem Ableitungsmorphem *-lich* plus Gleitlaut *-t-* (Pfeifer 1993: 266).

Es stellt sich nun die Frage, ob es sinnvoll ist, Elemente, die sich morphologisch nicht wie die typischen Modalpartikeln verhalten, aufgrund der übrigen Kriterien trotzdem als Modalpartikeln einzustufen. Ein Argument hierfür ergibt sich aus der Analyse der Herkunft der prototypischen Modalpartikeln. So stammen etwa auch die Modalpartikeln *doch* und *aber* aus Wortbildungsprozessen, die aber gegenwartssprachlich nicht mehr sichtbar sind. Die Modalpartikel *aber* geht auf das indoeuropäische **apo/apu* 'ab', 'weg' und das ihm affigierte Ableitungsmorphem *-er* zur Komparativbildung zurück und hat daher ursprünglich die Bedeutung 'weiter weg' (Pfeifer 1993: 3). Aus dieser Bedeutung hat sich die heutige semantische Kontrastkomponente von *aber* entwickelt. Doch entwickelte sich nach Pfeifer (1993: 234) aus dem gotischen *Þauh*. Diese Form besteht aus den zwei Morphemen *Þa-* und *-uh*, wobei *Þa* zu dem gleichen Demonstrativstamm wie das Ortsadverb *da* und das Personalpronomen *du* gehört, und *-uh* dem lateinischen *que* ('und') entspricht.

Die Tatsache, dass morphologisch einfache Modalpartikeln Ergebnisse von (nicht mehr sichtbaren) Wortbildungsprozessen sein können, spricht dafür, auch morphologisch komplexe Wörter, die sich ansonsten wie Modalpartikeln verhalten, als solche einzustufen. Soweit sie phonologisch weniger abgenutzt sind, befinden sie sich möglicherweise noch in einem jüngeren Stadium der Grammatikalisierung (zur Grammatikalisierung siehe auch unten Abschnitt 2.1).

1.2 Stellungsbeschränktheit

Modalpartikeln stehen typischerweise im Mittelfeld des Satzes (Abraham 1991a: 244). Dies macht Beispiel (15) deutlich, in dem das Mittelfeld in eckige Klammern gesetzt wurde:

(15) Der Opa hat [**ja** gestern den Enkelkindern das Eis]$_{MF}$ gekauft.

Ob Modalpartikeln auch zusammen mit einer anderen Konstituente im Vorfeld vorkommen können, ist in der Forschung umstritten. Thurmair (1989: 26) führt diesbezüglich Beispiele wie (16) an, in denen *eigentlich* zusammen mit einem *w*-Interrogativum im Vorfeld auftritt:

(16) Warum **eigentlich** hast du mich angelogen?

Es ist allerdings nicht klar, ob es sich in solchen Fällen um Modalpartikeln handelt. Wenn *eigentlich* in diesem Fall eine Modalpartikel ist, dann muss man annehmen, dass es mit *warum* eine Konstituente bildet, wenn man an der Annahme festhalten möchte, dass im Vorfeld nicht mehr als eine Konstituente stehen kann.

Es steht fest, dass Modalpartikeln alleine nie das Vorfeld besetzen können. Wenn die Modalpartikel *ja* aus (15) allein ins Vorfeld bewegt wird, ergibt sich die ungrammatische Konstruktion in (17):

(17)   *ja₁ hat der Opa t₁ gestern den Enkelkindern das Eis gekauft.

Die Vorfeldbesetzung ist für das Deutsche der wichtigste Konstituententest (vgl. Wöllstein-Leisten et al. 1997: 12-17, Tomaselli 2003: 67-68). Wenn ein Ausdruck das Vorfeld besetzen kann, dann bildet er eine syntaktische Konstituente. Die Vorfeldbesetzung ist aber nicht die einzige syntaktische Bewegung, die eine Konstituente durchmachen kann. Syntaktische Konstituenten können auch innerhalb des Mittelfeldes verschoben werden. Diese Fähigkeit haben die Modalpartikeln mit anderen syntaktischen Konstituenten gemeinsam. Die Modalpartikel *ja* kann alle in (18) durch eckige Klammern angezeigten Positionen im Mittelfeld einnehmen:

(18)   Der Opa hat [ja] gestern [ja] den Enkelkindern [ja] das Eis [ja] gekauft

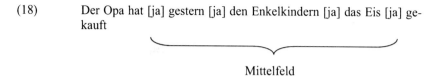

Mittelfeld

Betrachten wir zunächst (19) ohne die Modalpartikel *ja* in der Stellungsvariante eines Verb-Letzt-Satzes, die im Allgemeinen als die Grundstellung des deutschen Satzes angesehen wird (vgl. Wöllstein-Leisten et al. 1997: 28-32).

(19)   (weil) der Opa gestern den Enkelkindern das Eis gekauft hat

Der entsprechende Konstituentenbaum ist:

(20)

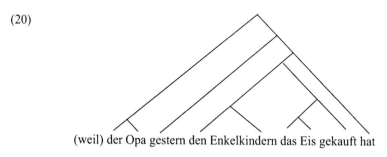

(weil) der Opa gestern den Enkelkindern das Eis gekauft hat

An die erweiterte Verbgruppe *den Enkelkindern das Eis gekauft hat* wird das Zeitadverbiale *gestern* adjungiert. Zu der sich daraus ergebenden Konstituente *gestern den Enkelkindern das Eis gekauft hat* kommt dann das Subjekt *der Opa* hinzu.

Kapitel 1

Wenn wir nun die möglichen Positionen der Modalpartikel *ja* in den syntaktischen Baum eintragen, sieht der Baum wie in (21) aus, wobei der Stern für die Positionen steht, an denen *ja* adjungiert werden kann:

(21)

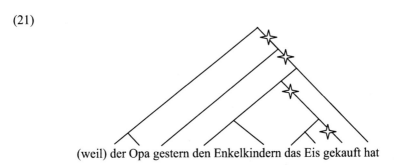

(weil) der Opa gestern den Enkelkindern das Eis gekauft hat

In der Literatur (vgl. Lenerz 1984: 87, Haider 1993: 178-179) wurde die Hypothese aufgestellt, dass Modalpartikeln ihre Grundposition am linken Rand des Mittelfeldes haben, d.h. in unserem Beispiel links von *gestern*. Diese Grundposition wurde mit der Wackernagel-Position identifiziert (Lenerz 1984: 87) oder mit ihr in Zusammenhang gebracht (Haider 1993: 178-179).

In (21) sieht man, dass die Modalpartikel *ja* je nach Stellung als Schwester zu einer anderen Konstituente auftritt: Wenn *ja* sich rechts von *der Opa* befindet, ist es Schwester zu *gestern den Enkelkindern das Eis gekauft hat*. Steht *ja* unmittelbar rechts von *gestern*, so ist es Schwester zu *den Enkelkindern das Eis gekauft hat*. Befindet es sich rechts von *den Enkelkindern*, so ist es Schwester zur Konstituente *das Eis gekauft*. Steht es am rechten Rand des Mittelfeldes direkt vor der rechten Satzklammer, so ist es Schwester zu *gekauft*. Aus (21) ergibt sich kein Hinweis darauf, dass die Stellung links von *gestern* (d.h. am linken Rand des Mittelfeldes) die Grundposition der Modalpartikel sein sollte. Es scheint plausibler, dass Modalpartikeln zu einer verbalen Konstituente unterschiedlicher Komplexität als Schwestern hinzufügbar sind. Unter (22)-(25) sind durch geschweifte Klammern die Konstituenten markiert, zu denen die Modalpartikel *ja* je nach Stellung in Schwesternbeziehung steht. Wenn wir die Modalpartikel innerhalb des Mittelfeldes von links nach rechts bewegen, tritt sie als Schwester zu einer immer kleineren Konstituente auf. Diese Konstituente entspricht möglicherweise dem Bereich für die semantische Auswertung der Modalpartikel.

(22)   (weil) der Opa **ja** gestern den Enkelkindern das Eis gekauft hat

Haupteigenschaften der Modalpartikeln

(23) (weil) der Opa gestern **ja** den Enkelkindern das Eis gekauft hat

(24) (weil) der Opa gestern den Enkelkindern **ja** das Eis gekauft hat

(25) (weil) der Opa gestern den Enkelkindern das Eis **ja** gekauft hat

Der syntaktische Status der Modalpartikeln lässt noch viele Fragen offen. Im einleitenden Teil von Kapitel 4 (Abschnitt 4.1) wird wieder auf die Syntax der Modalpartikeln eingegangen.

1.3 Nicht-Ersetzbarkeit

Im vorigen Abschnitt wurde gezeigt, dass Modalpartikeln den Konstituententest der Vorfeldbesetzung nicht bestehen. Modalpartikeln sind auch weder ersetzbar noch erfragbar (vgl. Thurmair 1989: 30). Diese Eigenschaften entsprechen zwei weiteren Konstituententests: dem Substitutions- und dem Fragetest (wobei der Fragetest ein Spezialfall des Substitutionstests ist; vgl. Wöllstein-Leisten et al. 1997: 14-15, Tomaselli 2003: 70). Was eine Konstituente sein soll, muss durch Proformen substituierbar sein. In Satz (26) sind die substituierbaren Elemente in eckige Klammern gesetzt. In (27) sind die entsprechenden Proformen angezeigt.

(26) [Hans] hat [seiner Freundin] doch [heute] [eine Rose] mitgebracht.
(27) [er]$_{Hans}$ hat [ihr]$_{seiner\ Freundin}$ doch [irgendwann]$_{heute}$ [etwas]$_{eine\ Rose}$ mitgebracht.

Hans, seiner Freundin, heute und *eine Rose* sind durch die Proformen *er, ihr, irgendwann* und *etwas* ersetzbar. Wenn ein Element ersetzbar ist, bedeutet es, dass es auch durch Fragepronomina wie *wer, wem, wann* und *was* substituierbar ist, was die Formulierung der Fragen in (28) bis (31) ermöglicht. Die Antworten auf die Fragen bilden die substituierten Elemente:

(28) **Wer** hat seiner Freundin heute eine Rose mitgebracht? Hans.
(29) **Wem** hat Hans heute eine Rose mitgebracht? Seiner Freundin.
(30) **Wann** hat Hans seiner Freundin eine Rose mitgebracht? Heute.
(31) **Was** hat Hans seiner Freundin heute mitgebracht? Eine Rose.

Für die Elemente, die durch Proformen substituierbar sind, kann jeweils eine Liste auf der paradigmatischen Achse des Satzes eröffnet werden. Aus der Liste wird deutlich, welcher Klasse das ersetzte Element angehört. *Hans* kann z.b. durch andere Nominalphrasen wie *mein Bruder* oder *der Junge, den ich dir gestern vorgestellt habe* ersetzt werden, woraus sich schließen lässt, dass *Hans* selbst auch eine Nominalphase ist. Das Adverb *heute* kann durch andere Temporaladverbien bzw. -adverbialia wie *gestern, letzte Woche, am Dienstag* oder *nachdem er mit der Arbeit fertig geworden war* ersetzt werden. Dieses Verfahren erlaubt, anhand der Elementlisten auf der paradigmatischen Achse die Klassenzugehörigkeit der substituierten Einheiten zu bestimmen. Die Modalpartikel *doch* in (26) kann z.b. durch die Modalpartikel *ja*, nicht aber durch Proformen substituiert werden. Modalpartikeln sind also durch andere Modalpartikeln auf der paradigmatischen Achse ersetzbar[3], können aber nicht durch Proformen ersetzt werden. Aufgrund dieser Beobachtung kann man die Hypothese aufstellen, dass Modalpartikeln möglicherweise selbst eine Art von Proformen sind. Das würde zu der Vermutung passen, dass sie syntaktisch mit der den Proformen vorbehaltenen Wackernagel-Position in Zusammenhang stehen.

1.4 Fehlende Wahrheitswert-Sensitivität

Schon in frühen Arbeiten (vgl. Weydt 1969, Kriwonossow 1977) werden Modalpartikeln als fakultativ (d.h. als weglassbar) bezeichnet, da sie den Wahrheitswert des Satzes, in dem sie auftreten, nicht modifizieren. Zur Unterstützung dieser Beobachtung werden Minimalpaare wie (32a/b) angeführt:

{U: Wieso bist du am Wochenende nicht bei mir vorbeigekommen?}
(32a) V: Ich war **doch** verreist.
(32b) V: Ich war verreist.

Das Beispiel zeigt, dass Sprecher V den Antwortsatz mit oder ohne *doch* formulieren kann, ohne dass sich etwas an den Wahrheitsbedingungen ändert. In bei-

---

3 Ickler (1994: 379-380) kritisiert am Beispiel von *eigentlich* und *denn* das Verfahren der Minimalpaarbildung mit zwei Modalpartikeln wie in *Wie spät ist es denn?* vs. *Wie spät ist es eigentlich?* zur Ermittlung der Bedeutungsunterschiede zwischen den Modalpartikeln. Dieses Verfahren basiert auf der Annahme, dass alle Modalpartikeln in den gleichen syntaktischen Positionen auftreten können. Ickler zeigt aber, dass die feste Reihenfolge von *denn* und *eigentlich* wie in *Wie spät ist es denn eigentlich?* nahe legt, dass *denn* und *eigentlich* unterschiedliche Positionen einnehmen. Daraus folgert er, dass dem unterschiedlichen Stellungsverhalten der Modalpartikeln möglicherweise unterschiedliche semantisch-funktionale Charakteristika entsprechen könnten. Dies würde gegen die Existenz einer einheitlichen Wortklasse Modalpartikel sprechen.

Haupteigenschaften der Modalpartikeln

den Fällen wird ausgesagt, dass V verreist war. Demnach muss die Modalpartikel auf einer Ebene der Bedeutung operieren, auf der über den Wahrheitswert der Aussage schon entschieden ist. Um den Beitrag von Modalpartikeln zur Satzbedeutung zu klären, unterscheiden viele Autoren zwischen einer propositionalen und einer illokutiv-pragmatischen Bedeutungsebene und ordnen den Wahrheitswert des Satzes der propositionalen, den Bedeutungsbeitrag der Modalpartikeln dagegen der illokutiv-pragmatischen Ebene zu (vgl. Weydt 1969: 61, Helbig 1988: 57-58). Aus diesen Vorschlägen wird allerdings noch nicht klar, was genau unter diesen Ebenen zu verstehen und wie die Semantik der Modalpartikeln im Einzelnen zu beschreiben ist. Es ist notwendig, ein theoretisches Werkzeug zu finden, das es erlaubt, die Ebenenzuordnung und den semantischen Beitrag der Modalpartikeln deutlicher darzustellen. Damit zusammenhängend ist auch die Frage zu sehen, was genau der Bedeutungsbeitrag der Modalpartikeln mit Modalität zu tun hat.

Nach Blühdorn (2005: 317-318) ist die Semantik eines Satzes auf drei ineinander verschachtelten Ebenen analysierbar:

(i)   der temporalen Ebene,
(ii)   der epistemischen Ebene,
(iii)   der deontisch-illokutionären Ebene.

Blühdorns (2005) Modell zur Beschreibung der Satzsemantik basiert auf Sweetser (1990) und kann durch folgende Formel zusammengefasst werden:

(33)   (d,A(e,P(t,S)))

S, P und A stehen für die Klassen der Objekte, die in einem Satz kodiert werden. Die klein geschriebenen Buchstaben stehen für den temporalen, den epistemischen und den deontischen Bezugskontext. Diese Formel muss von der innersten zur äußersten Klammer gelesen werden.

Dem Sachverhalt S wird ein temporaler Kontext t zugeordnet, in dem er zu anderen Sachverhalten (z.B. zum Sprechereignis) zeitlich in Beziehung gesetzt wird und hinsichtlich seiner Faktizität bewertet wird. Zeitliche Relationen werden durch das Tempus sowie durch temporale Präpositionen, Konjunktionen, Adverbien und Partikeln ausgedrückt.

Der durch t kontextualisierte Sachverhalt S bildet die Proposition P. Dieser wird der epistemische Kontext e zugeordnet, in dem sie zu anderen Propositionen epistemisch in Beziehung gesetzt und wahrheitsbewertet wird. Mittel zum Aus-

Kapitel 1

druck epistemischer Relationen sind der Satzmodus, verbale Moduskategorien, epistemische Modalverben, epistemische Adverbien, Partikeln und Konjunktionen.

Eine Proposition wird schließlich mit einer Intention geäußert. Sie bildet einen Akt, dem ein deontisch-illokutionärer Kontext d zugeordnet wird, in dem er in Beziehung zu anderen Akten gesetzt wird. Deontisch-illokutionäre Relationen werden grammatisch durch verbale Moduskategorien wie Konjunktiv und Imperativ, durch deontische Modalverben, deontische Adverbien, Partikeln und Konjunktionen kodiert.

Wenn keine anderslautenden Informationen vorhanden sind (z.B. die Negation *nicht*), ist der kodierte Sachverhalt in dem ihm zugeordneten temporalen Kontext **faktisch**, die kodierte Proposition in dem ihr zugeordneten Wissenskontext **wahr** und der entsprechende Akt in dem ihm zugeordneten Handlungskontext **erwünscht**. Da Tempus und Modus in den meisten grammatisch vollständigen Sätzen vorhanden sind, sind in der Regel alle drei semantischen Ebenen gleichzeitig präsent. Auf jeder der drei Ebenen wird also in einem Satz ein Objekt in Beziehung zu einem Kontext gesetzt, für den es, wenn die Negation nicht vorhanden ist, je nach Ebene den Wert 'faktisch', 'wahr' bzw. 'erwünscht' trägt. Dies fasst folgende Tabelle von Blühdorn (2007a: 3) zusammen:

(34)

	Objektklasse	Bewertungs-kontext	Wert
temporale Ebene	Sachverhalt S	Faktizitätskontext t	Faktizitätswert 'faktisch' vs. 'nicht-faktisch'
epistemische Ebene	Proposition P	Wahrheitskontext e	Wahrheitswert 'wahr' vs. 'nicht-wahr'
deontische Ebene	Akt A	Erwünschtheits-kontext d	Erwünschtheitswert 'erwünscht' vs. 'nicht-erwünscht'

Zur Erläuterung wird das Modell auf Beispiel (35) angewendet:

(35)   {U: Hast du Hans gesehen?}
       V: Er ist wahrscheinlich nach Hause gegangen.

In der Äußerung von Sprecher V *er ist wahrscheinlich nach Hause gegangen* wird zunächst der Sachverhalt S HANS GEHT NACH HAUSE beschrieben[4]. Durch das Tempus Perfekt wird dieser Sachverhalt zeitlich in Verbindung mit dem Sprechereignis gesetzt: Er hat vor dem Sprechereignis stattgefunden. Indem der Sachverhalt HANS GEHT NACH HAUSE in zeitliche Relation zum Sprechereignis gesetzt wird, wird ihm ein temporaler Kontext t zugeordnet. In t ist der kodierte Sachverhalt faktisch.

Die Äußerung *er ist wahrscheinlich nach Hause gegangen* drückt zweitens auch eine Proposition P aus: 'Hans ist nach Hause gegangen'[5]. Um dieser Proposition einen Wahrheitswert zuordnen zu können, wird ein epistemischer Auswertungskontext e benötigt. Dieser kann u.a. durch den Verb-Modus zugeordnet werden. In Beispiel (35) kodiert allerdings der Indikativ keine explizite Information in Bezug auf den auszuwählenden epistemischen Kontext. Als der unmarkierte Modus legt er lediglich nahe, den aktuellen Wissenskontext der Kommunikationsteilnehmer zu wählen. Das epistemische Adverb *wahrscheinlich* fügt diesbezüglich eine explizite Information hinzu. Es verlangt als Auswertungskontext das aktuelle Wissenssystem des Sprechers V und ordnet der Proposition P für diesen Kontext mit Vorbehalt den Wert 'wahr' zu.

Die Äußerung der für den epistemischen Kontext e wahrheitsbewerteten Proposition P 'Hans ist nach Hause gegangen' durch den Sprecher V bildet drittens einen Akt A: HANS IST WAHRSCHEINLICH NACH HAUSE GEGANGEN[6]. Jede Äußerung erfolgt mit einer Intention im Kontext anderer Äußerungen und nicht-sprachlicher Handlungen. Im Dialog (35) äußert V die Proposition P mit der Intention, dem Adressaten U klar zu machen, dass er Hans nicht finden wird. Dieser Akt wird in Beziehung zu dem Frage-Akt des Sprechers U gesetzt. Dadurch erhält der Antwort-Akt einen deontisch-illokutionären Kontext d, in dem er den Wert 'erwünscht' bzw. 'beabsichtigt' trägt. Durch seinen Antwort-Akt signalisiert der Sprecher V, dass er es für erwünscht hält, dass der Adressat U die Proposition P seinem Wissen hinzufügt (vgl. Truckenbrodt 2006: 266).[7]

---

4   Als typographische Konvention werden Sachverhalte in Kapitälchen gesetzt.
5   Als typographische Konvention werden Propositionen zwischen einfache Einführungsstriche gesetzt.
6   Als typographische Konvention werden Akte in Großbuchstaben gesetzt.
7   Im Gegensatz zu Sachverhalten und Propositionen, deren Werte 'faktisch' bzw. 'wahr' etwa durch die Negation umgekehrt werden können, tragen die der Intention des Sprechers entsprechenden Akte grundsätzlich den deontischen Wert 'erwünscht', da Sprecher Äußerungen (egal ob positive oder negative) formulieren, damit der Adressat die kodierte Information zu seinem Wissen hinzufügt. Die Zuweisung des deontischen Werts 'nicht-erwünscht' könnte nach dieser Lesart insbesondere bei indirekten Sprechakten sinnvoll sein.

Kapitel 1

Fügen wir nun der Äußerung von Sprecher V in (35) die Modalpartikel *doch* hinzu und schauen wir anhand der Formel (33), auf welcher semantischen Ebene die Modalpartikel operiert:

(35a) {U: Hast du Hans gesehen?}
       V: Er ist **doch** wahrscheinlich nach Hause gegangen.

Der Sachverhalt S HANS GEHT NACH HAUSE wird durch das Perfekt in eine temporale Relation zum Sachverhalt des Sprechereignisses gesetzt. Dadurch wird S ein temporaler Kontext t zugeordnet. Der Modus Indikativ ist dafür verantwortlich, dass der Proposition P 'Hans ist nach Hause gegangen' als Kontext für die epistemische Auswertung per default der aktuelle Situations- und Wissenskontext des Sprechers zugeordnet wird. Das epistemische Adverb *wahrscheinlich* kodiert explizit, dass P im Kontext anderer Propositionen im Wissenssystem des Sprechers V unter Vorbehalt als 'wahr' bewertet wird. Die Äußerung von V kodiert schließlich den Akt A. Analog zur epistemischen Ebene kodiert der Modus Indikativ auf der deontischen Ebene keine explizite Information in Bezug auf den auszuwählenden Handlungskontext. Per default wird dem Akt A der aktuelle Handlungskontext zugeordnet. Erwünscht aus der Sicht des Sprechers ist: Der Adressat soll die Proposition P seinem Wissen hinzufügen.

Die Modalpartikel *doch* operiert in unserem Beispiel sowohl auf der epistemischen als auch auf der deontischen Ebene der Satzsemantik. Auf der epistemischen Ebene zeigt sie an, dass P nach Meinung von Sprecher V bereits zum Wissenssystem von U gehören sollte. Hierdurch setzt *doch* die Proposition P in Relation zum Wissenssystem des Adressaten U. Während das Adverb *wahrscheinlich* spezifiziert, in welchem Wissenssystem P wahr ist, sagt *doch* für sich genommen nichts über die Verifizierbarkeit der Wahrheit von P aus, sondern setzt bloß die Proposition P und ihren Wahrheitswert in Relation zu einem bestimmten Wissenssystem und zwar dem des Adressaten U. Daraus lässt sich schließen, dass *doch* oberhalb von *wahrscheinlich* operiert. Dies schlägt sich in der Abfolge *doch* > *wahrscheinlich* nieder.

Doch operiert zugleich auch auf der deontischen Ebene. Wir haben schon festgestellt, dass der unmarkierte Modus Indikativ in der Äußerung von Sprecher V dafür verantwortlich ist, dass dem Akt A per default der aktuelle deontische

---

So wäre bei einer Äußerung wie *es zieht*, die in einem Kontext formuliert wird, damit der Adressat das Fenster schließt, der Wert 'erwünscht' dem Aufforderungsakt zuzuweisen, während der Akt der Behauptung 'nicht-erwünscht' wäre. Z. B. wäre der folgende Dialog denkbar: U: Es zieht. V: Ja, in der Tat U: Ich meinte, du sollst das Fenster schließen.

Kontext zugeordnet wird. Dieser ist durch den vorausgegangenen Frage-Akt des Sprechers U gekennzeichnet. Die Modalpartikel *doch* spezifiziert die Art, wie der Antwort-Akt in Relation zum Frage-Akt steht. Sie zeigt nämlich an, dass Sprecher V den Frage-Akt von Sprecher U für unmotiviert hält. Nach Meinung von V sollte U bereits wissen und berücksichtigen, dass Hans nach Hause gegangen ist. Die Frage wäre also nicht notwendig (vgl. hierzu Ickler 1994: 401).

1.5 Nicht-Akzentuierbarkeit

Dass Modalpartikeln typischerweise nicht akzentuiert auftreten, steht fest. Dies hat zusammen mit ihrer häufigen Stellung am linken Rand des Mittelfeldes und ihrer morphologischen und phonologischen Kürze dazu geführt, dass man sie der Wackernagel-Position zuordnete, die typisch für unakzentuierte Pronomina ist (vgl. Lenerz 1984, Haider 1993, Brandt et al. 1992). Die Beispiele (36a) und (36b) bilden ein Minimalpaar, das zeigt, dass Modalpartikeln in ihrer typischen Position am linken Rand des Mittelfeldes nicht akzentuiert werden können:

{U: Kommst du heute abend mit?}
(36a) V: Sicher, ich habe **ja** extra einen anderen Termin verlegt.
(36b) *V: Sicher, ich habe **JA** extra einen anderen Termin verlegt.

Beispiel (36b) ist ungrammatisch. *Ja* kann in diesem Kontext nicht akzentuiert werden.

Auch wenn sie weiter rechts im Mittelfeld stehen, können Modalpartikeln typischerweise nicht akzentuiert werden, wie das folgende Beispielpaar zeigt:

{U: Heike hatte Geburtstag.}
(37a) V: Stimmt, Hans hat ihr gestern abend **ja** einen Kuchen mitgebracht.
(37b) *V: Stimmt, Hans hat ihr gestern abend **JA** einen Kuchen mitgebracht.

(37b) ist ebenso wie (36b) ungrammatisch. Daraus lässt sich schließen, dass die Nicht-Akzentuierbarkeit der Modalpartikeln nicht unbedingt mit der Wackernagel-Position zusammenhängt.

Es ist behauptet worden (vgl. Weydt 1969: 55-57), dass einige Modalpartikeln akzentuiert werden können, z.B. *doch* in (38):

Kapitel 1

(38)   Hans hatte abgesagt, aber dann ist er **DOCH** gekommen.

Wenn es stimmt, dass einige Modalpartikeln einen Akzent tragen können, stellen sich zwei Fragen:

(i)   Welche Modalpartikeln können akzentuiert werden?
(ii)   Unter welchen Umständen können sie akzentuiert werden?

In der Debatte zur Abgrenzung zwischen Modalpartikeln und Adverbien wird die Akzentuierbarkeit oft als Unterscheidungskriterium herangezogen. Oppenrieder/Thurmair (1989) nehmen an, dass Modalpartikeln keinen Akzent tragen können, wobei sie unter Akzent ein fokusanzeigendes Mittel verstehen, das der Kontrastierung und Hervorhebung dient. In ihrem Aufsatz über *eigentlich* führen sie die Nicht-Akzentuierbarkeit der Modalpartikeln auf deren stark grammatikalisierte Bedeutung zurück. Das Satzadverb *eigentlich* kann dagegen ihrer Meinung nach einen Fokusakzent tragen, weil es eine lexikalische Bedeutung aufweist, die hervorgehoben werden kann. Oppenrieder/Thurmair (1989: 33) erläutern ihre These anhand des folgenden Minimalpaars:

(39a)   Wie HEISST du eigentlich?
(39b)   Wie heißt du EIGENTLICH?

Die Modalpartikel *eigentlich* in (39a) kann aufgrund ihrer Bedeutung nicht fokussiert werden und darf daher keinen Akzent tragen. In (39b) ist *eigentlich* Satzadverb und kann durch den Ausdruck 'in Wirklichkeit' paraphrasiert werden. Da das Satzadverb eine lexikalische Bedeutung aufweist, kann es fokussiert werden und einen Akzent tragen.

Thurmair (1989: 22-23) behandelt mehrere Modalpartikeln und schließt bei allen Akzentuierbarkeit aus, indem sie die akzentuierten Varianten der Klasse der Adverbien zuordnet. Sie analysiert auch Fälle, in denen Modalpartikeln doch einen Akzent zu tragen scheinen wie die Modalpartikel *ja* in (40):

(40)   Mach JA deine HAUSAUFGABEN

Bei Beispielen wie (40) behauptet sie aber, dass *ja* hier keinen Fokusakzent trägt, sondern eine andere Art von Akzent, die ein Element markiert, aber nicht fokussiert. Wenn man die Art der Akzente betrachtet, sieht man, dass der Akzent auf *ja* nur steigend sein kann. Im Gegensatz dazu trägt *Hausaufgaben* typischerweise einen fallenden Akzent:

Haupteigenschaften der Modalpartikeln

(41)   Mach /JA deine HAUSAUFGABEN\.[8]

In Oppenrieder/Thurmair (1989) und Thurmair (1989) wird die Frage der Akzentuierbarkeit der Modalpartikeln mit dem Begriff des Fokus in Zusammenhang gebracht. Dieser wird aber nicht näher definiert, sodass nicht klar wird, was genau ein Fokusakzent ist und warum Modalpartikeln keinen Fokusakzent tragen können.

Diesen Fragen geht Meibauer (1994: 95-103) eingehender nach. Er ist der Auffassung, dass einige Modalpartikeln akzentuierbar sind und stellt sich die Frage nach Art und Funktion des Modalpartikelakzents[9]. Er lehnt Thurmairs Auffassung, nach der der Modalpartikelakzent kein Fokusakzent sein kann, ab und betrachtet akzentuierte Modalpartikeln als normale fokussierte Wörter. Er greift auf die Unterscheidung zwischen engem und weitem Fokus zurück, auf die in Abschnitt 2.3.2.1 näher eingegangen wird. Es reicht hier zu erwähnen, dass ein enger Fokus ausschließlich auf dem Wort liegt, zu dem die akzentuierte Silbe gehört. Ein weiter Fokus liegt dagegen vor, wenn eine sogenannte Fokusprojektion stattfindet, d.h. wenn der Fokus sich von dem akzentuierten Wort (dem Fokusexponenten) auf weitere Elemente ausbreitet, sodass auch diese in den Vordergrund der Kommunikation gerückt werden. Meibauer vertritt die Ansicht, dass bestimmte Modalpartikeln wie z.B. *ja* und *doch* einen engen Fokus bilden können. So wird in einem Satz wie (42) nur *doch* hervorgehoben:

(42)   Er hat DOCH an der Tagung teilgenommen.

Betrachten wir noch einmal Thurmairs Beispiel (40):

(40)   Mach JA deine HAUSAUFGABEN

Während Thurmair den Akzent auf *Hausaufgaben* als Fokusakzent und Hauptakzent des Satzes betrachtet und den auf *ja* als kontrastiv bezeichnet, schlägt Meibauer vor, beide Akzente als Fokusakzente zu analysieren, um Ad-hoc-Klas-

---

8   Ein steigender Schrägstrich / vor dem akzentuierten Wort signalisiert einen steigenden Akzent. Ein fallender Schrägstrich \ nach dem akzentuierten Wort signalisiert einen fallenden Akzent.

9   Ikoma (2007) und Ikoma/Werner (2007) untersuchen akustische und auditive Eigenschaften einiger Partikeln. Sie stellen durch ihre Experimente prosodische Eigenschaften fest, die Modalpartikeln von ihren Homonymen unterscheiden. Demnach scheinen für die Erforschung der Modalpartikeln nicht nur die Opposition betont/nicht-betont von Bedeutung zu sein, sondern auch die lokalen prosodischen Eigenschaften innerhalb der Partikel und in ihrer Umgebung.

sifizierungen der Modalpartikelakzente zu vermeiden. Wenn zwei Akzente wie in (40) auftreten, einer auf der Modalpartikel und einer auf einem anderen Element, besteht nach Meibauer (1994: 94) kein Grund, warum man den Akzent auf der Modalpartikel anders analysieren sollte als den anderen. Nach Meibauer spricht nichts gegen die Hypothese, dass ein Satz mehrere Fokusakzente aufweisen kann. Hiergegen ist allerdings einzuwenden, dass in (40) *ja* nur einen steigenden und *Hausaufgaben* nur einen fallenden Akzent tragen kann. Die zwei Akzente unterscheiden sich also in ihrer lautlichen Realisierung, was ein Hinweis auf unterschiedliche Funktion sein kann.

Für die Zwecke der vorliegenden Arbeit ist es wichtig festzuhalten, dass Meibauers Herangehen an die Problematik der Nicht-Akzentuierbarkeit der Modalpartikeln insofern einen Fortschritt bedeutet, als die Annahme eines Sonderstatus des Modalpartikelakzents abgelehnt wird und die akzentuierten Modalpartikeln als intonatorisch hervorgehobene Einheiten betrachtet werden, die nach denselben Kriterien wie andere akzentuierte Wörter zu analysieren sind (d.h. mit Rückgriff auf die Theorie des Fokus).

Wenn ein Element zu anderen Elementen in Kontrast gesetzt wird, wird es akzentuiert. Die Negation ist ein typischer Kontext, in dem ein Kontrast ausgedrückt wird. Betrachten wir hierzu (43):

(43)   Ich habe ihr nicht einen /RING gekauft, sondern eine KETTE\.

In (43) liegen zwei Arten von Akzenten vor. Das Element *Ring*, auf das die Proposition 'ich habe ihr X gekauft' nicht zutrifft, wird durch einen steigenden Akzent markiert und somit in Kontrast zum Element *Kette* gesetzt, auf das die Proposition zutrifft. *Kette* erhält einen fallenden Akzent. Ein analoges Beispiel zu (43) kann mit Modalpartikeln nicht gebildet werden, wie in (44) gezeigt wird:

(44)   *Hans ist nicht /JA krank, sondern EBEN\ krank.

Anhand von (44) kann die Hypothese aufgestellt werden, dass die Nicht-Akzentuierbarkeit der Modalpartikeln möglicherweise mit ihrer Nicht-Negierbarkeit zusammenhängt. Man könnte auch für plausibel halten, dass die Nicht-Negierbarkeit und die Nicht-Akzentuierbarkeit der Modalpartikeln die gleichen Ursachen haben. Worin diese aber bestehen, muss weiter untersucht werden.

In der vorliegenden Arbeit wird das Zusammenspiel von Modalpartikeln und Akzentuierung empirisch untersucht. Dabei zeigt sich, dass es methodisch nützlich und sachlich angemessen ist anzunehmen, dass Modalpartikeln grundsätzlich nicht akzentuierbar sind und dass akzentuierte Partikeln andere Funktionen haben als Modalpartikeln.

1.6 Sind Modalpartikeln Konnektoren?

Die Arbeit von Bublitz (1978) hat gezeigt, wie Modalpartikeln im Rahmen von Quasi-Syllogismen die Sätze, in denen sie auftreten, mit mitverstandenen, nicht expliziten Sätzen (sogenannten Präsuppositionen) verknüpfen. Um deutlich zu machen, wie Bublitz die Bedeutung der Modalpartikeln mit Rückgriff auf Präsuppositionen erklärt, bespreche ich hier (leicht abgeändert nach Bublitz 1978: 49-50) die Bedeutung der Modalpartikel *aber* in Satz (45):

(45)   Du hast **aber** einen langen Bart.

Die Bedeutung von *aber* erklärt Bublitz durch den folgenden Quasi-Syllogismus, der aus vier Schritten besteht:

A   Du hast einen langen Bart.
B   Bärte sind normalerweise nicht so lang.
C   Also: Dein Bart ist wahrscheinlich nicht so lang.
D   **Aber**: Dein Bart ist so lang.

In A steht das Gesagte ohne Modalpartikel. Aufgrund seines Weltwissens präsupponiert der Sprecher B. Aus B leitet er C ab. Die Schlussfolgerung C trifft aber in diesem Fall nicht zu, sodass der Sprecher zu D kommt.

Denken wir nun an die in Abschnitt 1.4 erläuterte Formel zur Beschreibung der satzsemantischen Ebenen zurück:

(46)   (d,A(e,P(t,S)))

Die Modalpartikel *aber* operiert in Beispiel (45) auf der epistemischen Ebene. Sie setzt die Proposition 'du hast einen langen Bart' in Relation zu der präsupponierten Proposition 'Bärte sind normalerweise nicht so lang'. Das heißt, die Modalpartikel *aber* verknüpft Propositionen, von denen die erste präsupponiert ist und die zweite von dem Satz kodiert wird, zu dem die Modalpartikel gehört.

Wenn Modalpartikeln auf der deontisch-illokutionären Ebene operieren, verknüpfen sie Akte. Auch in diesem Fall ist der erste Akt präsupponiert. Dies kann man am Beispiel (47) sehen:

Kapitel 1

(47) {U: Soll ich dir helfen?}
  V: Du kannst **ruhig** nach Hause gehen.

Sprecher V vollzieht den Akt, dem Adressaten U zu erlauben, nach Hause zu gehen. Diesen Akt setzt er durch *ruhig* in Relation zum deontisch-illokutionären Kontext. *Ruhig* zeigt die Präsupposition von V an, dass U glaubt, seinem Nach-Hause-Gehen stünden Intentionen von V entgegen.

Beispiele wie (45) und (47) zeigen, dass Modalpartikeln Propositionen oder Akte verknüpfen. Dieselbe Verknüpfungsfunktion ist typisch für Konnektoren in epistemischer bzw. deontisch-illokutionären (also modaler) Verwendung. Betrachten wir hierzu folgendes Beispiel aus Blühdorn (2005: 317):

(48) Peter bleibt zu /HAU\se **weil** es so stark /REG\net

Der Konnektor *weil* verknüpft hier die Sätze *Peter bleibt zu Hause* und *es regnet so stark*. Die verknüpften Sätze sind die Konnekte. In Abschnitt 1.4 wurde deutlich, dass Sätze zugleich Sachverhalte beschreiben, Propositionen kodieren und zur Ausführung von Akten dienen. Blühdorn weist darauf hin, dass die semantischen Objekte, die durch einen Konnektor verknüpft werden, entweder die Sachverhalte oder die Propositionen oder auch die Akte sein können, für die seine syntaktischen Konnekte stehen. Interpretiert man (48) als eine Sachverhaltsverknüpfung, so zeigt der Konnektor *weil* an, dass der Sachverhalt ES REGNET SO STARK Ursache für das Eintreten des Sachverhaltes PETER BLEIBT ZU HAUSE ist. Interpretiert man (48) als Propositionsverknüpfung, so zeigt *weil* an, dass die Proposition 'es regnet so stark' eine Evidenz ist, die die Überzeugung des Sprechers stützt, dass die Proposition 'Peter bleibt zu Hause' den Wert 'wahr' trägt. Interpretiert man (48) als Verknüpfung zwischen Akten, so zeigt *weil* an, dass der starke Regen ein Motiv für den Äußerungsakt PETER BLEIBT ZU HAUSE ist, der z.B. als Anordnung verstanden werden kann.

Während bei Konnektoren die verknüpften Sachverhalte, Propositionen oder Akte explizit durch Sätze kodiert sein müssen, bleibt bei Modalpartikel-Verknüpfungen das erste Konnekt durchgehend implizit. Diese Feststellung passt zu Diewalds (2006: 407) Beschreibung, die Modalpartikeln als indexikalische Sprachzeichen einstuft: „The function an MP fulfills is indexical insofar as it points backwards from the linguistic unit in which the MP appears and relates the utterance to a proposition or speech-act alternative which the speaker regards as relevant and given. In referring 'back' to something that is treated as communicatively given, albeit unexpressed, the MP marks the utterance which contains it as non-initial."

In Pasch et al. (2003) werden Konnektoren in zwei syntaktische Gruppen aufgeteilt. Die erste Gruppe umfasst Konnektoren, die syntaktisch in keines ihrer Konnekte integriert sind (Konjunktionen). Die zweite Gruppe umfasst Konnektoren, die syntaktische Konstituenten eines ihrer Konnekte sind (Adverbkonnektoren). Beispiel (48) zeigt einen Konnektor der ersten, Beispiel (49) einen Konnektor der zweiten Gruppe. *Weil* in (48) ist syntaktisch nicht in den Nebensatz integriert, sondern wird durch den Nebensatz ergänzt. *Deswegen* in (49) ist syntaktische Konstituente seines zweiten Konnekts:

(49) Sie hatte den letzten Bus verpasst. Ich habe sie **deswegen** nach Hause gefahren.

Adverbkonnektoren wie *deswegen* können unter anderem im Mittelfeld eines ihrer Konnekte stehen. Es wurde gezeigt, dass auch Modalpartikeln Verknüpfungsfunktion haben und im Mittelfeld auftreten. Von daher liegt es nahe, Modalpartikeln als eine Untergruppe der Adverbkonnektoren zu betrachten, die auf das Mittelfeld beschränkt sind und Propositionen oder Akte verknüpfen. Ihre Besonderheit gegenüber den kanonischen Adverbkonnektoren besteht darin, dass ihr erstes Konnekt implizit bleibt.

2. Forschungsstand

Im ersten Kapitel wurde das Untersuchungsobjekt Modalpartikeln bestimmt, indem auf die Haupteigenschaften eingegangen wurde, die im größten Teil der Forschung trotz der Heterogenität der Elemente, die als Modalpartikeln betrachtet werden, den Modalpartikeln zugeschlagen werden.

Das vorliegende Kapitel gibt nun einen Überblick über den Forschungsstand zu Modalpartikeln und Informationsstruktur. Das Kapitel ist in drei Teile gegliedert. Nach einem ersten Teil zur Entwicklung der Modalpartikelforschung wird der Begriff der Informationsstruktur eingeführt und erklärt. Im dritten Teil wird beschrieben, inwiefern in der Forschung Modalpartikeln und Informationsstruktur in Zusammenhang gebracht wurden. Hieraus ergeben sich die Fragestellungen der vorliegenden Arbeit.

2.1 Modalpartikelforschung

Von der Sprachwissenschaft wurden die Modalpartikeln zunächst überhaupt nicht behandelt. Erst Ende der 60er Jahre begann man, im positiven Sinne auf sie aufmerksam zu werden. Seitdem wurde eine Fülle von Arbeiten zu den Modalpartikeln in unterschiedlichen Perspektiven publiziert.

Die Entwicklung der Modalpartikelforschung kann in drei Phasen aufgeteilt werden, die durch folgende Leitbegriffe gekennzeichnet sind:

(i) Sprechereinstellung und kontrastive Perspektive,
(ii) Bedeutungsminimalismus,
(iii) Grammatikalisierung.

In der ersten Phase wurde vor allem an das Thema der Modalpartikeln von der pragmatischen Ebene der Sprachbeschreibung herangegangen. Man stellte sich die Frage nach der Funktion der Modalpartikeln in der Kommunikation und führte zu diesem Zweck den Begriff der **Sprechereinstellung** (Kriwonossow 1977: 16) ein. Unter Sprechereinstellungen werden einerseits Eigenschaften wie Freundlichkeit oder Höflichkeit verstanden. Andererseits ordnet man der Sprechereinstellung auch Elemente zu, die typische Ausdrucksmittel der epistemischen Modalität sind. Epistemische Elemente dienen dazu, einem Sachverhalt einen Wahrheitswert relativ zu einem Wissenskontext zuzuordnen. So ordnet man nach dieser Vorstellung die Modalpartikel *ja* dem Gesagten den Wahrheitswert 'sicher wahr' zu. Unter Sprechereinstellung werden demnach ganz verschiedene Funktionen zusammengefasst.

In der germanistischen Linguistik wurde das Thema der Modalpartikeln im Wesentlichen durch die Monographie von Weydt (1969) eingeführt. Dort wurde zum ersten Mal deutlich, dass Modalpartikeln nicht bloß „bedeutungslose Würzwörter" (Thiel 1962: 71) sind. Um zu erklären, welche Funktion die deutschen Modalpartikeln haben, unterscheidet Weydt (1969: 61) zwei Ebenen der Sprache: die Darstellungsebene und die Intentionsebene. Zur Darstellungsebene gehören die in Zeit und Raum lokalisierten beschriebenen Sachverhalte; zur Intentionsebene gehört die Sprechereinstellung gegenüber diesen Sachverhalten, die u.a. durch die Modalpartikeln ausgedrückt werden kann.

Andere Mittel zum Ausdruck der Sprechereinstellung sind nach Weydt z.B. das Lachen, die Gestik, die Intonation und die Reihenfolge der Wörter. Bublitz geht (1978: 38-39) in seiner kontrastiven Studie zu den Ausdrücken der Sprechereinstellung im Deutschen und Englischen auf den Zusammenhang zwischen Intonation und Modalpartikeln ein. Er weist darauf hin, dass die Intonation im Englischen eine ähnliche Funktion beim Ausdruck der Sprechereinstellung hat, wie die Verwendung von Modalpartikeln im Deutschen. Außerdem hebt er hervor, dass Intonation und Modalpartikeln sich in der gesprochenen Sprache bei der Vermittlung von Sprechereinstellungen ergänzen und dass die Modalpartikeln in der geschriebenen Sprache Hinweise auf die Intonation geben.

Die Erkenntnis eines funktionalen Zusammenhangs zwischen Intonation und Modalpartikeln blieb in dieser frühen Phase der Forschung ziemlich intuitiv und wurde erst später durch die Miteinbeziehung der Theorie des Fokus fruchtbar. Dieser Gesichtspunkt wird in der vorliegenden Arbeit zentral sein. Auch die schon von Weydt (1969) erkannte Interaktion zwischen der Serialisierung der Wörter und der Funktion von Modalpartikeln hat sich für die weitere Forschung als wichtig erwiesen und wurde ab der zweiten Phase (Bedeutungsminimalismus) stärker beachtet.

Schwierigkeiten bei der Untersuchung der Modalpartikeln bereitete von Anfang an die sogenannte Homonymieproblematik: Alle Modalpartikeln haben mindestens ein Homonym, das andere semantische und syntaktische Eigenschaften aufweist und daher zu einer anderen Wortart gehört. Als Beispiel betrachte man (1), (2) und (3), in denen *eben* als Adjektiv, Temporaladverb und Modalpartikel auftritt:

(1)   Der Wanderweg zum Schloss war **eben**.

(2)   {Hast du Maria gesehen?}
        Ja, die war **eben** da.
(3)   {Warum musst du immer sagen, was du denkst!}
        Ich bin **eben** so.

Die Homonymie und das Fehlen einer Theorie zur Semantik der Modalpartikeln führten dazu, dass man in dieser Phase davon ausging, dass die Bedeutung der Modalpartikeln sich je nach Kontext ändert und dass sie sich von der ihrer Homonyme unterscheidet. Diese Auffassung wurde z.B. von Helbig/Kötz (1981) und Heinrichs (1981) vertreten und ist unter der Bezeichnung *Bedeutungsmaximalismus* bekannt (vgl. Posner 1980: 182-188). Dem bedeutungsmaximalistischen Ansatz zufolge ändern Modalpartikeln ihre Bedeutung je nach Kontext, in dem sie auftreten. Deswegen ist es nach dieser Auffassung unmöglich, eine feste und einheitliche Bedeutung für jede Modalpartikel zu bestimmen.

Weydt (1969: 51) analysierte das Verhältnis zwischen Modalpartikeln und ihren Homonymen und kam zu dem Schluss, dass ihre Bedeutung sich mit dem Wechsel der Funktionsklasse ändert. Das heißt, es schien keinen semantischen Zusammenhang zwischen Modalpartikeln und ihren Homonymen zu geben. Mit dieser Beobachtung gab sich Weydt (1977: 221-225) aber nicht zufrieden und plädierte für die Ermittlung einer „Gesamtbedeutung" d.h. einer Grundbedeutung, die der jeweiligen Modalpartikel und ihren Homonymen zugrunde liegen soll. Diese Anregung basiert auf dem bedeutungsminimalistischen Ansatz (vgl. Posner 1980: 188-194), der die zweite Phase der Modalpartikelforschung prägte und einen wichtigen Fortschritt in der Erforschung der Modalpartikeln darstellt.

Obwohl Weydt zunächst keine Beweise für die Existenz einer Grundbedeutung der Modalpartikeln fand, hielt er es für wissenschaftlich sinnvoller, anzunehmen, dass jeder Modalpartikel und ihren Homonymen eine gemeinsame Bedeutung zugrundeliegt (1969: 222). Zur Unterstützung seiner Vermutung griff er auf den Spracherwerb zurück: Wenn eine Modalpartikel jedesmal etwas Anderes bedeutete, könnte man nicht erklären, warum Kinder (und auch Erwachsene) sie trotzdem in immer neuen Kontexten verstehen. Aus kognitiver Sicht sollte es infolgedessen eine feste funktional-semantische Grundlage geben, aus der die kontextspezifischen Bedeutungen abgeleitet werden können.

Durch die Bestimmung einer Grundbedeutung für jede Modalpartikel wird eine Grenze zwischen Semantik und Pragmatik gezogen, die beim Bedeutungsmaximalismus fehlt und Grund für den Mangel an Operationalisierbarkeit der Ergebnisse ist. Der Ansatz des Bedeutungsminimalismus erlaubt es, die Semantik der

Kapitel 2

Modalpartikeln präziser zu beschreiben und leitet die Erforschung ihrer Syntax ein.

Mit einem **bedeutungsminimalistischen Ansatz** beschreibt etwa Bublitz (1978) die Funktion der Modalpartikeln und ihrer Homonyme im Hinblick auf ihre gemeinsamen Züge. Die Semantik der Modalpartikeln beschreibt er durch das logische Verfahren des Syllogismus (1977: 201-202, 1978: 19-21), indem er zeigt, dass Modalpartikeln auf nicht ausgedrückte Prämissen verweisen, aus denen die Sätze mit den Modalpartikeln sich logisch ableiten lassen. Da die Prämissen nicht ausgedrückt werden und der Syllogismus daher nicht vollständig im Text vorhanden ist, spricht Bublitz von „Quasi-Syllogismen". Bei diesem Analyseverfahren wird also die semantisch-logische Dimension von der pragmatischen getrennt, sodass eine Grundbedeutung bestimmt wird, die auch mit der Bedeutung der Homonyme in Zusammenhang gebracht werden kann.

Die meisten Verfahren, mit denen versucht wird, Grundbedeutungen von Modalpartikeln zu beschreiben, stützen sich auf distinktive Merkmale, wie sie ursprünglich in der Phonologie (vgl. Jakobson et al. 1951) verwendet wurden. So liegt das semantische Merkmal [+bekannt] nach Thurmair (1989) allen Verwendungen der Modalpartikel *ja* zugrunde. Bei anderen Modalpartikeln besteht die Grundbedeutung in einer Kombination von zwei oder mehr Merkmalen. Der Modalpartikel *eben* werden z.B. die Merkmale [+evident] und [+konnex] zugewiesen. [+evident] weist darauf hin, dass die Information des Satzes als für den Sprecher und den Adressaten aufgrund von verfügbarem Wissen ersichtlich markiert wird; [+konnex] zeigt an, dass *eben* immer an eine vorangegangene Information oder Präsupposition anknüpft.

Die Suche nach Grundbedeutungen der Modalpartikeln wirkte sich unter anderem fördernd auf Versuche aus, Modalpartikeln auch syntaktisch zu analysieren. Die Stellung der Modalpartikeln im Satz wird u.a. in Borst (1985), Hentschel (1986) und Thurmair (1989) in Bezug auf die Thema-Rhema-Gliederung behandelt. Dabei wird wiederholt festgestellt, dass Modalpartikeln häufig dem Rhema vorangestellt sind, wobei einige Fälle, in denen dies nicht zutrifft, unerklärt bleiben.

Durch den bedeutungsminimalistischen Ansatz wurden die Semantik und die Syntax der Modalpartikeln genauer und systematischer untersuchbar. Außerdem wurden Modalpartikeln nun in Zusammenhang mit ihren Homonymen analysiert. Dies erfolgte auf synchroner Ebene. Erst in den 90er Jahren wurden Modalpartikeln auch diachron untersucht. Im Vordergrund standen dabei Fragen, die mit der Grammatikalisierung zusammenhängen.

Forschungsstand

Der Begriff der **Grammatikalisierung** wurde ursprünglich von Meillet (1912) eingeführt, um einen Sprachwandelprozess zu beschreiben, durch den ein lexikalisches Element zu einer grammatischen Einheit wird. Als Beispiel kann man die Entwicklung des Hilfsverbs *würde* zur Bildung des Konjunktivs II aus dem Vollverb *werden* (Lehmann 1995: 132) anführen. Die Zeichen, die von einem solchen Prozess betroffen werden, können unterschiedlich stark grammatikalisiert sein, d.h. sie können sich an verschiedenen Punkten einer Grammatikalisierungsskala befinden. Lehmann (1995: 123 ff.) legt Eigenschaften fest, die typischerweise bei den Zeichen, die sich in einem Grammatikalisierungsprozess befinden, auftreten können. So kann ein Zeichen etwa auf der paradigmatischen Achse der Sprache an Integrität verlieren, d.h. sein semantisches Gewicht nimmt ab. Der Verlust an Integrität ist auch bei Modalpartikeln festzustellen. Vergleichen wir das Adjektiv *eben* in (4) mit dem Adverb in (5) und der Modalpartikel in (6):

(4) Das Land ist **eben**.
(5) {Hast du Hans gesehen?}
    Er ist **eben** zu Eva gegangen.
(6) {U: Hans hat mich schon wieder versetzt!}
    V: Naja, du kannst dich **eben** auf ihn nicht verlassen.

In (4) weist *eben* die lexikalische Bedeutung 'gerade, flach' auf. In (5) zeigt *eben* an, dass der Sachverhalt HANS GEHT ZU EVA in einem homogenen (nicht durch andere im Kontext relevante Ereignisse unterbrochenen) zeitlichen Zusammenhang mit dem Sprechereignis steht. Anstelle von *eben* kann hier *gerade*, nicht aber *flach* stehen. In (6) kann *eben* im Gegensatz zu (4) und (5) nicht durch ein Synonym ersetzt werden. *Eben* signalisiert hier, dass die Proposition 'du kannst dich auf ihn nicht verlassen' mit einer schon früher von V vertretenen Ansicht übereinstimmt (vgl. Ickler 1994: 392). Somit setzt die Modalpartikel *eben* die Proposition des Satzes, in dem sie sich befindet, in Beziehung zu einer präsupponierten Bezugsproposition. Es genügt hier der Hinweis auf die relationale Funktion der Modalpartikeln, um zu zeigen, dass sie stärker grammatikalisiert sind als ihre Homonyme. Das Adjektiv, das Adverb und die Modalpartikel *eben* befinden sich auf einer Grammatikalisierungsskala, wobei das Adjektiv den niedrigsten und die Modalpartikel den höchsten Grammatikalisierungsgrad aufweist:

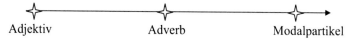

Abb. 1: Grammatikalisierungsskala und Desemantisierungsgrad

Kapitel 2

Eine typische Begleiterscheinung der Desemantisierung ist nach Lehmann die phonologische Erosion. Als Beispiel dafür kann die Klitisierung der Modalpartikel *denn* angeführt werden, die bei dem homonymen Kausalkonnektor nicht auftritt (vgl. Wegener 1998: 39):

(7a)   Was macht sie **denn** hier?
(7b)   Was macht sie'**n** hier?

(8a)   Gestern kam sie, **denn** sie wollte noch mit mir sprechen.
(8b)   *Gestern kam sie'**n** sie wollte noch mit mir sprechen.

Die schwache, oft sehr abstrakte lexikalische Bedeutung und die häufige phonologische Kürze der Modalpartikeln werden in der Forschung als Grammatikalisierungsanzeiger gedeutet. Seit den 90er Jahren interessiert sich die Forschung deshalb stärker für die Sprachwandelprozesse, durch die Modalpartikeln entstehen.

Durch die Einbeziehung der Grammatikalisierung in die Erforschung der Modalpartikeln wird die diachrone Perspektive mit der synchronen verknüpft: Einerseits wird der Sprachwandel rekonstruiert, der zur Entstehung der Modalpartikeln geführt hat, andererseits kann anhand der Theorie der Grammatikalisierung die Polykategorialität der Modalpartikellexeme in der Synchronie erklärt werden. Die erste Arbeit, in der Modalpartikeln in diachroner Perspektive analysiert werden, stammt von Hentschel (1986). Auf die folgten u.a. Abraham (1991b), Meibauer (1994), Diewald (1997), Molnár (2002), Autenrieth (2002) und Diewald/Ferraresi (2008).

Die historische Entwicklung der Modalpartikelforschung erklärt sich teilweise wohl gerade durch den hohen Grammatikalisierungsgrad der Modalpartikeln. Dieser führte dazu, dass man sie zunächst als bedeutungslose Elemente betrachtete. Auch der in der frühen Modalpartikelforschung bevorzugte bedeutungsmaximalistische Ansatz ist als provisorischer Versuch zu verstehen, der gegenwartssprachlichen Desemantisiertheit der Modalpartikeln gerecht zu werden. Erst später entwickelte die Linguistik Werkzeuge, die es erlaubten, den Modalpartikeln eine Grundbedeutung zuzusprechen. Die Erkenntnis, dass Modalpartikeln Ergebnisse von Grammatikalisierungsprozessen sind, machte deutlicher, dass es sich um grammatische Elemente handelt, die von der Semantik und der Syntax mitbehandelt werden müssen.

2.2 Informationsstruktur

Unter Informationsstruktur versteht man die Verteilung unterschiedlicher Informationskomponenten auf die Kette der sprachlichen Zeichen. Traditionell (seit Ammann 1928) wird dieser Fragenkomplex mit den Begriffen Thema und Rhema abgehandelt, wobei unter Thema häufig das verstanden wird, worüber der Sprecher redet, und unter Rhema das, was er darüber sagt. Im Laufe der Forschungsgeschichte wurden neben dem Begriffspaar Thema/Rhema zusätzliche Begriffe eingeführt, wie Topik/Kommentar, Präsupposition/Assertion und Hintergrund/Fokus. Diese Begriffe werden unterschiedlich definiert und verwendet, wobei es oft zu Überschneidungen kommt. Mit Thema, Topik, Präsupposition und Hintergrund werden je nach Ansatz Merkmale wie Bekanntheit, Vorerwähntheit und geringere kommunikative Wichtigkeit der Information verbunden. Rhema, Kommentar, Assertion und Fokus werden mit Neuheit, Unbekanntheit und besonderer kommunikativer Wichtigkeit der Information in Zusammenhang gebracht (vgl. Musan 2002: 204-205).

Die Kriterien, mit denen in der Literatur der Informationsverteilung auf die sprachlichen Zeichen Rechnung getragen wird, sind dreierlei Art (vgl. Meireles/Blühdorn 1997):

(i) pragmatisch
(ii) formal
(iii) kognitiv

Nach dem **pragmatischen** Kriterium wird der Satz in einen Satzgegenstand und eine Satzaussage aufgeteilt, wobei der Satzgegenstand die Entität ist, über die etwas ausgesagt wird, und die Satzaussage der Information über diesen Satzgegenstand entspricht. Diese Unterscheidung ist auf die Intention des Sprechers zurückzuführen und daher pragmatischer Art.

In den **formalen** Ansätzen wird nach in der Sprache kodierten und daher formal überprüfbaren Signalisierungsmitteln für den kognitiven Status der Referenten gesucht. Formal ablesbar sind die Aufteilungen des Satzes in vorerwähnte und nicht-vorerwähnte sowie in definite und nicht-definite Elemente.

Zwei weitere Ausdrucksmittel der Informationsstruktur bilden die Konstituentenabfolge und die Intonation. Die Erkenntnis, dass die Abfolge der sprachlichen Zeichen die Informationsstruktur kodiert, geht auf Weil (1844) zurück. Im Allgemeinen beginnen Sätze, die eine unmarkierte Konstituentenabfolge aufweisen, mit thematischem Material und enden mit rhematischen Elementen. Die Beobachtung, dass die Informationsstruktur mit der Intonation verknüpft ist, geht auf Paul (1920: 123-124) zurück. Durch die Intonation werden Elemente hervorgehoben, die als wichtig für die Kommunikation eingestuft werden. Die Rolle der Intonation bei der Vermittlung der Informationsstruktur wird auch bei Halliday (1967: 203 ff.) in den Vordergrund gestellt, der die These aufstellt, der Hauptakzent eines Satzes markiere die rhematische Konstituente.

Serialisierung und Intonation sind formale Ausdrucksmittel, die eng zusammenwirken, um die Informationsstruktur anzuzeigen. Ein besonders ausdrucksstarkes Mittel hierfür sind die sogenannten Cleftsätze (Spaltsätze), in denen das Rhema besonders hervorgehoben wird (vgl. Wienen 2006: 34-42, Reichmann 2005). In (9) ist ein Beispiel für einen Spaltsatz zu sehen:

(9) {Wer hat denn am Ende angerufen?}
Es war [Hans]$_{Rhema}$, der am Ende angerufen hat.

Durch eine Spaltsatz-Konstruktion wird ein Hauptsatz gebildet, der nur aus dem expletiven Pronomen *es*, der Kopula *sein* und dem rhematischen Satzglied besteht. Der thematische Rest wird in Form eines Relativsatzes an den Hauptsatz angehängt. In Spaltsätzen muss der Hauptsatz den Satzakzent tragen, während der Relativsatz unbetont bleibt.

Die **kognitiven** Ansätzen zur Informationsstruktur beruhen auf der Vorstellung, dass der Sprecher adressatenorientiert agiert. Er gliedert jeden Satz in einen Teil, den er als für den Adressaten bekannt (gegeben) behandelt, und einen Teil, der seiner Vermutung nach dem Adressaten noch unbekannt (nicht gegeben) ist. Der kognitive Ansatz im Rahmen der Theorie der Informationsstruktur wird deutlich in Prince (1981: 224) definiert: „[...] information-packaging in natural language reflects the sender's hypotheses about the receiver's assumptions and beliefs and strategies." Diese Beobachtung geht auf Gabelentz (1868) zurück. Er führte die Begriffe „psychologisches Subjekt" und „psychologisches Prädikat" ein. Unter „psychologischem Subjekt" verstand er das, worüber der Sprecher den Adressaten denken lassen will; mit „psychologischem Prädikat" bezeichnete er das, was der Adressat über das „psychologische Subjekt" denken soll.

Kognitiv ist z.B. der Ansatz von Klein/von Stutterheim (1991) und von Stutterheim (1997: 15-44). Nach diesen Autoren wird jeder Satz als Antwort auf eine Frage interpretiert, auf die nach Meinung des Sprechers der Adressat eine Antwort bekommen möchte. Die Frage, *Quaestio* genannt, kann explizit formuliert werden oder aus dem Kontext erschließbar sein. Auf die *Quaestio* führt von Stutterheim die informationsstrukturelle Gliederung jedes Satzes zurück. So kann jeder Satz in ein Topik und einen Fokus aufgeteilt werden. Das Topik besteht aus den Konstituenten, die in der *Quaestio* enthalten sind. Der Fokus entspricht der in der *Quaestio* erfragten Information. Jeder einzelne Satz und auch ein ganzer Text werden als Antworten auf eine übergeordnete *Quaestio* betrachtet.

Im folgenden wird etwas detaillierter die Arbeit von Lambrecht (1994) referiert, da darin die verschiedenen Aspekte der Informationsstruktur besonders übersichtlich systematisiert werden.

Lambrechts Theorie der Informationsstruktur

In der jüngeren Forschung zur Informationsstruktur stellt die Arbeit von Lambrecht (1994) einen wichtigen Fortschritt dar. Lambrecht ist vor allem Folgendes zu verdanken: Er trennt klar zwischen der formalen Kodierung der Informationsstruktur durch Syntax und Akzentuierung einerseits und ihrer semantischen und pragmatischen Interpretation andererseits.

Lambrecht (1994: 3-5) definiert die Informationsstruktur als Komponente der Grammatik, die dafür verantwortlich ist, Propositionen pragmatisch zu strukturieren. Unter Propositionen versteht er „konzeptuelle Repräsentationen von Sachverhalten" (ebd.). Propositionen werden durch sprachliche Ausdrücke kodiert. Solche Ausdrücke passt der Sprecher seinen Annahmen über den Informationsbedarf des Adressaten formal durch Syntax und Akzentuierung an. Die Informationsstruktur ist also nach Lambrecht dafür zuständig, dass gleiche konzeptuelle Repräsentationen von Sachverhalten je nach Kontext durch unterschiedliche grammatische Strukturen formuliert werden. So kann die Proposition 'Hans hat angerufen' durch unterschiedliche Strukturen ausgedrückt werden. Einige Beispiele:

(10) HANS hat angerufen
(11) hans hat ANgerufen
(12) ANgerufen hat hans
(13) es war HANS, der angerufen hat

In (10)-(13) wird die Proposition 'Hans hat angerufen' durch unterschiedliche grammatisch-prosodische Strukturen kodiert. Die Auswahl zwischen solchen Strukturen hängt vom Kontext ab, nämlich von den Annahmen des Sprechers in Bezug auf den Informationsbedarf des Adressaten. Lambrecht macht sich auf die Suche nach Kategorien, die es erlauben, die Relation zwischen Informations-

Kapitel 2

und Satzstruktur zu beschreiben. Zu diesem Zweck führt er zwei Typen von informationsstrukturellen Kategorien ein. Der erste Typ betrifft den in der Grammatik kodierten kognitiven Status von Referenten, ihre Aktivierung und Identifizierbarkeit. Hierbei wird an Chafes (1987) kognitives Modell angeknüpft, in dem zwischen für den Adressaten aktiven, semi-aktiven und inaktiven Refereten unterschieden wird. Unter Referenten versteht Lambrecht (1994: 36-37) mentale Repräsentationen von Entitäten und Sachverhalten. Diese gehören zur sprachlichen Welt („text-internal world") werden durch Argumente kodiert und sind Gegenstand der Informationsstruktur. Die realen Entitäten und Sachverhalte, von denen unsere Kognition mentale Repräsentationen enthält, gehören hingegen der außersprachlichen Welt („text-external world") an und sind daher nicht Gegenstand der Informationsstruktur. Der zweite Typ von informationsstrukturellen Kategorien, Topik und Fokus, beschreibt die Relation zwischen der sprachlichen Kodierung von Referenten und den Mitteilungsabsichten des Sprechers.

Die Kommunikation zwischen Sprecher und Rezipient läuft nach Lambrecht in zwei parallelen Schritten ab. Diese betreffen (i) den kognitiven Status der Referenten, auf die sprachlich Bezug genommen wird, und (ii) die Art, wie der Informationsfluss organisiert wird, d.h. die Informationsstruktur im engeren Sinne. Die Schritte finden zeitlich nicht nacheinander, sondern verschränkt statt.

Betrachten wir zunächst die Schritte aus der Perspektive des Sprechers:

(i) **Kognitiver Status der Referenten**: Der Sprecher hat Erwartungen in Bezug auf den Status der Referenten in der Kognition des intendierten Rezipienten (=Adressaten). Solche Erwartungen betreffen die Identifizierbarkeit und die Aktivierung der Referenten. So bezieht sich der Sprecher auf Referenten, von denen er vermutet, dass sie für den Adressaten identifizierbar sind, mit definiten Nominalphrasen. Nimmt der Sprecher an, dass ein Referent in der Kognition des Adressaten bereits aktiv ist, kann er als Referenzmittel eine Proform verwenden.

(ii) **Organisation des Informationsflusses**: Der Sprecher teilt gemäß seinen Mitteilungsabsichten die Äußerungen in Topik-, Fokus- und Hintergrundsegmente auf. Derjenige Teil der Äußerung, der für die Informativität hauptverantwortlich ist, bildet den Fokus. Der Teil der Äußerung, von dem der Fokus handelt, bildet das Topik. Bestandteile, die weder Fokus noch Topik sind, bilden den Hintergrund. Kodierungsmittel des Fokus ist der Akzent. Topiks werden

Forschungsstand

nur dann akzentuiert, wenn dies ihre Erkennbarkeit erleichtert. Ansonsten bleiben sie unbetont wie der Hintergrund.

Aus der Perspektive des Rezipienten stellen sich die Schritte folgendermaßen dar:

(i) **Kognitiver Status der Referenten:** Der Rezipient erkennt im Text an Determinantien und am Explizitheitsgrad der Nominalphrasen die Erwartungen des Sprechers in Bezug auf den Status der Referenten in der Kognition des Adressaten. Diese Erwartungen vergleicht er mit dem tatsächlichen Status der Referenten in seiner Kognition. Er prüft, ob er die Referenten, auf die im Text verwiesen wird, identifizieren kann und ob sie in seiner Kognition bereits aktiv sind.

(ii) **Organisation des Informationsflusses:** An der Akzentuierung erkennt der Rezipient, was der Sprecher dem Adressaten mitteilen möchte (Fokus). Ist auch ein Topik akzentuiert, so ordnet er es dem passenden Fokus zu. Der Rezipient kann Referenten, die vom Sprecher als identifizierbar und aktiv gekennzeichnet sind, am einfachsten als Topiks verarbeiten.

Es soll an dieser Stelle darauf hingewiesen werden, dass die Effektivität der Textverarbeitung durch den Rezipienten nicht vom Sprecher abhängt und daher nicht im Text kodiert sein kann. Im Text sind lediglich die Mitteilungsabsichten des Sprechers und seine Vermutungen über die Kognition des Adressaten kodiert.

Im weiteren Verlauf der vorliegenden Arbeit (Kapitel 3) wird ein Modell der Informationsstruktur entwickelt, in dem die Kategorien Topik und Fokus sowie ihre Kodierung durch Akzente eine zentrale Rolle spielen. Dieses Modell macht in Anlehnung an Büring (1997, 2006) von einem Frage-Unterfrage-Antwort-Verfahren Gebrauch. Die Kategorie des Topiks wird im Gegensatz zu Lambrechts Modell nicht nur pragmatisch, sondern auch formal definiert. Insbesondere wird dem Akzenttyp (steigend/fallend) eine wichtige Rolle zugeordnet.

2.3 Modalpartikeln und Informationsstruktur

Nachdem erläutert wurde, was man unter Informationsstruktur versteht, wird im Folgenden besprochen, wie bisher in der Forschung die Syntax der Modalpartikeln mit der Informationsstruktur in Zusammenhang gebracht wurde.

Kapitel 2

2.3.1 Modalpartikeln und Thema-Rhema-Gliederung

Kriwonossow (1977: 293) stellt in seiner Monographie über die Modalpartikeln einen Zusammenhang zwischen der Stellung der Modalpartikeln und der Thema-Rhema-Gliederung fest. Unter Thema-Rhema-Gliederung versteht er die Aufteilung des Satzes in gegebene und nicht-gegebene Information. Kriwonossow schließt aus einer Analyse der Stellung der Modalpartikeln in Bezug auf das Subjekt, dass das vor der Modalpartikel stehende Subjekt thematisch, das nach der Modalpartikel stehende dagegen rhematisch sein muss. Er weist also auf eine Interaktion zwischen Stellung der Modalpartikel und Thematizität bzw. Rhematizität des Subjekts hin.

Auf die Verbindung zwischen Thema/Rhema und Modalpartikeln geht auch Thurmair (1989: 32-35) ein, indem sie die Stellung der Modalpartikeln nicht nur in Bezug auf das Subjekt, sondern insgesamt auf die Thema-Rhema-Gliederung des Satzes untersucht. Dabei geht sie von einer Definition der Thema-Rhema-Gliederung aus, die auf der Opposition von bekannter und unbekannter Information basiert. In Anlehnung an Hentschel (1986: 212 ff.) stellt sie fest, dass thematische Elemente in der Regel vor und rhematische Elemente nach der Modalpartikel stehen, weist aber auf drei problematische Fälle hin, in denen sich diese Regelmäßigkeit nicht aufrecht erhält. Die Beispiele (14), (15) (16) weichen von der Reihenfolge Thema > Modalpartikel > Rhema ab (vgl. Thurmair 1989: 31-32):

(14)   {Wer hat sich denn hier ein Fahrrad gekauft?}
       Weißt du das denn nicht? [Peter]$_{Rhema}$ hat sich doch ein Fahrrad gekauft.

(15)   {U: Da gibt's doch jetzt diese BMX-Räder. Und Ruth möchte unbedingt so eins haben. Jetzt hat sie ein gebrauchtes an der Hand, das allerdings immer noch ziemlich teuer ist.
       V: Und was macht ihre Mutter?}
       U: Naja, du kennst sie doch. Sie [kauft]$_{Rhema}$ eben dieses Fahrrad.

(16)   Du brauchst nicht abzuspülen. Das kann [ich]$_{Rhema}$ ja machen.

In (14) bildet die Vorfeld-Konstituente *Peter* das Rhema. Sie steht links von der Modalpartikel (*doch*). In (15) ist das finite Verb rhematisch. Auch in diesem Fall steht das Rhema links von der Modalpartikel (*eben*). In (14) und (15) liegt also die abweichende Reihenfolge Rhema > Modalpartikel vor. Steht das Rhema im Vorfeld oder ist das Finitum in Zweitposition rhematisch, so gibt es zu dieser

Forschungsstand

Anordnung keine Alternative. In (16) steht dagegen eine rhematische Konstituente im Mittelfeld links von der Modalpartikel. Thurmair weist darauf hin, dass für (16) auch die Variante (17) möglich ist:

(17)   Du brauchst nicht abzuspülen. Das kann ja [ich]$_{Rhema}$ machen.

Im Mittelfeld kann die Modalpartikel also vor und nach dem Subjektspronomen *ich* stehen. Beide Stellungen werfen nach Thurmair Fragen auf. Einerseits würde man erwarten, dass definite Pronomina wie *ich,* die typischerweise thematisch sind, weil sie sich immer auf einen bekannten und identifizierbaren Referenten beziehen, links der Modalpartikel stehen. Andererseits wird aus dem Kontext deutlich, dass *ich* in (16) den kommunikativen Schwerpunkt der Äußerung bildet und daher als rhematisch anzusehen ist. Die Thema-Rhema-Gliederung scheint also die Stellung der Modalpartikel in (16) und (17) nicht zu steuern. Um Fälle wie (16) zu erklären, führt Thurmair (1989: 32-35) das informationsstrukturelle Merkmal [±auffällig] ein. Dieses Merkmal kennzeichnet nach Thurmair Elemente, die im Informationsfluss wichtig sind, obwohl sie eventuell schon bekannt, also thematisch sein können. Thurmair erwähnt, dass ein mögliches Ausdrucksmittel der Auffälligkeit die Akzentuierung sein kann.

Unterscheidungen wie die zwischen bekannter und neuer Information allein können das Stellungsverhalten der Modalpartikeln offenbar nicht erklären. Entscheidend scheinen vielmehr prosodische Restriktionen zu sein. Das der Modalpartikel nachgestellte Subjektspronomen *ich* in (17) muss Träger des Satzakzents sein. Steht das Subjektspronomen links der Modalpartikel wie in (16), so ist seine Akzentuierung nicht ausgeschlossen, ist aber auch nicht obligatorisch:

(18)   {Du brauchst nicht abzuspülen.}
        Wieso? Das kann ich ja MACHEN.

Obwohl die traditionelle Theorie der Thema-Rhema-Gliederung (im Sinne der Aufteilung in bekannte und neue Information) sich als nicht ausreichendes Analysewerkzeug zur Ermittlung des Stellungsverhaltens der Modalpartikeln erwiesen hat, verdankt ihr die Forschung die wichtige Beobachtung, dass die Informationsstruktur in irgendeiner Form mit den Modalpartikeln interagiert.

Für die Ermittlung des Stellungsverhaltens der Modalpartikeln fruchtbar scheint vielmehr die Frage nach der Interaktion zwischen Modalpartikeln und der informationsstrukturellen Dimension der Fokus-Hintergrund-Gliederung, die nicht auf der Aufteilung zwischen bekannter/unbekannter Information basiert, sondern auf der Opposition zwischen nicht-akzentuierter/akzentuierter Information.

2.3.2 Modalpartikeln und Fokus

In den Arbeiten von Lerner (1987), Brandt et al. (1989), Brandt et al. (1992) und Meibauer (1994) wird der Fokus in Zusammenhang mit der Stellung der Modalpartikeln gebracht. Dabei wird davon ausgegangen, dass das Hauptmarkierungsmittel für Fokus die Akzentuierung ist. Zentral für die Theorie des Fokus sind der Unterschied zwischen engem und weitem Fokus und der Begriff der Fokusprojektion. Im Folgenden werden zunächst diese Begriffe erläutert. Anschließend werden die Aspekte der o.g. Arbeiten behandelt, die für die Formulierung der These der vorliegenden Arbeit in Bezug auf die Interaktion zwischen Fokus und Modalpartikeln wichtig sind.

2.3.2.1 Enger und weiter Fokus

Die Informationsgliederung in Fokus und Hintergrund wird durch das formale Ausdrucksmittel der Akzentuierung kodiert. Elemente einer Äußerung werden durch die Akzentuierung hervorgehoben. Dadurch werden sie in den Vordergrund der Aufmerksamkeit gerückt. Dies bezeichnet man als Fokussierung. Die nicht-akzentuierten Elemente werden demgegenüber als Hintergrund bezeichnet. Die von ihnen beigetragene Information wird im Kontext vorausgesetzt oder ist weniger wichtig.

Das Fokusmerkmal kann durch die Akzentuierung an Einheiten unterschiedlicher Größe zugewiesen werden. Uhmann (1991: 197-198) unterscheidet zwischen engem und weitem Fokus. (19) und (20) machen diesen Unterschied deutlich:

(19)   {wohin fährt karl?}
        karl fährt [nach berLIN]$_F$

(20)   {was macht karl am wochenende?}
        karl [fährt nach berLIN]$_F$

In beiden Fällen liegt der Hauptakzent auf der zweiten Silbe des Wortes *Berlin*. Dies ist durch Großschreibung der Akzentsilbe markiert. Der nicht akzentuierte Rest ist klein geschrieben. In der vorliegenden Arbeit wird die fokussierte Konstituente in eckige Klammern gesetzt, die durch ein tief gestelltes F gekennzeichnet sind. Die in geschweifte Klammern gesetzten Fragen erläutern, welchen Informationsbedarf der Satz befriedigt.

Forschungsstand

In (19) ist nur die einfache Konstituente *nach Berlin* fokussiert; dies wird als enger Fokus bezeichnet. Der Rest des Satzes bildet den Hintergrund. In (20) weitet sich der Fokus von der Konstituente *nach Berlin* auf die erweiterte Verbgruppe *fährt nach Berlin* aus. Hier liegt weiter Fokus vor. Das Wort *Berlin*, das die akzentuierte Silbe enthält, heißt nach Uhmann Fokusexponent. Der Fokusexponent (vgl. Uhmann 1991: 197-198) kann den Fokus auf eine größere Konstituente projizieren. Wo ein weiter Fokus vorliegt, hat also Fokusprojektion stattgefunden. In (20) ist *fährt nach Berlin* der Fokus und *Karl* der dazugehörige Hintergrund. Die Antworten in (19) und (20) haben die gleiche prosodische Kontur aber unterschiedliche Fokus-Hintergrund-Gliederung, weil sie auf verschiedene Fragen antworten. Der Fokusexponent kann also mehrdeutig sein in Bezug auf die Reichweite des Fokus (Uhmann 1991: 198). Die Fokusprojektion unterliegt den sogenannten Fokusprojektionsregeln, die Uhmann (1991) ausführlich behandelt. Hierbei geht es um die Prinzipien, nach denen man vorhersehen kann, welches Element als Fokusexponent dienen kann. Darüber hinaus werden die Bedingungen ermittelt, die die Fokusprojektion überhaupt ermöglichen. Hierzu sei nur darauf hingewiesen, dass die normale (d.h. unmarkierte) lineare Reihenfolge der Stellungsglieder unabdingbare Voraussetzung für die Fokusprojektion ist. Die Theorie der Fokusprojektion wird noch eingehender unter 3.1.2 behandelt.

2.3.2.2 Modalpartikeln als Grenze der Fokusprojektion

Lerner (1987) greift auf die Beobachtung (vgl. Kriwonossow 1977, Hentschel 1986) zurück, dass Modalpartikeln mit der Thema-Rhema-Gliederung interagieren, und analysiert das Stellungsverhalten von *doch* in Bezug auf den Fokus. Hierbei lässt er *doch* im gleichen Satz durch alle möglichen Stellungen wandern und untersucht, ausgehend vom selben Fokusexponenten, wie weit die Fokusprojektion jeweils reichen kann. Der Satz lautet *ich habe gestern Grenouille gesehen*. Der Fokusexponent des Satzes ist *Grenouille*, d.h. es wird davon ausgegangen, dass *Grenouille* durch Akzentuierung in den Vordergrund der Kommunikation gestellt wird und eventuell projizieren kann. In (21) bis (24) sind alle möglichen *doch*-Stellungen zu sehen. Die Sätze werden nach Lerners Notation wiedergegeben:

(21) (und) **doch** habe ich gestern grenóuille gesehen
(22) ich habe **doch** gestern grenóuille gesehen
(23) ich habe gestern **doch** grenóuille gesehen
(24) ich habe gestern grenóuille **doch** gesehen

Kapitel 2

Die Sätze (21) und (22) sind nach Lerner unproblematisch, weil *doch* keinen Einfluss auf die möglichen Fokusprojektionen auszuüben scheint. In (21a) und (22a) sind jeweils durch geschweifte Klammern die nach Lerner möglichen Fokusprojektionen für (21) und (22) angezeigt:

(21a) (und) **doch** habe ich gestern grenóuille gesehen

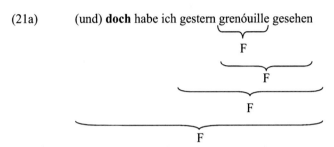

(22a) ich habe **doch** gestern grenóuille gesehen

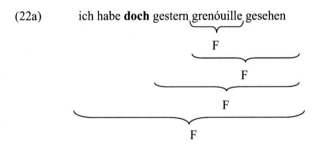

Die Sätze (23) und (24) sind dagegen für Lerner besonders interessant, weil *doch* nicht am linken Rand des Mittelfeldes steht und die Fokusprojektion im Gegensatz zu (21) und (22) eingeengt ist. In (23a) und (24a) sind die nach Lerners Darstellung möglichen Fokusprojektionen von (23) und (24) zu sehen:

(23a) ich habe gestern **doch** grenóuille gesehen

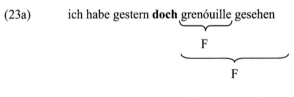

(24a) ich habe gestern grenóuille **doch** gesehen

Forschungsstand

In (25a) kann der Fokusexponent *grenóuille* nicht an *doch* vorbei projizieren. Dies liegt nach Lerner daran, dass *doch* nicht am linken Rand des Mittelfeldes steht, sondern sich weiter rechts im Mittelfeld befindet. Im Beispiel (24a) ist nach Lerner gar keine Fokusprojektion möglich. Die Konstituente *Grenouille* bildet somit einen engen Fokus. Anhand dieser Beobachtungen stellt Lerner (1987: 223) die Hypothese auf, dass die Fokusprojektion nicht nach links über *doch* hinausgehen kann, wenn dieses sich nicht am linken Rand des Mittelfeldes befindet. Ferner kann nach Lerner ein Fokus, der links der Modalpartikel steht, nur eng sein, wie in (24a). Auch Meibauer (1994: 87) meint, dass links der Modalpartikel keine Fokusprojektion stattfinden kann. Darüber hinaus stellt er die Akzeptabilität von Lerners Beispiel (24)/(24a) in Frage.

Lerners Beispiele werfen viele Fragen auf, die dadurch bedingt sind, dass kein Kommunikationskontext angegeben wird, sodass die Fokusvarianten konstruiert wirken. Trotzdem stellen sie für die Forschung eine wichtige Anregung dar. Lerners Beobachtungen werden von Brandt et al. (1992: 74) wiederaufgenommen, die Fälle wie (24a) als untypisch und stark kontrastiv einstufen. Sie konzentrieren sich auf Beispiele wie (23), in denen die Modalpartikel als Grenze der Fokusprojektion zu dienen scheint. Zur Erläuterung wird (23) nach der Argumentation von Brandt et al. erklärt:

(23)   ich habe gestern **doch** grenóuille gesehen

Brandt et al. (1992) behandeln den Zusammenhang zwischen Modalpartikelstellung und Fokus im Rahmen der generativen Grammatik (vgl. Stechow/Sternefeld 1988) und gehen von folgenden Grundannahmen aus:

(i)   Modalpartikeln können nicht aus ihrer Grundposition am linken Rand des Mittelfeldes wegbewegt werden.
(ii)   „Fokussierte[10] Phrasen dürfen nicht gescrambelt[11] werden." (Stechow/Sternefeld 1988: 466)

Aus (i) folgt, dass in (23) die Modalpartikel *doch* nicht bewegt wurde. Aus (ii) lässt sich schließen, dass in (23) *Scrambling* stattgefunden hat, und zwar wurde

---

10 Nach Stechow/Sternefeld (1988) ist der Fokus durch einen fallenden Akzent gekennzeichnet. (ii) ist also so zu verstehen, dass Konstituenten, die einen fallenden Akzent tragen, nicht gescrambelt werden dürfen. Konstituenten mit einem steigenden Akzent dürfen dagegen gescrambelt werden (für Beispiele vgl. Stechow/Sternefeld 1988: 466-467).
11 Unter *Scrambling* wird hier die Voranstellung von Konstituenten innerhalb des Mittelfeldes verstanden. Zu einer ausführlichen Behandlung des Begriffs *Scrambling* verweise ich auf Haider/Rosengren (1998).

Kapitel 2

das Temporaladverb *gestern* innerhalb des Mittelfeldes aus seiner Grundposition rechts der Modalpartikel nach links bewegt:

(25)   ich habe **doch** gestern grenóuille gesehen
(26)   ich habe gestern$_1$ **doch** t$_1$ grenóuille gesehen

Nach Brandt et al. (1992) kann der Fokusexponent *grenóuille* nicht nach links über die Modalpartikel hinaus projizieren, weil *gestern* gescrambelt wurde und daher nach (ii) nicht fokussiert sein kann. Nach dieser Argumentation bildet die Modalpartikel keine Grenze für die Fokusprojektion, sondern das *Scrambling* schränkt den Fokus ein. Im Gegensatz zu Brandt et al. (1992) beschränkt sich Lerner auf die Analyse der Oberflächenstruktur des Satzes und berücksichtigt das *Scrambling* nicht. Sowohl Lerner als auch Brandt et al. (1992) zeigen, dass ein rechts der Modalpartikel stehender Fokusexponent nicht über die Modalpartikel hinaus nach links projizieren kann, wobei bei Lerner die Stellung der Modalpartikel und bei Brandt et al. (1992) das *Scrambling* als Grund dafür angegeben wird. Beide Auffassungen tragen jedoch nicht den Fällen Rechnung, in denen im Mittelfeld ein Fokus links der Modalpartikel steht (wie in (24) *ich habe gestern grenóuille **doch** gesehen*). Solche Fälle werden von Brandt et al. (1992) als „stark kontrastiv" bezeichnet. Zumindest in der gesprochenen Sprache kommen solche Stellungen aber durchaus vor (s. Abschnitt 4.2.1.2).

Meibauer (1994: 80) zeigt, dass es Kontexte gibt, in denen die Fokussierung von Elementen, die sich im Mittelfeld links der Modalpartikel befinden, auch in der Schriftsprache unproblematisch ist. Als Beispiel betrachte man (27), in dem Meibauer den Fokus mit Großbuchstaben markiert:

(27)   {peter hat niemals einen versuch gemacht}
       wieso? peter hat GESTERN **doch** einen versuch gemacht

(29) legt nahe, dass das *Scrambling*-Argument von Brandt et al. (1992) nicht immer zutrifft, und dass ein Fokus im Mittelfeld auch links der Modalpartikel vorkommen kann. Dieser scheint aber immer ein enger Fokus zu sein, wie *gestern* in (27).

Meibauer (1994: 87) stellt auch Lerners Annahme in Frage, dass eine Fokusprojektion nicht nach links über die Modalpartikel hinausgehen kann und begründet seine Zweifel u.a. mit folgenden Beispielen:

(28)   {was hat karl denn getan?}
       karl hat **doch** [dem kind das BUCH geschenkt.]$_F$

(29)   {was hat karl denn getan?}
        karl hat [dem kind **doch** das BUCH geschenkt.]_F

Nach Meibauer kann das Dativobjekt *dem Kind* sowohl in (28) als auch in (29) zum Fokus gehören. In (28) reicht die Fokusprojektion bis zur Modalpartikel; in (29) projiziert der Fokusexponent *Buch* über die Modalpartikel *doch* hinaus. Durch (28) und (29) will Meibauer zeigen, dass die Modalpartikelstellung die Fokusprojektion nicht beeinflusst.

Nach Meibauers Darstellung wäre die Stellung der Modalpartikel in (28) und (29) beliebig, hätte also keine Auswirkungen auf die Informationsstruktur. Das ist intuitiv nicht plausibel. Das Problem besteht im Frage-Antwort-Verfahren zur Fokuskontrolle. Wie Brandt et al. (1992) verwendet auch Meibauer (1994) eine in geschweifte Klammern gesetzte W-Frage (Ergänzungsfrage), um den Informationsbedarf explizit zu machen. Die Konstituente der Antwort, die das *w*-Wort der Frage ersetzt, muss nach Meibauer der Fokus sein. (28) und (29) antworten aber nicht auf die gleiche Frage. Nur (28) antwortet auf die Frage *was hat Karl denn getan?*. (29) antwortet vielmehr auf die Frage *was hat Karl denn hinsichtlich des Kindes getan?* und weist nach dem Frage-Antwort-Verfahren im Vergleich zu (28) eine andere Fokus-Hintergrund-Gliederung auf:

(30)   {was hat karl denn hinsichtlich des kindes getan?}
        karl hat dem kind **doch** [das BUCH geschenkt.]_F

In (30) ist nur *das Buch geschenkt* fokussiert. Der Fokus kann nicht über die Modalpartikel hinaus nach links projizieren. Die Konstituente *dem Kind* gehört hier nicht zum Fokus.

2.3.3 Zusammenfassung

Die syntaktische Stellung der Modalpartikeln wurde schon von Kriwonossow (1977) in Zusammenhang mit der Thema-Rhema-Gliederung gebracht, wobei unter Thema bekannte und unter Rhema neue Elemente des Satzes verstanden wurden. Dieser Ansatz wurde in der Literatur (Borst 1985, Hentschel 1986, Thurmair 1989) weiterverfolgt. Die semantisch-pragmatische Aufteilung in bekannte und neue Information erwies sich aber als nicht hinreichend trennscharf, um die tatsächlich vorkommenden Stellungsvarianten von Modalpartikeln vorauszusagen.

Kapitel 2

In den Arbeiten von Lerner (1987), Brandt et al. (1992) und Meibauer (1994) wird hierzu die These formuliert, dass die Modalpartikelstellung mit der Akzentuierung als Kodierungsmittel der Fokus-Hintergrund-Gliederung zusammenhängt. Steht das fokussierte (d.h. akzentuierte) Element links der Modalpartikel, so scheint keine Fokusprojektion möglich zu sein.

In den zitierten Arbeiten werden zwei wichtige Analysewerkzeuge verwendet: Das Frage-Antwort-Verfahren und die Notation der Akzentuierung. Es wurde aber gezeigt, dass die Vorhersage der Modalpartikelstellung im Satz mit diesen Werkzeugen noch nicht befriedigend gelungen ist. Das kann man damit erklären, dass Form- und Bedeutungs-Ebene nicht immer klar unterschieden wurden. Das Frage-Antwort-Verfahren ist ein Werkzeug semantisch-pragmatischer Art, das dazu dient, den Informationsbedarf zu rekonstruieren, den ein Satz im Kontext befriedigt. Die Fokus-Hintergrund-Gliederung wird aber prosodisch kodiert. Es muss also genauer untersucht werden, durch welche Regeln die Entscheidung des Sprechers, in seiner Äußerung bestimmte Elemente zu akzentuieren und andere unbetont zu lassen, auf den jeweils zu befriedigenden Informationsbedarf bezogen ist. In den hier referierten Arbeiten fehlt noch eine scharfe Trennung zwischen der semantischen Ebene des Frage-Antwort-Verfahrens und der prosodischen Ebene der Akzentuierung als Kodierungsmittel des Fokus. Das Frage-Antwort-Verfahren wird verwendet, um die Fokus-Hintergrund-Gliederung festzustellen, während die Akzentuierung als bloße Begleiterscheinung des Fokus angesehen wird.

Die Anregungen von Lerner (1987), Brandt et al. (1992) und Meibauer (1994) sollen in den folgenden Kapiteln dieser Arbeit weiterverfolgt werden. Zu diesem Zweck wird im nächsten Kapitel aus der Literatur ein Modell der Informationsstruktur abgeleitet, das es erlaubt, die Akzentuierung als Hauptkodierungsmittel der Fokus-Hintergrund-Gliederung zu untersuchen, ohne sie von vornherein mit der Semantik zu vermengen.

3. Topik-Fokus-Modell und Korpus

In Kapitel 2 wurde beschrieben, wie die bisherige Forschung das Stellungsverhalten der Modalpartikeln in Zusammenhang mit der Akzentuierung als Kodierungsmittel der Fokus-Hintergrund-Gliederung behandelt hat. Hierbei wurde besonders auf Lerners (1987) These eingegangen, nach der Modalpartikeln die Fokusprojektion blockieren. An Lerners konstruierten Beispielen kann die These einer Interaktion zwischen Modalpartikelstellung und Fokus-Hintergrund-Gliederung nicht im Detail geprüft werden. Es gilt nun, der Frage nach dem Zusammenhang zwischen Modalpartikeln und Akzentuierung als Signalisierungsmittel der Fokus-Hintergrund-Gliederung nachzugehen und sie vor allem empirisch zu untersuchen.

Zu diesem Zweck wird im ersten Teil des vorliegenden Kapitels eine prosodiegeleitete Theorie der Fokus-Hintergrund-Gliederung entwickelt, die es erlaubt, in Korpustexten der gesprochenen Sprache die Relation zwischen Modalpartikelstellung und Akzentuierung zu ermitteln. Im zweiten Teil des Kapitels wird anhand eines Beispiels das Annotations- und Analysesystem vorgeführt. Im dritten Teil wird das Korpus beschrieben. Im vierten Teil wird schließlich erklärt, wie aus allen Elementen im Korpus, die aufgrund ihrer Form als Modalpartikeln fungieren könnten, diejenigen herausgefiltert werden, die tatsächlich Modalpartikeln sind.

3.1 Analysewerkzeuge

Für die Zwecke der vorliegenden Arbeit haben sich folgende vier Werkzeugkomplexe als wichtig erwiesen:

(i)   die Theorie der Fokus-Hintergrund-Gliederung,
(ii)   die Theorie der Fokusprojektion,
(iii)   der Topikbegriff,
(iv)   die Theorie der prosodischen Struktur von Intonationsphrasen.

Im Folgenden wird im Einzelnen auf diese Werkzeugkomplexe eingegangen.

3.1.1 Theorie der Fokus-Hintergrund-Gliederung

In der Debatte über die Informationsstruktur (s. oben Abschnitt 2.2) haben die Arbeiten von Jacobs (1984, 1988) einen wichtigen Fortschritt gebracht. Jacobs

Kapitel 3

nimmt Abstand von der traditionellen Aufteilung das Satzes in alte und neue Information, die er „absolute Fokusauffassung" nennt, und führt eine neue Fokustheorie ein. Fokus und Hintergrund werden von Jacobs durchgehend in Beziehung zu einem fokussierenden Element gesetzt, das für die Einteilung des Satzes in Fokus und Hintergrund verantwortlich ist. Daher nennt Jacobs seine Theorie „relationale Fokusauffassung". Zur Erläuterung betrachte man Beispiel (1), das aus Jacobs (1984: 30) stammt und nach seiner Notation wiedergegeben wird:

(1) Peter besucht nur$_1$ [Gérdas]$_1$ Schwester.

Gerdas trägt in diesem Beispiel den Hauptsatzakzent, ist also fokussiert. Der Fokus geht von der Partikel *nur* aus, was in Jacobs' Notation durch die tief gestellten Indizes bei *nur* und bei der eckigen Fokusklammer angezeigt wird. Die Partikel *nur* ist das fokussierende Element, das für die Aufteilung des Satzes in den Fokus *Gerdas* und den Hintergrund *Peter besucht...Schwester* sorgt. Der Hintergrund ist in diesem Fall diskontinuierlich.

In Sätzen, die im Gegensatz zu (1) keinen lexikalischen Fokuszuweiser enthalten, liegt nach Jacobs ein sogenannter freier Fokus vor, wie in den folgenden Beispielen:

(2) [Péter]$_i$ besucht Gerdas Schwester
(3) Peter [besúcht]$_i$ Gerdas Schwester
(4) Peter besucht [Gérdas]$_i$ Schwester
(5) Peter besucht Gerdas [Schwéster]$_i$

(6) [Besúcht]$_i$ Peter Gerdas Schwester?
(7) Besucht [Péter]$_i$ Gerdas Schwester?

(8) Besucht Peter [Gérdas]$_i$ Schwester?
(9) Besucht Peter Gerdas [Schwéster]$_i$?

(2) bis (5) sind Aussagesätze, (6) bis (9) sind Ja-nein-Fragen. Der Hauptakzent fällt in jeder Variante auf eine andere Konstituente, je nachdem welches Element der Sprecher in den Vordergrund stellen möchte.

Offensichtlich liegt in keinem der Sätze ein lexikalisches fokussierendes Element vor, das Fokus und Hintergrund festlegt. Hier fungiert nach Jacobs der Illokutionstyp in Form eines Illokutionstyp-Operators als fokussierendes Element. Demnach ist in den Sätzen (2) bis (5) der Illokutionstyp-Operator ASS ('Assertion') für die Fokussierung der jeweiligen Konstituenten verantwortlich. In (6) bis (9) wird der Fokus durch den Illokutionstyp-Operator ERO ('Frage') zugewiesen.

Die Illokutionstyp-Operatoren entsprechen den Illokutionstypen der jeweiligen Sätze. Der tief gestellte Index i bei der Fokusklammer zeigt an, dass der Fokus durch den Illokutionstyp-Operator bedingt ist. Der Fokus ist nach Jacobs Teil des Satzes, der vom Illokutionstyp-Operator oder von Fokuspartikeln wie *sogar* und *nur* besonders betroffen ist. Der Teil, der von diesen Operatoren nicht betroffen ist und somit als vorausgesetzt markiert wird, entspricht dem Hintergrund des Fokus-Operators. Daraus ergibt sich der relationale Charakter von Jacobs' Fokustheorie.

Jacobs behandelt die Fokus-Hintergrund-Gliederung in Anlehnung an Zaefferer (1979), der die illokutionäre Bedeutungsebene des Satzes in formal-semantische Operator-Operand-Strukturen einbezieht. Jacobs geht davon aus, dass es ein begrenztes Inventar von Illokutionstyp-Operatoren gibt, die über der propositionalen Bedeutungsebene des Satzes operieren. Wenn eine Äußerung semantisch interpretiert wird, wird dieser Vorstellung zufolge eine formale Bedeutungsrepräsentation erstellt, in der die Proposition des Satzes Operand des Illokutionstyp-Operators ist. Illokutionstyp-Operatoren werden von Jacobs durch Symbole wie ASS ('Assertion'), ERO ('Frage'), OPT ('Wunsch') und DIR ('Aufforderung') wiedergegeben.

Indem der Illokutionstyp-Operator über der Proposition operiert, legt er Fokus und Hintergrund des Satzes fest. Somit stehen Fokus und Hintergrund in Relation zum Illokutionstyp-Operator. Da der Ausdruck der Illokution zur deontisch-illokutionären Ebene der Bedeutung gehört (s. oben Abschnitt 1.4), scheint es plausibel, dass die Illokutionstyp-Operatoren mit den Intentionen des Sprechers zusammenhängen. Der Sprecher würde demnach relativ zu seinen Mitteilungsabsichten bestimmte Konstituenten fokussieren und andere in den Hintergrund rücken. Damit aber ein Sprechakt als solcher überhaupt eingestuft werden kann, muss es einen Rezipienten geben, der Inferenzen über die Intentionen des Sprechers zieht und eine Bedeutungsrepräsentation aufbaut. Das heißt, es ist auch plausibel, dass Illokutionstyp-Operatoren mit der Rezeption der Äußerung in Verbindung stehen.

Bei Jacobs bleibt unklar, inwiefern es gerechtfertigt ist, anzunehmen, dass Fokuspartikeln und Illokutionstyp-Operatoren gleichberechtigte Fokuszuweiser sein können, denn auch Sätze, die eine Fokuspartikel enthalten, gehören ja immer gleichzeitig zu einem Illokutionstyp. Wichtig an Jacobs' Fokus-Hintergrund-Theorie ist für die vorliegende Untersuchung vor allem die Unterscheidung zwischen absoluter und relativer Fokusauffassung. Anders als Jacobs wird im Folgenden eine prosodiegeleitete Modellierung der Fokus-Hintergrund-Gliederung ausarbeitet.

3.1.2 Theorie der Fokusprojektion

In Abschnitt 2.3.2.1 wurde der Unterschied zwischen engem und weitem Fokus erläutert. Dieser basiert auf dem Begriff der Fokusprojektion. Ein weiter Fokus liegt vor, wenn Fokusprojektion stattfindet, wie in dem schon zitierten Beispiel aus Uhmann (1991: 197):

(10) {was macht karl am wochenende?}
 karl [fährt nach berLIN]$_F$

In einem durch die Frage in geschweiften Klammern angedeuteten idealisierten Kontext interpretiert der Rezipient Satz (10) unbewusst in folgenden vier Schritten:

(i) Die Silbe -*lin* des Wortes *Berlin* trägt einen Fokusakzent, folglich ist das Wort *Berlin* hervorgehoben/fokussiert;
(ii) Aufgrund des Kontexts wird vorausgesetzt, dass es um Karl geht. Die übrige Information des Satzes ist neu.
(iii) Es wird angenommen, dass die Hervorhebung sich nicht nur auf *Berlin*, sondern auf die gesamte neue Information des Satzes bezieht.
(iv) Die Konstituente *fährt nach berlin* wird als Fokus gedeutet; *karl* wird als Hintergrund gedeutet.

Das Wort *Berlin*, von dem aus der Fokus projiziert wird, heißt Fokusexponent. Nach Uhmann wird als Fokusexponent „die Konstituente eines komplexen Syntagmas bezeichnet, die als Akzenttonträgerin maximale Ambiguität in Bezug auf die Ausdehnung des Fokusbereichs zulässt" (Uhmann 1991: 198). Mit „Konstituente eines komplexen Syntagmas" ist hier in erster Linie eine Phrase, mindestens ein Wort gemeint. So sorgt der Akzent auf der Silbe -*lin* dafür, dass mindestens das Wort *Berlin* als hervorgehoben wahrgenommen und somit als fokussiert interpretiert wird. Ob andere Elemente über dieses Wort hinaus als fokussiert gedeutet werden, hängt von der Interpretation des Rezipienten ab. Nach dieser Definition des Fokusexponenten ist also zu erwarten, dass der Akzent auf einer Silbe automatisch zur Hervorhebung des Wortes führt, zu dem die

Silbe gehört. Dies trifft allerdings nicht immer zu. Es gibt auch Fälle, in denen nur ein Teil eines Wortes durch den Akzent hervorgehoben wird, wie in:

(11) {bist du eingestiegen?}
      nein, ich bin AUSgestiegen.

In (11) wird nur die Verbpartikel *aus-* fokussiert. Das Partizip *gestiegen* zusammen mit dem Rest des Satzes steht im Hintergrund. In diesem Fall wird der Fokus nicht von der akzentuierten Silbe *aus-* auf das Wort *ausgestiegen* erweitert. Hier liegt ein enger Fokus vor, der kleiner als das Wort ist, das die akzentuierte Silbe enthält. Wenn dieser Fall berücksichtigt wird, muss man annehmen, dass die Fokusprojektion eigentlich vom akzentuierten Wortteil ausgeht. Akzentuierte zusammengesetzte Wörter müssten daher schon als Fokusprojektionen betrachtet werden.

Kehren wir zu Satz (10) zurück. Dieser ist bezüglich der Reichweite der Fokusprojektion ambig. Je nach Kontext kann die Fokusprojektion unterschiedliche Reichweite haben:

(12) {fährt karl nach münchen?}
      karl fährt nach [berLIN]$_F$

(13) {wohin fährt karl?}
      karl fährt [nach berLIN]$_F$

(14) {was macht karl am wochenende?}
      karl [fährt nach berLIN]$_F$

(15) {was gibt's neues?}
      [karl fährt nach berLIN]$_F$

In echten Gesprächen ist die Reichweite der Fokusprojektionen selten so deutlich wie in (12) bis (15), bei denen idealisierte Kontexte gebildet wurden. Die Syntax kann aber die Ambiguität der Fokusprojektion einschränken. Uhmann (1991: 200, 209) weist darauf hin, dass in einem Satz die Grundreihenfolge der Stellungsglieder eingehalten sein muss, damit Fokusprojektion (vom Wort bzw. von der Silbe aus) stattfinden kann. Zur Erläuterung betrachten wir die Beispiele (16) bis (18):

(16) erwin hat ohne zögern den BIERkasten zu hans gefahren
(17) den BIERkasten hat erwin ohne zögern zu hans gefahren

Kapitel 3

(18)   erwin hat den BIERkasten ohne zögern zu hans gefahren.

In (16) stehen die Konstituenten in der unmarkierten Grundreihenfolge. Die Adverbialbestimmung *ohne Zögern* steht am linken Rand des Mittelfeldes. Auf sie folgen das Akkusativobjekt *den Bierkasten* und die Adverbialbestimmung *zu Hans*. Wenn in (16) der Satzakzent auf die Silbe *bier-* fällt, erlaubt die unmarkierte Serialisierung der Konstituenten Fokusprojektionen, die von *bier-* stufenweise bis zum ganzen Satz reichen. Das heißt, Satz (16) kann als Antwort auf alle folgenden Fragen dienen und entsprechende Fokusprojektionen aufweisen:

(16a)   {hat erwin ohne zögern den BRIEFkasten zu hans gefahren?}
         erwin hat ohne zögern den [BIER]$_F$kasten zu hans gefahren.

(16b)   {hat erwin ohne zögern den WEIN zu hans gefahren?}
         erwin hat ohne zögern den [BIERkasten]$_F$ zu hans gefahren.

(16c)   {was hat erwin ohne zögern zu hans gefahren?}
         erwin hat ohne zögern [den BIERkasten]$_F$ zu hans gefahren.

(16d)   {was hat erwin ohne zögern gemacht?}
         erwin hat ohne zögern [den BIERkasten zu hans gefahren]$_F$.

(16e)   {was hat erwin gemacht?}
         erwin hat [ohne zögern den BIERkasten zu hans gefahren]$_F$.

(16f)   {was gibt's neues von erwin?}
         erwin [hat ohne zögern den BIERkasten zu hans gefahren]$_F$.

(16g)   {was gibt's neues?}
         [erwin hat ohne zögern den BIERkasten zu hans gefahren]$_F$.

Beispiel (16a) zeigt, dass in einem bestimmten Kontext auch nur ein Teil des Wortes *Bierkasten* fokussiert werden kann, und dass somit der Fokus auch kleiner als das Wort sein kann. Die Akzentuierung der Silbe *Bier-* bewirkt hier nicht die Fokussierung des Wortes *Bierkasten*. In (16b) ist das Wort *Bierkasten* fokussiert.

In Abb. 1 sind alle Möglichkeiten der Fokusprojektion für Satz (16) durch geschweifte Klammern veranschaulicht:

erwin hat ohne zögern den BIERkasten zu hans gefahren

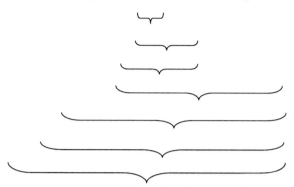

Abb. 1: Mögliche Fokusprojektionen für Satz (16)

In Satz (17) wurde das Akkusativobjekt *den Bierkasten* aus seiner Grundposition im Mittelfeld ins Vorfeld versetzt. Mit (17) kann man auf die Fragen (17a) bis (17c), aber nicht ohne weiteres auf die Fragen (17d) bis (17g) antworten:

(17a) {hat erwin ohne zögern den BRIEFkasten zu hans gefahren?}
den [BIER]$_F$kasten hat erwin ohne zögern zu hans gefahren.

(17b) {hat erwin ohne zögern den WEIN zu hans gefahren?}
den [BIERkasten]$_F$ hat erwin ohne zögern zu hans gefahren.

(17c) {was hat erwin ohne zögern zu hans gefahren?}
[den BIERkasten]$_F$ hat erwin ohne zögern zu hans gefahren.

(17d) {was hat erwin ohne zögern gemacht?}
?[den BIERkasten]$_F$ hat erwin ohne zögern zu hans gefahren.

(17e) {was hat erwin gemacht?}
?[den BIERkasten]$_F$ hat erwin ohne zögern zu hans gefahren.

(17f) {was gibt's neues von erwin?}
?[den BIERkasten]$_F$ hat erwin ohne zögern zu hans gefahren.

(17g) {was gibt's neues?}
?[den BIERkasten]$_F$ hat erwin ohne zögern zu hans gefahren.

Kapitel 3

Der Fokus kann hier nicht über *den Bierkasten* hinaus projiziert werden. Das heißt, wenn der Akzent auf ein Element fällt, das im Vorfeld steht, kann keine Fokusprojektion über die Vorfeldkonstituente hinaus stattfinden. Deshalb sind die Frage-Antwort-Paare (17d) bis (17g) unangemessen.

Betrachten wir nun die Fokusprojektionsmöglichkeiten für Satz (18). Hier ist das Akkusativobjekt der Adverbialbestimmung *ohne Zögern* vorangestellt, was einer markierten Serialisierung entspricht. Auch diese Stellungsvariante führt dazu, dass der Fokus nicht über *den Bierkasten* hinaus projiziert werden kann. *Den Bierkasten* bildet daher auch hier einen engen Fokus. (18) kann nur Antwort auf die Fragen (18a) bis (18c) sein. Als Antwort auf alle anderen Fragen ist (18) unpassend:

(18a)   {hat erwin den BRIEFkasten ohne zögern zu hans gefahren?}
        erwin hat den [BIER]$_F$kasten ohne zögern zu hans gefahren.

(18b)   {hat erwin den WEIN ohne zögern zu hans gefahren?}
        erwin hat den [BIERkasten]$_F$ ohne zögern zu hans gefahren.

(18c)   {was hat erwin ohne zögern zu hans gefahren?}
        erwin hat [den BIERkasten]$_F$ ohne zögern zu hans gefahren.

(18d)   {was hat erwin ohne zögern gemacht?}
        ?erwin hat [den BIERkasten]$_F$ ohne zögern zu hans gefahren.

(18e)   {was hat erwin gemacht?}
        ?erwin hat [den BIERkasten]$_F$ ohne zögern zu hans gefahren.

(18f)   {was gibt's neues von erwin?}
        ?erwin hat [den BIERkasten]$_F$ ohne zögern zu hans gefahren.

(18g)   {was gibt's neues?}
        ?erwin hat [den BIERkasten]$_F$ ohne zögern zu hans gefahren.

Ausgehend von einer akzentuierten Silbe bzw. einem akzentuierten Wortteil ergeben sich der Theorie der Fokusprojektion zufolge vier Möglichkeiten:

(i)   Nur die akzentuierte Silbe bzw. der akzentuierte Wortteil wird als fokussiert interpretiert.
(ii) Das ganze Wort, das die akzentuierte Silbe enthält, wird als fokussiert interpretiert.

(iii)   Die erste phrasale Konstituente, die die akzentuierte Silbe enthält (z.b. die Nominalphrase *den Bierkasten*), wird als fokussiert interpretiert.
(iv)   Der Fokus wird über die erste phrasale Konstituente hinaus projiziert. In diesem Fall kann bei der Reichweite der Fokusprojektion unter Umständen erhebliche Ambiguität bestehen. Eine solche Projektion ist aber nur möglich, wenn eine unmarkierte Serialisierung der Satzglieder im Mittelfeld vorliegt.

Beispiel (17) hat gezeigt, dass die Möglichkeiten der Fokusprojektion im Vorfeld eingeschränkt sind. Eine Projektion nach rechts über die linke Satzklammer hinaus ist nicht möglich. Beispiel (18) hat gezeigt, dass auch Scrambling im Mittelfeld die Fokusprojektion beeinflusst.

3.1.3 Der Topikbegriff

In Abschnitt 2.2 wurde erwähnt, dass *Topik* ein thema-orientierter Terminus ist, der meistens als Gegenbegriff zu *Kommentar* verwendet wird, um die Informationsstruktur zu beschreiben. Um die Abgrenzung zwischen den in der Forschung unterschiedlich definierten Topikbegriffen und der Theorie des Topiks, die der vorliegenden Arbeit zugrundegelegt wird, deutlich machen zu können, werden an dieser Stelle Eigenschaften behandelt, die in der Literatur als typisch für das Topik eingestuft werden.

Jacobs (2001) lehnt die in der Forschung verbreitete Ansicht ab, dass es einen einheitlichen Topikbegriff (und somit auch einen einheitlichen Kommentarbegriff) gibt. Er stellt die These auf, dass Topik und Kommentar prototypische Kategorien sind. Um die prototypischen Eigenschaften festzuhalten, die die Kategorien Topik und Kommentar kennzeichnen, analysiert er unterschiedliche Konstruktionen, die in der Literatur als typische Beispiele für die Topik-Kommentar-Gliederung angeführt werden (vgl. Jacobs 2001: 642).

Alle Topikdefinitionen, unabhängig vom theoretischen Ansatz, arbeiten mit einer Zweiteilung der Information („informational separation"). Damit ist gemeint, dass Äußerungen, die ein Topik enthalten, in zwei Schritten erfolgen. Zwei Beispiele:

(19)   /PEter SCHLÄFT\.
(20)   /PEter, der trinkt WEIN\.

Solche Sätze werden in der Literatur (vgl. Sasse 1987) kategorische Urteile genannt. Das Topik *Peter* dient dazu, einen Referenten zu nennen, über den ein Urteil ausgedrückt wird. Der Begriff des kategorischen Urteils geht auf die aristotelische Aufteilung des Satzes in Subjekt und Prädikat zurück. Kategorische Urteile unterschieden sich von thetischen Urteilen dadurch, dass sie in zwei Schritten gebildet werden:

(i)　　Ein Referent (Topik) wird genannt.
(ii)　　Über diesen wird etwas ausgesagt (Kommentar).

Thetische Urteile lassen sich dagegen nicht in zwei Schritte aufteilen, sondern bestehen aus einem einzigen Schritt und werden daher auch einfache Urteile genannt. Typische Beispiele für thetische Urteile sind:

(21)　　es REG\net.
(22)　　HANS\ kommt.

In (21) und (22) liegen einfache Informationen vor, d.h. es gibt kein Topik. (21) und (22) weisen nur einen fallenden Akzent auf, während in (19) und (20) ein steigender und ein fallender Akzent auftreten. Der steigende Akzent markiert das Topik, der fallende den Kommentar.

Eine weitere Konstruktion, die oft als Beispiel für die Topik-Kommentar-Gliederung angeführt wird, ist (23):

(23)　　was /WEIHnachten betrifft, da bin ich nicht erREICH\bar.

Der steigende Akzent markiert das Topik *Weihnachten*, das syntaktisch vom Kommentar durch einen *w*-Satz des Typs 'was X betrifft' getrennt wird. Im Gegensatz zu (19) und (20) wird in diesem Fall nicht über den Referenten *Weihnachten* etwas ausgesagt, sondern das Topik gibt eher einen Situationsrahmen, für den die darauf folgende Aussage 'ich bin nicht erreichbar' gelten soll. Jacobs (2001: 655-658) spricht von „frame-setting". Auch (23) ist, ebenso wie (19) und (20), durch eine Zweiteilung der Information gekennzeichnet, die hier nicht nur durch die Akzentuierung, sondern zusätzlich durch die syntaktische Struktur angezeigt wird. Jacobs weist darauf hin, dass die Rahmen-Bedeutung bei Topiks nicht immer vorhanden ist.

In den behandelten Beispielen markieren die steigenden Akzente jeweils das Topik. Jacobs (2001: 642) gibt allerdings auch ein Beispiel, in dem das Topik seiner Meinung nach einen fallenden Akzent trägt:

Topik-Fokus-Modell und Korpus

(24)   PE\ter, ich habe ihn heute nicht geTROF\fen.

Nach Jacobs' Darstellung weist (24) wie (23) eine Gliederung der Information in zwei Schritte auf: (i) Der Referent *Peter* wird genannt, und (ii) etwas wird über ihn gesagt. Die Zweiteilung der Information ist syntaktisch durch die Linksversetzung kodiert.

Da (24) ein konstruiertes Beispiel ist, ist die eingetragene Prosodie schwer zu beurteilen. Vor dem Hintergrund der mir vorliegenden Korpusdaten erscheint sie jedoch unplausibel. Aus meiner Sicht wären drei prosodische Varianten dieses Satzes plausibler:

(i)   *Peter* könnte anstatt eines fallenden einen steigenden Akzent tragen, wie in (24a):

   (24a) /PEter, ich habe ihn heute nicht geTROF\fen.

   Hier wäre *Peter* eindeutig Topik. (24a) wäre in diesem Fall intonatorisch analog zu den Beispielen (19), (20) und (23).

(ii) Nach den von Jacobs eingetragenen Akzenten würde (24) aus zwei getrennten prosodischen Einheiten bestehen, die beide wie die Beispiele (21) und (22) gebildet sind. In diesem Fall wäre *Peter* kein Topik, sondern ein Fokus.

   (24b) PE\ter, ich habe ihn heute nicht geTROF\fen.

(iii) Zwischen dem fallenden Akzent auf *Peter* und dem auf *getroffen* könnte ein weiterer steigender Akzent z.B. auf *ich* oder *heute* fallen, wie in (24c):

   (24c) PE\ter, /ICH habe ihn heute nicht geTROF\fen.

   In der Variante (24c) würden wiederum zwei getrennte prosodische Einheiten vorliegen: PE\ter wäre intonatorisch analog zu den Beispielen (21) und (22) gebildet; der weitere Teil wäre intonatorisch wie die Beispiele (19), (20) und (23) gebildet.

Kapitel 3

Außer mit der Zweiteilung der Information und der Rahmen-Bedeutung wird der Topikbegriff, vor allem in der kognitiven Linguistik, mit dem Begriff der Adressierung in Zusammenhang gebracht. Dieser Bereich der linguistischen Forschung hat viele Berührungspunkte mit der Psychologie. Es wird versucht, den mentalen Prozess des Verstehens von Sätzen und Texten beim Adressaten zu modellieren. Vallduví (1992) bezeichnet z.B. Topiks als *links*, die im Kommunikationsfluss als kognitive Anhaltspunkte für neue Informationen dienen. Schnotz (2006) versteht unter Topiks Hinweise, die dem Adressaten helfen, Elemente seines Vorwissens zu finden, an die neue Informationen angedockt werden können. Lediglich durch Topiks wird es nach Schnotz dem Adressaten möglich, den Fokus nachzuführen, d.h. den Übergang von einer fokussierten zu einer anderen fokussierten Information zu verfolgen und zu verstehen.

Obwohl in allen bisher besprochenen Beispielen die Akzentuierung eingetragen ist, wird sie in einem Großteil der Literatur als bloße Begleiterscheinung von syntaktischen und semantischen Topikeigenschaften angesehen. Es wird ihr demnach keine entscheidende Rolle bei der Signalisierung des Topiks zugeschrieben. Als bestimmend für die Definition des Topiks werden in der Literatur eher die zwei Schritte der Informationsmitteilung angesehen: einen Referenten identifizieren und eine Aussage über ihn machen. Dies gilt auch für Lambrechts Theorie der Informationsstruktur, die in Abschnitt 2.2 dargestellt wurde. Lambrecht definiert das Topik primär pragmatisch, als die Information, von der der Fokus handelt. Optional kann die Topik-Konstituente nach Lambrecht durch einen Akzent gekennzeichnet werden. Der Akzent auf dem Topik dient nach Lambrecht dazu, dem Adressaten die Zuordnung des Topiks zu seinem Fokus zu erleichtern.

Jacobs (2001) weist darauf hin, dass die Kategorie Topik mit unterschiedlichen Strukturen und semantischen Eigenschaften in Verbindung gebracht wird. Dies führt dazu, dass sie sich schwer operationalisieren lässt. Im Gegensatz zu den gängigen Topiktheorien wird in der vorliegenden Arbeit die Akzentuierung als Kodierungsmittel für das Topik in den Vordergrund gestellt. Dabei wird Bürings (1997, 2006) Topikbegriff verwendet, der sich von anderen Auffassungen dadurch unterscheidet, dass er der Prosodie eine bedeutendere Rolle zuerkennt.

3.1.3.1 Topiktheorie

Das Topik ist nach Büring ein besonderer Teil des Hintergrunds, der durch einen steigenden Akzent gekennzeichnet ist. (25) ist das von Büring (1997: 53-55) verwendete Beispiel zur Erläuterung des Topiks:

(25)   {was hast du auf der neunundfünfzigsten straße gekauft?}
       [auf der /NEUNundfünfzigsten straße]ᴛ habe ich [die SCHU\he]ꜰ
       gekauft.

Die Konstituente *die Schuhe* befriedigt den Informationsbedarf, der durch die in geschweifte Klammern gesetzte Frage ausgedrückt wird. *Die Schuhe* trägt einen fallenden Akzent und ist somit fokussiert. Aus dem Hintergrund *auf der neunundfünfzigsten Straße habe ich...gekauft* wird die Konstituente *auf der neunundfünfzigsten Straße* durch einen steigenden Akzent hervorgehoben und damit zum Topik gemacht. Satz (25) ist also in folgende drei Bereiche aufgeteilt:

(i)   den Fokus *die Schuhe*,
(ii)   das Topik *auf der neunundfünfzigsten Straße*,
(iii)   den restlichen Hintergrund *habe ich...gekauft*.

Hätte der Sprecher die Konstituente *auf der neunundfünfzigsten Straße* nicht durch einen steigenden Akzent markiert, so wäre der Satz nur in einen Fokus und einen Hintergrund geteilt:

(26)   auf der neunundfünfzigsten straße habe ich [die /SCHU\he]ꜰ gekauft.

In (26) ist der Teil des Satzes, der nicht in eckigen Klammern steht, Hintergrundmaterial. Dieses kann, wie im vorliegenden Fall, diskontinuierlich sein. Nur in dem Teil des Hintergrunds, der sich links des Fokus befindet, kann eine Konstituente durch einen steigenden Akzent markiert und zum Topik gemacht werden. In dem Teil des Hintergrunds, der auf den Fokus folgt, können keine Akzente gesetzt und keine Topiks ausgewiesen werden.

In (26) ist im Gegensatz zu (25) der Fokus durch einen steigend-fallenden Akzent markiert. In (25) erfolgt der Anstieg der Tonhöhe beim Topik. Das Topik und der dazugehörige Fokus bilden intonatorisch eine sogenannte Brückenkontur (Féry 1993: 149).

Die durch (25) und (26) illustrierten Varianten der Fokus-Hintergrund-Gliederung werden in Abb. 2 zusammengefasst. Dabei ist es wichtig zu beachten, dass eine Äußerung nicht unbedingt ein Satz sein muss, um eine Fokus-Hintergrund-Struktur mit oder ohne Topik(s) aufweisen zu können. In der Literatur werden Fragen der Informationsstruktur meist an Sätzen diskutiert. Aber auch Äußerungen geringerer oder höherer Komplexität können eine Fokus-Hintergrund-Gliederung aufweisen:

Kapitel 3

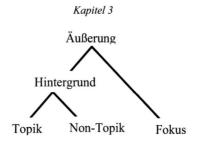

Abb. 2: Varianten der Fokus-Hintergrund-Gliederung nach Büring (1997)

Das Topik ist nach Büring Ergebnis einer Auswahl aus einer Liste von möglichen Alternativen. Dies erläutert er durch ein weiteres Beispiel, das ich in (27) wiedergebe (vgl. Büring 1997: 57):

(27)   {wo sind sie denn alle?}
        [die zwei /GALlier]_T sind [einen KUM\pel suchen]_F

Der Fokus wird vom Fokusexponenten *Kumpel* auf die Verbgruppe *einen Kumpel suchen* projiziert. Dies ist möglich, weil die Stellungsglieder in der Grundreihenfolge stehen. *Die zwei Gallier sind* bildet den Hintergrund, aus dem die Konstituente *die zwei Gallier* durch einen steigenden Akzent hervorgehoben und zum Topik gemacht wird. Das Topik kann nach Büring ebenso wie der Fokus projizieren. In (27) ist *Gallier* der Topikexponent, von dem aus das Topik auf die Nominalphrase *die zwei Gallier* projiziert wird.

Das Topik gehört nach Büring zu einer Liste von möglichen Alternativen (Topik-Alternativen-Menge), die den sogenannten Topikwert des Satzes bildet. Der Kontext, in dem eine Topik-Markierung zustande kommt, wird von Büring durch eine Frage dargestellt, die sich in mehrere Unterfragen aufspalten lässt. In (27) kann die Oberfrage *wo sind sie denn alle?* in Unterfragen aufgespalten werden, wie in Abb. 3 angedeutet:

Abb. 3: Das Frage-Unterfrage-Verfahren

Die Ausdrücke *die Römer, Caesar und Obelix, die zwei Gallier* usw. bilden eine Liste möglicher Topiks, aus der *die zwei Gallier* ausgewählt wird. Die mit dem ausgewählten Topik gebildete Unterfrage wird durch den Fokus der Äußerung beantwortet. Durch die Topikmarkierung schränkt also der Sprecher die Gültigkeit der Fokus-Information auf das ausgewählte Topik ein.

Der fallende Akzent, der den Fokus markiert, und der steigende Akzent, der das Topik markiert, strukturieren gemeinsam eine Intonationsphrase (IP), wie in (28) zu sehen ist:

(28)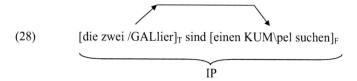
[die zwei /GALlier]_T sind [einen KUM\pel suchen]_F

IP

Wenn kein Topik vorhanden ist, besteht die Intonationsphrase aus dem Fokus und dem ihm zugeordneten Hintergrundmaterial, wie in (29):

(29)   {wo sind denn die zwei gallier?}

die zwei gallier sind [einen /KUM\pel suchen]_F

IP

Topiks können nur links vom dazugehörigen Fokus stehen. (30a) ist demnach informationsstrukturell abweichend. Im Standarddeutschen, wo ein steigender Akzent ein Topik und ein fallender Akzent den Fokus anzeigt, ist eine umgekehrte Brückenkontur wie in (30a) auch prosodisch abweichend. Wenn die erste Konstituente eines Satzes fokussiert ist, darf auf diese innerhalb derselben Intonationsphrase kein Topik mehr folgen, sondern nur noch unakzentuiertes Hintergrundmaterial (im Sinne von Non-Topik). (30b) ist also prosodisch korrekt, allerdings pragmatisch als Antwort auf die gestellte Frage nicht angemessen:

{wo sind sie denn alle?}
(30a)   *[einen KUM\pel suchen]_F sind [die zwei /GALlier]_T
(30b)   [einen /KUM\pel suchen]_F sind die zwei gallier

Topiks stehen häufig im Vorfeld des Satzes, können aber auch im Mittelfeld stehen. Ein Beispiel:

(31)   {was kann man von der neuen regierung erwarten?}
        sie wird als /ERstes die STEU\ern senken

Kapitel 3

Ein Satz kann mehrere Intonationsphrasen umfassen. Die Grenzen zwischen den Intonationsphrasen können durch unterschiedliche Mittel signalisiert werden, z.B. durch Pausen:

(32a) {was hast du deinen Verwandten geschenkt?}
ich habe meiner /MUTter ein BUCH\ und

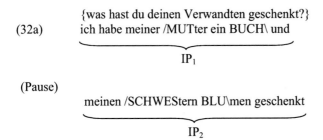

IP_1

(Pause)

meinen /SCHWEStern BLU\men geschenkt

IP_2

Gibt der Sprecher keine prosodischen Hinweise auf eine Intonationsphrasengrenze, so kann man auch annehmen, dass sie mit einer syntaktischen Grenze übereinstimmt (vgl. Féry 1993: 59-60). Nach diesem Kriterium läge die Grenze vor dem *und*:

(32b) ich habe meiner /MUTter ein BUCH\

IP_1

und meinen /SCHWEStern BLU\men geschenkt

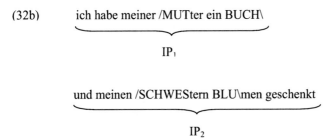

IP_2

Wie man in (32a/b) sehen kann, muss eine Intonationsphrase keineswegs ein syntaktisch abgeschlossenes Gebilde sein. In Abschnitt 3.1.4.5 wird noch ausführlicher auf den Begriff der Intonationsphrase eingegangen.

Büring (2006: 155) distanziert sich explizit vom traditionellen Topikbegriff, der das meint, „worüber etwas ausgesagt wird". Er bezeichnet als Topiks Konstituenten, die durch einen steigenden Akzent markiert sind. Dem formalen Merkmal der Akzentuierung wird gegenüber der traditionellen semantisch-pragmatisch geprägten Topikauffassung die entscheidende Rolle zugeschrieben.

Die vorliegende Untersuchung folgt diesem prosodiegeleiteten Ansatz und versteht unter Topik eine Konstituente, die einen steigenden Akzent aufweist. Die Größe der Topikkonstituente hängt von den gleichen Projektionsregeln ab, die auch die Reichweite des Fokus bestimmen. Um den Parallelismus zwischen Fokus- und Topikprojektion nach Büring (1997: 61-63) zu verdeutlichen, betrachten wir (33) und (34)

(33) {was hatten die leute an?}
[die weltberühmten /POPstars]$_T$ hatten [KAF\tane]$_F$ an

(34) {was hatten die popstars an?}
die [/WEIBlichen]$_T$ popstars hatten [KAF\tane]$_F$ an.

In (33) wird die Topikeigenschaft vom Topikexponenten *Popstars* aus auf die gesamte Vorfeldkonstituente projiziert. In (34) erfolgt vom Topikexponenten *weiblichen* aus keine Topikprojektion.

Topiks haben die kommunikative Funktion, Elemente einer Äußerung als Ergebnisse von Auswahlen aus Alternativenlisten zu kennzeichnen. Jedes Element einer solchen Liste entspricht einer Unterfrage zu der Oberfrage, die den aktuell zu befriedigenden Informationsbedarf beschreibt. Der Inhalt der Liste ist nach Meinung des Sprechers dem Adressaten bekannt oder für ihn im Kontext erschließbar. Die Antwort auf die Unterfrage bildet den Fokus. Dieser ist durch einen fallenden Akzent gekennzeichnet.

Es muss hier darauf hingewiesen werden, dass die Deutung jedes steigenden Akzents als Topik-Anzeiger eine Zuspitzung von Bürings Topiktheorie ist, die sich für die Zwecke der vorliegenden Arbeit als nützlich erweisen wird. Büring nimmt nämlich an, dass ein steigender Akzent zwar in der Regel das Topik markiert, dass er aber auch einen Fokus anzeigen kann. Das erinnert an Jacobs' These, der zufolge der steigende Akzent im Prinzip das Topik kennzeichnet, wobei das Topik aber auch durch einen fallenden Akzent angezeigt werden kann. Bürings und Jacobs' Annahmen zur Korrespondenz zwischen Akzentuierung und Topik-Fokus-Markierung können wie folgt zusammengefasst werden:

Büring: (i) steigender Akzent = Topik oder Fokus
(ii) fallender Akzent = Fokus
Jacobs: (i) steigender Akzent = Topik
(ii) fallender Akzent = Topik oder Fokus

Wenn man die erste Annahme von Büring und die zweite von Jacobs zusammennimmt, ergibt sich:

Kapitel 3

(i) steigender Akzent = Topik oder Fokus
(ii) fallender Akzent = Topik oder Fokus

Bei diesen Annahmen könnten steigende und fallende Akzente also beliebig Foki oder Topiks anzeigen und wären demnach für die Informationsstruktur funktionslos. Dies ist unplausibel. Nimmt man dagegen die zweite Annahme von Büring und die erste von Jacobs zusammen, so ergibt sich:

(i) steigender Akzent = Topik
(ii) fallender Akzent = Fokus

Im folgenden Abschnitt wird Bürings Unterscheidung zwischen topik- und fokussignalisierenden steigenden Akzenten diskutiert und die Entscheidung begründet, jeden steigenden Akzent als Topikmarker und jeden fallenden als Fokusmarker zu interpretieren.

3.1.3.2 Die Funktion von Topik- und Fokusakzenten

Büring nimmt an, dass der steigende Akzent auf *Peter* und der fallende auf *Bill* in Beispiel (35) die gleiche Funktion haben, nämlich Fokus anzuzeigen. In Beispiel (36) ordnet er hingegen dem steigenden Akzent auf *Gallier* Topik-Funktion und dem fallenden auf *Kumpel* Fokus-Funktion zu:

(35) {wer hat wen erschossen?}
/PEter hat BILL\ erschossen.
(36) {wo sind sie denn alle?}
die zwei /GALlier sind einen KUM\pel suchen.

Nach Bürings Fokusdefinition ist es entscheidend, ob eine Konstituente auf ein Interrogativum antwortet. Demnach sind *Peter* und *Bill* in (35) und *einen Kumpel suchen* in (36) Foki. Die Tatsache, dass *Peter* einen steigenden, *Bill* und *einen Kumpel suchen* dagegen einen fallenden Akzent aufweisen, spielt hier nach Büring keine Rolle. *Die zwei Gallier* in (36) wird von Büring als Topik betrachtet, weil es durch einen steigenden Akzent gekennzeichnet ist und nicht auf ein Interrogativum antwortet, sondern an ein nicht-interrogatives Antezedens in der Frage (hier: *sie alle*) anknüpft.

Bürings Topikdefinition kann also wie folgt zusammengefasst werden: Die Markierung durch einen steigenden Akzent ist notwendige aber nicht hinreichende Bedingung, damit eine Konstituente als Topik interpretiert wird. Damit eine durch einen steigenden Akzent markierte Konstituente ein Topik bildet, darf ihr Antezedens in der Frage, die den Kontext beschreibt, kein Interrogativum sein.

In Abschnitt 3.1.3.1 wurde argumentiert, dass es unplausibel ist, anzunehmen, dass steigende und fallende Akzente beliebig zugewiesen werden und keine Bedeutung für die Informationsstruktur haben. Wenn hingegen angenommen wird, dass die Richtung der Akzente nicht beliebig ist, geht es nun darum, den Topikbegriff funktional so definieren, dass der steigende Akzent als kennzeichnende Eigenschaft des Topiks sowohl mit Interrogativa als auch mit Nicht-Interrogativa als Antezedentien verträglich wird.

Betrachten wir noch einmal Beispiel (35): Ein Sprecher, der die Frage *wer hat wen erschossen?* stellt, muss davon ausgehen, dass eine geschlossene Menge von Individuen (Markus, Peter, Maria, Bill usw.) im Kontext schon bekannt oder erschließbar ist, zu der sowohl das Individuum gehören muss, das jemanden erschossen hat, als auch das Individuum, das erschossen wurde. Ansonsten kann eine solche Frage mit zwei Interrogativa nicht sinnvoll gestellt werden. Aus dieser präsupponierten Menge wählt der Beantwortende zunächst ein Individuum aus. Durch den steigenden Akzent zeigt er an, dass die Auswahl auf Peter gefallen ist. Dieses Individuum wird aus der als bekannt oder erschließbar vorausgesetzten Liste hervorgehoben. Der Name *Peter* wird als Topik gekennzeichnet. Damit wird zugleich zu der Ausgangsfrage die Unterfrage etabliert: *Welches war in diesem Zusammenhang Peters Rolle?* Durch den fallenden Akzent auf *Bill* zeigt der Sprecher an, dass nunmehr der Fokus und damit die Antwort auf diese Unterfrage folgt. Für die Topik-Fokus-Struktur ist es somit gar nicht relevant, ob in der Frage zwei oder mehr Interrogativa stehen. Vielmehr legen Lage und Art der Akzente Topik und Fokus fest.

Ich deute also jeden steigenden Akzent als topiksignalisierend und jeden fallenden als fokussignalisierend. Aufgrund der Akzentuierung ergibt sich somit eine Topik-Fokus-Struktur von (35), die in (35a) veranschaulicht wird:

(35a) /PEter hat BILL\ erschossen.
$\underbrace{\qquad}_{T_a}$ $\underbrace{\qquad}_{F_a}$

In (35a) wird die Reichweite von Topik und Fokus durch geschweifte Klammern angezeigt. Das Topik und der dazugehörige Fokus werden durch gleiche Indizes gekennzeichnet. In (35a) ist T_a Topik zum dazugehörigen Fokus F_a.

Die Oberfrage zu (35) könnte aber auch *wer hat was gemacht?* lauten. Die dem Topik *Peter* entsprechende Unterfrage wäre dann *was hat Peter gemacht?* In diesem Fall würde Fokusprojektion von *Bill* aus stattfinden:

(37) /PEter hat BILL\ erschossen.

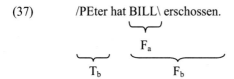

Der Fokus wird in (37) von *Bill* auf die Verbalphrase *Bill erschossen* projiziert. *Peter* bildet somit das Topik T_b zum Fokus F_b.

Der steigende Akzent markiert *Peter* als Topik, das heißt, als Auswahl aus einer Topik-Alternativen-Menge, die vom Sprecher als im Kontext bekannt oder erschließbar vorausgesetzt wird. Die Markierung einer Konstituente durch einen steigenden Akzent, d.h. die Topik-Auswahl, hängt mit den Mitteilungsabsichten des Sprechers zusammen. Der Sprecher zeigt durch steigende Akzente an, dass er Auswahlen aus präsupponierten Listen getroffen hat, um auf diese Weise Unterfragen zu bilden und den Adressaten schließlich zu einem bestimmten Fokus und damit zu einer bestimmten Teilantwort zu führen.

Entsprechend ist für Beispiel (35) anzunehmen, dass der Rezipient, sobald er feststellt, dass *Peter* als Topik gekennzeichnet ist, sich fragt, welche Rolle Peter bei dem erwähnten Ereignis des Erschießens gespielt hat. Der Adressat erwartet also einen Fokus, den er in Beziehung zum Topik *Peter* setzen kann. Der Fokus *Bill* (oder *Bill erschossen*) gibt dem Rezipienten Antwort auf die durch das Topik eröffnete Unterfrage. Zugleich wird nach einem steigenden Akzent durch einen fallenden eine Intonationseinheit abgeschlossen. Topik und Fokus werden also formal durch die Regel zusammengehalten, dass auf einen steigenden Akzent ein fallender folgen muss. Funktional stehen sie in Relation zueinander, weil der Fokus die Antwort auf die Unterfrage bildet, die dem aus der Liste ausgewählten Topik entspricht.

Hier erweist sich der relationale Gedanke aus Jacobs' Theorie der Fokus-Hintergrund-Gliederung (s. oben Abschnitt 3.1.1) als einschlägig. Nach Jacobs wird die Aufteilung in Fokus und Hintergrund durch einen lexikalischen oder illokutiven Operator gestiftet. Durch einen solchen Operator wird jeder Fokus in Relation zu einem Hintergrund gesetzt. Nach dem hier entwickelten Modell steht jeder Fokus in einer semantisch-pragmatischen Relation zu einer kontextuell relevanten Frage bzw. einer eigens gebildeten Unterfrage. Die Relation kann in folgenden Schritten deutlich gemacht werden:

Topik-Fokus-Modell und Korpus

(i) Der Adressat erwartet vom Sprecher, dass er eine im Kontext relevante Frage beantwortet.

(ii) Der Sprecher kann optional eine Unterfrage auswählen und dies dadurch anzeigen, dass er ein Element seiner Äußerung durch einen steigenden Akzent markiert. Ein solches Element (zusammen mit seinen eventuellen Projektionen) nenne ich Topik. Das als Topik markierte Element ist Ergebnis einer Auswahl aus einer Liste möglicher Kandidaten, die im Kontext als bekannt oder erschließbar gelten und über die der Sprecher etwas mitteilen möchte.

(iii) Der Teil der Äußerung, der die Antwort auf die kontextuell relevante Frage oder Unterfrage bildet, entspricht dem Fokus. Diesen markiert der Sprecher durch einen fallenden Akzent. Intonatorisch schließt er damit die durch den steigenden Akzent des Topiks eröffnete Intonationsphrase ab.

Es kann durchaus auch vorkommen, dass in einer Äußerung mehrere steigende Akzente aufeinander folgen und somit mehrere Topiks ausgewiesen werden, bevor ein Fokus gesetzt wird. Dies ist etwa in dem schon zitierten Beispiel von Büring der Fall, das ich in (38) wiederhole:

(38) {was ist passiert?}
/PEter hat dem /MÄDchen das BUCH\ gegeben.

Während Büring den steigenden Akzent auf *Peter* als topik- und den steigenden auf *Mädchen* als fokusanzeigend interpretiert, nehme ich in der vorliegenden Arbeit an, dass der steigende Akzent immer dieselbe Funktion erfüllt, nämlich die Anzeige eines Topiks. Somit würde in solchen Fällen die zu beantwortende Frage in zwei Schritten auf eine Unterfrage verengt. Zunächst würde aus der Liste der möglichen Referenten Peter ausgewählt. Anschließend würde aus der Liste der verbliebenen möglichen Referenten das Mädchen ausgewählt. Die sich ergebende Unterfrage lautete dann: *was hat Peter mit dem Mädchen gemacht?* Auf diese antwortet der Fokus: *das Buch gegeben*. Fälle wie (38) sind im Korpus durchaus häufig. Das Verfahren, nach dem sie analysiert werden, wird unter 3.2 genauer vorgestellt.

Es kann auch vorkommen, dass in einer Äußerung kein Topik ausgewiesen wird. Dann liegt nur ein Fokus mit dem eventuell dazugehörigen Hintergrundmaterial (im Sinne von Non-Topik) vor. In diesem Fall antwortet der Sprecher direkt auf die erwartete Frage des Adressaten, ohne eine Unterfrage zu bilden.

Kapitel 3

Da Topiks und Foki durch Akzente gekennzeichnet sind, und ihre Projektionsmöglichkeiten syntaktisch beschränkt sind, ist es notwendig, für die Datenanalyse eine Notation zu entwickeln, die sowohl die Prosodie als auch die Syntax berücksichtigt. Im folgenden Unterkapitel werden Werkzeuge der Prosodieforschung vorgestellt, aus denen die Methode zur Notation der Prosodie abgeleitet wird.

3.1.4 Prosodie

Um ein System zur Notation der Prosodie zu entwickeln, das dazu dienen soll, das Stellungsverhalten der Modalpartikeln zu analysieren, muss zunächst geklärt werden, was genau unter Prosodie verstanden wird und mit welchen Mitteln sie untersucht werden kann.

3.1.4.1 Was versteht man unter Prosodie?

Zur Prosodie werden vor allem drei Eigenschaften der Sprachlaute gerechnet:

(i)   zeitliche Erstreckung
(ii)   Grundfrequenz
(iii)   Intensität

Ferner rechnet man dazu auch die Stimmqualität, die Sprechgeschwindigkeit (Sprechtempo) und die Pausen. Die Interaktion zwischen zeitlicher Erstreckung, Grundfrequenz und Intensität der Sprachlaute führt dazu, dass ein Hörer jede Äußerung als durch bestimmte auditive Eigenschaften gekennzeichnet wahrnimmt. Die zeitliche Erstreckung der Sprachlaute sorgt hauptsächlich dafür, dass eine bestimmte Dauer von Lauten (z.B. der Unterschied zwischen einem langen und einem kurzen Vokal) wahrgenommen wird. Die Grundfrequenz basiert physikalisch auf der Frequenz der Stimmlippen-Schwingungen pro Sekunde. Sie wird in Hertz gemessen. Sie ist dafür verantwortlich, dass ein bestimmter Tonhöhenverlauf wahrgenommen wird. Die Intensität entspricht der wahrgenommenen Lautstärke der Äußerung. Diese sorgt dafür, dass manche Einheiten prominenter als andere erscheinen. Den drei akustischen Eigenschaften entsprechen also drei Aspekte der auditiven Wahrnehmung. Dies ist allerdings eine vereinfachte Beschreibung. Obwohl jede akustische Eigenschaft hauptsächlich für eine bestimmte auditive Eigenschaft verantwortlich gemacht werden kann, wirken sich letztlich alle drei akustischen Eigenschaften auf alle drei Wahrnehmungsbereiche aus (vgl. Rabanus 2001: 5-9). Rabanus (2001: 6) veranschaulicht dies durch ein Schema, das ich leicht abgeändert in Abb. 4 wiedergebe:

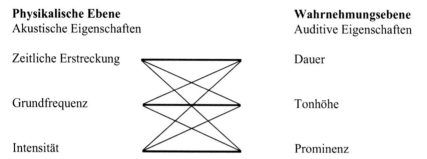

Physikalische Ebene **Wahrnehmungsebene**
Akustische Eigenschaften Auditive Eigenschaften

Zeitliche Erstreckung   Dauer

Grundfrequenz   Tonhöhe

Intensität   Prominenz

Abb. 4: Beziehungen zwischen akustischen und auditiven Eigenschaften
(in Anlehnung an Rabanus 2001: 6)

Jede akustische Eigenschaft wirkt sich also letztlich auf jede auditive Eigenschaft aus. Die Eigenschaften, die auf der gleichen Zeile stehen, sind aber am engsten miteinander verbunden. Dies wird durch die fett gedruckten Verbindungslinien veranschaulicht: Die zeitliche Erstreckung ist das Hauptkorrelat der Dauer, die Grundfrequenz ist hauptsächlich für die Tonhöhe verantwortlich, und die Intensität sorgt vor allem für Prominenz.

Wenn die phonetischen Eigenschaften Dauer, Tonhöhe und Prominenz phonologisch auf ihre distinktiven Funktionen hin untersucht werden, spricht man von Quantität, Intonation und Akzent. Für die vorliegende Untersuchung sind vor allem Intonation und Akzent von Bedeutung.

3.1.4.2 Frühe Intonationsstudien

Wir werfen zunächst einen kurzen Blick auf die Geschichte der Intonationsforschung. In den 50er Jahren führte Bolinger (1958) Experimente zur Prosodie des Englischen durch, die sich auch für die Untersuchung des Deutschen als wichtig erweisen sollten. Er zeigte, dass die wahrgenommenen Tonhöhenbewegungen, die durch den Wechsel der Grundfrequenz erzeugt werden, durch ihre Lage und Art zur Bedeutung der Äußerung beitragen. Er bezeichnet sie deshalb als eine Art von Morphemen. Die Erkenntnisse von Bolinger zur Prosodie des Englischen lassen sich auf das Deutsche übertragen, wie von Isačenko und Schädlich in den 60er Jahren gezeigt wurde.

Kapitel 3

Isačenko/Schädlich (1966) führten Experimente durch, um die relevanten Faktoren der Satzintonation im Deutschen zu ermitteln, wobei sie an Intonationsstudien von Essens (1964) anknüpften. Sie modifizierten im Labor natürliche Sätze so, dass ihr Tonhöhenverlauf auf die binäre Opposition zwischen einem Tief- und einem Hochton reduziert wurde. Alle übrigen Parameter wurden konstant gehalten. Die Informanten konnten die modifizierten Sätze trotz ihrer Künstlichkeit bestimmten Typen von natürlichen Sätzen (Aussage, Frage, abgebrochenem Satz und Satz, der einen Kontrast ausdrückt) eindeutig zuordnen. Daraus schlossen Isačenko/Schädlich, dass der Übergang zwischen Hoch- und Tiefton (und umgekehrt) im Deutschen eine phonologisch distinktive Funktion hat. Seitdem wird das akustische Merkmal der Grundfrequenz als entscheidend für die Intonations- und Akzentanalyse des Deutschen angesehen.

Isačenko/Schädlich (1966) weisen wie Bolinger darauf hin, dass die Lage und Art der Tonhöhenbewegung (steigend oder fallend) in Bezug auf die Position des Iktus bedeutungstragend sind. Unter Iktus verstehen sie den am stärksten akzentuierten Punkt in einem Satz. Dieser kann aus einer Silbe oder aus einem Teil einer Silbe bestehen. Zur Erläuterung betrachten wir folgende Beispiele. Die Pfeile stehen für die Tonhöhenbewegungen:

(39a)   Maria hat die ↗KINder gesehen
(39b)   Maria hat die KIN↗der gesehen

(40a)   Maria hat die ↘KINder gesehen
(40b)   Maria hat die KIN↘der gesehen

Die prominenteste Silbe (Iktus) in allen vier Sätzen ist *kin-* in *Kinder*. In (39a) findet die steigende Tonhöhenbewegung vor dem Iktus, in (39b) dagegen nach dem Iktus statt. Nach Isačenko/Schädlich weist (39a) weiterweisenden Charakter auf, während (39b) eine Frage bildet. In (40a) und (40b) liegt ein fallender Akzent vor. Wenn die Tonhöhenbewegung wie in (40a) vor dem Iktus stattfindet, zeigt sie Abgeschlossenheit an. Wenn sie wie in (40b) erst nach dem Iktus stattfindet, wird das Wort *Kinder* zusätzlich durch eine Kontrasthervorhebung markiert.

3.1.4.3 Nicht-lineare Phonologie

Die binäre Opposition zwischen Hoch- und Tiefton, die im Mittelpunkt der Intonationstheorie von Isačenko/Schädlich (1966) steht, liegt auch dem nicht-linearen Ansatz zugrunde, der aus heutiger Sicht den verbreitetsten theoretischen Rahmen der Intonationsforschung bildet.

Die nicht-lineare Phonologie geht auf die Arbeiten von Leben (1976) und Goldsmith (1976a, 1976b) über Tonsprachen (d.h. Sprachen, die Töne mit lexikalischer Bedeutung aufweisen, wie z.b. das Mandarin-Chinesische) zurück. Sie wird aufgrund ihrer Opposition zur linearen Phonologie (vgl. Chomsky/Halle 1968) als nicht-linear bezeichnet. Der nicht-lineare Ansatz unterscheidet sich von dem linearen dadurch, dass Töne unabhängig von den lexikalischen Einheiten, mit denen sie auftreten, analysiert werden. Goldsmith zeigte am Beispiel der Tonsprachen, dass lexikalische Einheiten und Töne nicht in einer Eins-zu-Eins-Relation stehen, sondern dass einem Ton zwei lexikalische Einheiten zugewiesen werden können und dass umgekehrt eine lexikalische Einheit zwei Töne tragen kann.

Pierrehumbert (1980) wandte den nicht-linearen Ansatz auf die Prosodie des Englischen an. Englisch ist wie Deutsch eine Intonationssprache, d.h. seine Töne tragen, anders als in den Tonsprachen, keine lexikalische Bedeutung. Über die Arbeit von Pierrehumbert (1980) zum Englischen wurde die nicht-lineare Methode von der deutschen Intonationsforschung rezipiert. Die Ebene des Tonhöhenverlaufs wird hierbei als unabhängig von der lexikalischen Ebene betrachtet, daher auch die Bezeichnung „autosegmental" (im Gegensatz zum traditionellen Terminus „suprasegmental"; vgl. Goldsmith 1976a: 28). Obwohl die Intonation von der lexikalischen Ebene getrennt analysiert wird, geht man davon aus, dass es in jeder Sprache Regeln gibt, die den Zusammenhang zwischen der lexikalischen Ebene und den Tönen steuern (vgl. Duden-Grammatik 2005: 96). In den Arbeiten der nicht-linearen Phonologie wird der Tonhöhenverlauf als eine Kurve angesehen, die sich aus der Verbindung von Punkten ergibt. Diese Punkte entsprechen Hoch- oder Tieftönen.

Hauptziel der meisten Arbeiten zur Intonationsforschung des Deutschen ist die Ermittlung einer Form-Funktions-Zuordnung. Es geht darum, distinktive Tonabfolgen festzuhalten, die bestimmte grammatische Funktionen kodieren. In der Forschung wurden zu diesem Zweck unterschiedliche Toninventare erarbeitet.

Uhmann (1991) entwickelt in Anlehnung an Pierrehumberts (1980) Studien über das Englische ein Akzenttoninventar für das Deutsche, das sich auf die Opposition zwischen Hoch- und Tiefton stützt. Sie unterscheidet zwischen Akzent- und Grenztönen. Diese Unterscheidung ist funktionaler Art: Akzenttöne signalisieren Fokussierung, Grenztöne kodieren die Aufteilung von Äußerungen in intonatorische Einheiten (Intonationsphrasen).

Kapitel 3

Akzenttöne stehen mit Akzentsilben in Verbindung. Akzentsilben sind diejenigen Silben, die den Wortakzent tragen. Dieser ist lexikalisch bestimmt. In *lesen* trägt zum Beispiel die Silbe *le-* den Wortakzent und kann daher unter bestimmten Umständen Träger eines Akzenttons sein. Akzenttöne können nach Uhmann von zweierlei Art sein: statisch oder kinetisch. Die statischen Akzenttöne können hoch oder tief sein und werden durch die Siglen H* und T* bezeichnet (H steht für 'hoch' und T für 'tief'). Das Zeichen * signalisiert, dass die Hoch- und Tieftöne auf Silben fallen, die als besonders hervorgehoben wahrgenommen werden. Kinetische Akzenttöne bestehen aus Sequenzen von zwei oder mehr statischen Tönen. Sie bilden steigende bzw. fallende Tonhöhenbewegungen, wobei der erste Ton der Sequenz die hervorgehobene Silbe markiert und daher durch das Zeichen * markiert ist: T*+H und H*+T.

Uhmann weist darauf hin, dass H* und H*+T einem hohen Gipfel und T* und T*+H einem tiefen Gipfel im Grundfrequenzverlauf entsprechen. Mit den statischen Akzenttönen bildet Uhmann steigende oder fallende Bewegungen der Grundfrequenzkontur ab, die sich auf eine Akzentsilbe beschränken und keinen Einfluss auf die sie umgebenden Silben haben. Kinetische Akzenttöne dagegen betreffen nicht nur die Akzentsilbe, sondern auch die darauf folgenden Silben. Durch statische und kinetische Töne bildet Uhmann Wechsel in der Grundfrequenz ab. Grundfrequenzwechsel dienen im Deutschen zur Hervorhebung.

Der zweite Typ von Tönen sind Grenztöne. Diese werden von Uhmann mit den Siglen H% und T% bezeichnet. Diese signalisieren die Grenzen von Intonationsphrasen. Sie dienen also nicht dazu, Elemente hervorzuheben, sondern eine Äußerung in eine oder mehrere intonatorischen Einheiten zu gliedern (Phrasierung).

Durch Akzent- und Grenztöne können nach Uhmann alle Intonationskonturen beschrieben werden, die im Deutschen eine distinktive Funktion haben. Anhand der Analyse von Datenkorpora stellt Uhmann Intonationsmuster fest, die im Deutschen typisch für bestimmte Funktionstypen sind. Deklarativsätzen ordnet sie verschiedene Intonationsabfolgen zu, die aber alle den kinetischen Akzentton H*T als letzten Ton vor dem finalen tiefen Grenzton aufweisen (zur vollständigen Abbildung der möglichen Intonationsabfolgen für den Deklarativsatz und für Fragesätze vgl. Uhmann 1991: 174). Nach Uhmanns Toninventar ist z.B. folgende Tonabfolge für einen Deklarativsatz möglich:

(41) Die   Scheune   hat gebrannt
      H%   H*+T   T%

Der Satz (41) bildet eine Intonationsphrase. Diese ist durch den Akzentton H*+T gekennzeichnet und durch einen hohen (H%) und einen tiefen (T%) Grenzton eingerahmt.

Uhmann nimmt an, dass vor allem die Fokus-Hintergrund-Gliederung einer Äußerung für ihre Intonationskontur verantwortlich ist. Um den Zusammenhang zwischen Intonation und Fokus zu untersuchen, greift sie auf das Verfahren der Fokuskontrolle durch Frage-Antwort- bzw. Korrektursequenzen zurück. Das Element, das erfragt wird, entspricht dem Fokus. Durch dieses Verfahren kann zunächst unabhängig von der Akzentuierung vorhergesagt werden, welcher Teil der Äußerung den semantisch-pragmatischen Fokus bilden wird und danach analysiert werden, wie dieser intonatorisch kodiert wird.

Auch **Féry** (1993) untersucht den Zusammenhang zwischen Tonabfolgen und ihren semantisch-pragmatischen Funktionen im Deutschen. Sie arbeitet wie Uhmann mit den Akzenttönen H* L und L* H (bei Uhmann werden die Ton-Symbole durch + verbunden, Féry verzichtet auf das Plus-Zeichen), entwickelt aber ein komplexeres Toninventar als Uhmann, in das sie auch zwei Kombinationen von drei Tönen (*tritonal movements*) aufnimmt (Féry 1993: 91). Die dreitonale Bewegung H*L H% innerhalb derselben Silbe kennzeichnet typischerweise Drohungen, wie in (42):

(42)   DU!   Hör auf Erni zu schlagen!
        H*L H%

Die dreitonale Abfolge L*HL drückt nach Féry (1993: 94) Selbstverständlichkeit aus wie in (43):

(43)   SI   CHER
        L*   HL

Sowohl Féry als auch Uhmann setzen sich die Ermittlung der Beziehungen zwischen semantisch-pragmatischer Fokuszuweisung und Akzentuierung zum Hauptziel. Sie versuchen, anhand von Fokuskontrolle in selbstgebildeten Mustersätzen Regeln zur Vorhersage der Akzentuierung zu ermitteln. Ihre Arbeiten stellen einen wichtigen Fortschritt in der Erforschung der Relation zwischen Intonation und Fokus (im Sinne von kommunikativ wichtigem Teil der Äußerung) dar, weil sie zeigen, dass die Akzentuierung unter bestimmten Umständen vorhersagbar ist. Ihre Erkenntnisse lassen sich allerdings nur schwer auf empirisches Material aus der authentischen gesprochenen Sprache anwenden, in der keine künstliche Fokuskontrolle, sondern ein komplexer Kontext die Akzentuierung steuert.

Kapitel 3

In der neueren Darstellung des nicht-linearen phonologischen Ansatzes von **Peters** (Duden-Grammatik 2005) werden die schon bei Uhmann und Féry behandelten Fragen des Toninventars und der Form-Funktions-Zuordnung wieder aufgegriffen. Peters unterscheidet drei Typen von Tönen, von denen jeder hoch oder tief realisiert werden kann:

(i)   Akzenttöne (H*, L*)
(ii) Begleittöne (H, L)
(iii) Grenztöne (H_ι, L_ι)

Akzenttöne können nur auf Silben fallen, die den Wortakzent tragen. Fällt z.B. auf das Wort *Kinder* ein Akzentton, so kann er nur auf die Silbe *kin-* fallen. Begleittöne können nur in Zusammenhang mit Akzenttönen auftreten. Es wird unterschieden zwischen vorangestellten Begleittönen (Leittönen) und nachgestellten Begleittönen (Folgetönen). Folgetöne kommen in den Kombinationen H*L und L*H vor. Grenztöne treten an der linken und rechten Grenze von Intonationsphrasen auf. Die Typen von Akzenten entsprechen denen, die auch in den Inventaren von Uhmann (1991) und Féry (1993) genannt werden. Die Toninventare von Uhmann, Féry und Peters unterscheiden sich hauptsächlich darin, dass H*L und L*H von Uhmann und Féry Akzenttöne genannt und als Einheiten betrachtet werden, während Peters sie als Kombinationen aus einem Akzentton (H* oder L*) und einem Begleitton (L oder H) behandelt.

Peters (Duden-Grammatik 2005: 97) gibt als Beispiel für eine Intonationsphrase unter anderem (44):

(44)   {Maria ist eine Heidelbergerin}$_\iota$
       L_ι →   H*   L L_ι

Die Intonationsphrase steht in geschweiften Klammern, die mit dem tief gestellten Index ι gekennzeichnet sind. Die Intonationskontur besteht aus dem linken und rechten Grenzton (L_ι), dem hohen Akzentton H* und dem tiefen Folgeton L. Der Begriff der Intonationsphrase ist in der Literatur nicht einheitlich definiert. Es besteht aber weitgehende Einigkeit darüber, dass Intonationsphrasen die wichtigsten prosodischen Einheiten sind. Die Kriterien, nach denen die Grenzen der Intonationsphrase bestimmt werden, sind in der Forschung noch umstritten. Die meisten Autoren vertreten wie Féry (1993: 59-60) die Ansicht, dass mehrere Faktoren gemeinsam die Grenzen von Intonationsphrasen signalisieren. Zum Beispiel stimmt das Ende einer Intonationsphrase häufig mit der Grenze einer syntaktischen Konstituente überein. Auch Pausen können die Grenzen von Intonationsphrasen anzeigen. Ferner werden Intonationsphrasengrenzen durch Grenztöne markiert.

(45) ist ein Beispiel von Peters für eine Intonationsphrase mit hohem finalem Grenzton:

(45) {Ist sie eine Heidelbergerin?}$_\iota$
      L_ι ⟶ H* L ⟶ H_ι

Hohe finale Grenztöne sind im Deutschen für Ja-nein-Fragen typisch.

Sowohl in (44) als auch in (45) entsprechen die Grenzen des Satzes denen der Intonationsphrase. Peters weist aber darauf hin, dass in einem Satz auch mehrere Intonationsphrasen auftreten können. So kann Satz (44) bei entsprechender Akzentuierung in zwei Intonationsphrasen aufgeteilt werden:

(46) {Maria}$_\iota$ {ist eine Heidelbergerin}$_\iota$
      L_ιH* LH_ι L_ι H* L ⟶ L_ι

In (46) liegen nach Peters zwei Foki vor. Der erste liegt auf *Maria*, der zweite auf *Heidelbergerin*. Damit müssen auch zwei Intonationsphrasen vorliegen, wenn man annimmt, dass eine Intonationsphrase nicht mehr als einen Fokus enthalten kann. Wenn die Äußerung anders akzentuiert wird, kann sie nach Peters eine einzige Intonationsphrase bilden wie in (47):

(47) {woher kommt maria?}
      {[$_F$ Maria ist eine Heidelbergerin]}$_\iota$
      L_ι L*H   H* L L_ι

Hier verwendet Peters das Frage-Antwort-Verfahren zur Fokuskontrolle. Er legt den Fokus durch die Frage in geschweiften Klammern fest: Der Fokus muss die Konstituente sein, die das *w*-Interrogativum *woher* in der Antwort ersetzt. In diesem Fall muss also der Fokus *eine Heidelbergerin* sein. Die Konstituente *Maria* ist ebenfalls durch einen Akzentton hervorgehoben, bildet aber nach Peters keinen Fokus, weil sie nicht erfragt, also thematisch ist. Hier wird die Fokus-Hintergrund-Gliederung wiederum durch semantisch-pragmatische Kriterien festgelegt.

Peters (Duden-Grammatik 2005: 100-101) vertritt die Ansicht, dass der Satzmodus keinen Einfluss auf Lage und Art der Akzente hat. Obwohl bestimmte Ton-

Kapitel 3

abfolgen als typisch für bestimmte Satzarten eingestuft wurden (eine Ja-nein-Frage etwa weist typischerweise die Kontur in (45) mit einem hohen Grenzton auf), besteht keine obligatorische Zuordnung von Satzmodus und Intonationskontur. Der Sprecher kann im Extremfall sogar jedes Wort eines Satzes einzeln fokussieren und damit zu einer eigenen Intonationsphrase machen. Die Syntax spielt aber eine Rolle für die Interpretation der Akzente durch den Rezipienten. Dieser interpretiert bestimmte Konstituenten als fokussiert, wobei die Größe der fokussierten Konstituenten von syntaktischen Projektionsregeln abhängt (s. Abschnitt 3.1.2).

Wie Bolinger (1958) betrachtet Peters (Duden-Grammatik 2005: 105-106) Töne als bedeutungstragende Einheiten: Ein hoher (H*) oder ein fallender (H*L) Akzentton markieren nach Peters Elemente, die „zum geteilten Wissen von Sprecher und Hörer hinzugefügt werden sollen und somit als Ressource für das weitere Gespräch zur Verfügung stehen" (Duden-Grammatik 2005: 105). Das bedeutet, dass hohe und fallende Töne fokussierte Information kodieren. Tiefe (L*) und steigende Töne (L*H) dagegen kennzeichnen nach Peters Hintergrund-Information. Fallende (H*L) und steigende (L*H) Töne signalisieren im Gegensatz zu den einfachen tiefen (L*) und hohen (H*) Tönen informationelle Abgeschlossenheit. Das folgende Schema fasst Peters' funktionale Interpretation der Akzenttöne zusammen:

H*	Fokusinformation, unabgeschlossen
H*L	Fokusinformation, abgeschlossen
L*	Hintergrundinformation, unabgeschlossen
L*H	Hintergrundinformation, abgeschlossen

Abb. 5: Peters' funktionale Interpretation der Akzenttöne (Duden-Grammatik 2005: 105-106)

Peters nimmt an, dass eine Intonationsphrase, die mit einem steigenden Akzent abgeschlossen wird, darauf hinweist, dass sie „unter Bezug auf etwas, das noch folgt, zu interpretieren ist" (Duden-Grammatik 2005: 106). Als Beispiel führt Peters (48) an:

(48) {Sie ist eine Heidelbergerin}$_\iota$ {aber sie ist dort nicht geboren}$_\iota$
 L_ι L* H $\longrightarrow$ H$_\iota$

Der steigende Akzent in (48) markiert nach Peters eine Information, die intonatorisch abgeschlossen ist, aber in Bezug auf die folgende Proposition 'sie ist dort nicht geboren' interpretiert werden muss. Es wird allerdings nicht ganz klar, warum Peters annimmt, dass die Intonationsphrase in (48) nach *Heidelbergerin* endet und nicht bis zum Ende des Satzes reicht.

Die bisher behandelten Methoden zur Analyse und Notation der Prosodie haben hauptsächlich zwei Ziele. Zum einen wird versucht, ein Toninventar zu erfassen, mit dem alle distinktiven Tonabfolgen des Deutschen abgebildet werden können. Diesen werden dann grammatische Funktionen zugeordnet (z.b. fallender Akzent – deklarativer Satz). Zum anderen wird die Prosodie als Kodierungsmittel der Informationsstruktur betrachtet. Diesbezüglich wird analysiert, durch welche Tonabfolgen Fokus und Hintergrund markiert werden, wobei diese durch das Frage-Antwort-Verfahren festgelegt werden. Da das Frage-Antwort-Verfahren semantisch-pragmatisch vorgeht, die Fokus-Hintergrund-Gliederung aber prosodisch kodiert wird, ist die Gefahr einer zirkulären Argumentation hier nicht auszuschließen.

Die besprochenen Theorien der Prosodie stützen sich hauptsächlich auf selbstgebildete Sätze, die von Informanten im Labor ausgesprochen werden. Kontexte werden durch Fragen oder andere selbstgebildete Sätze deutlich gemacht. Laborexperimente haben sich bei den Untersuchungen von Isačenko/Schädlich (1966) für die Erforschung der distinktiven prosodischen Merkmale der deutschen Sprache bewährt. Zum Vergleich stelle ich im Folgenden noch die gesprächsanalytische Herangehensweise an die Prosodie vor, bei der nicht konstruierte, sondern authentische Daten untersucht werden.

3.1.4.4 Notation der Prosodie im GAT

Die Gesprächsanalyse hat als Hauptziel eine Darstellung von natürlichen Gesprächen, die möglichst nah an der sprachlichen Realität bleiben soll. Die authentische gesprochene Sprache wird dabei auf unterschiedliche Fragen hin analysiert. In diesem Rahmen wird die Prosodie als Faktor betrachtet, der mit vielen anderen bei der Gestaltung eines natürlichen Gesprächs interagiert. Sie muss daher möglichst detailliert annotiert werden.

Zur Darstellung von natürlichen Gesprächen wurden zahlreiche Transkriptionssysteme entwickelt (vgl. unter anderem die Systeme von Ehlich/Rehbein 1976 und 1979 sowie Ehlich 1993; Gumperz/Berenz 1993 und Kallmeyer 1996). Da Datenkorpora zur Konversationsanalyse je nach Autor mit unterschiedlichen Transkriptionskonventionen annotiert wurden, erarbeiteten Selting et al. (1998) das Gesprächsanalytische Transkriptionssystem (GAT), das dazu dienen sollte, die Transkriptionskonventionen zu vereinheitlichen, damit Daten einfacher austauschbar und zitierbar werden können. Da das GAT sich in der neueren deutschen gesprächsanalytischen Forschung durchgesetzt hat, stelle ich im Folgenden die betreffenden prosodischen Transkriptionskonventionen kurz vor.

Kapitel 3

Das GAT besteht aus zwei Teilen: Den ersten Teil bildet die Grundkonvention zur Transkription (Basistranskription); der zweite Teil enthält Konventionen zur Feintranskription, die je nach Forschungsziel der Basistranskription hinzugefügt werden können. Die Grundkonventionen für die Notation der Prosodie betreffen:

(i) die Grenzen der Phrasierungseinheiten,
(ii) Akzentstellen, Akzentstärke und
(iii) Tonhöhenbewegungen am Ende einer Phrasierungseinheit.

Selting at al. bezeichnen als Phrasierungseinheiten diejenigen Einheiten, die in der Terminologie der vorliegenden Arbeit Intonationsphrasen genannt werden. Die Grenzen der Phrasierungseinheiten sind nach Selting et al. normalerweise prosodisch, syntaktisch und semantisch markiert. Der Kern einer Phrasierungseinheit ist die Silbe, die den Primärakzent (auch Hauptakzent genannt) trägt. Dieser ist der stärkste Akzent der Phrasierungseinheit und fällt immer auf eine Silbe, die auch einen Wortakzent trägt. Primärakzente entsprechen also Uhmanns Akzenttönen und Peters' Kombinationen von Akzent- und Begleittönen. Die Silben, die die Primärakzente tragen, werden im GAT in Großbuchstaben geschrieben. Wenn es um einen besonders starken Akzent geht (Akzentstärke), werden Ausrufezeichen rechts und links der akzentuierten Silbe hinzugefügt wie in:

(49)   !SPRE!chen sie bitte

Die Art der Akzente (z.B. steigend, fallend usw.) wird im GAT nicht bei den einzelnen Silben annotiert, die die Primärakzente tragen. Stattdessen wird durch Interpunktionszeichen am rechten Rand der Phrasierungseinheit auf die Tonhöhenbewegung hingewiesen, die in der Regel mit dem Primärakzent beginnt. Es wird zwischen steigenden, fallenden und gleich bleibenden Bewegungen unterschieden. Steigende und fallende Tonhöhenbewegungen können leicht (mittel) oder stark (hoch oder tief) sein. Die Tonhöhenbewegungen werden durch die folgenden Interpunktionszeichen signalisiert:

(50)   ?   hoch steigend
        ,   mittel steigend
        -       gleichbleibend
        ;   mittel fallend
        .   tief fallend

Ich gebe leicht abgeänderte Beispiele aus Selting et al. (1998) wieder, in denen man sehen kann, wie die Prosodie annotiert wird:

(51) HIER fängt der transkripttext an?
(52) un wenn da einmal jemand zum abschied geHUPT hat,
(53) ich hol die poliZEI und so -
(54) aber die is nach berLIN gegangen;
(55) das GIBS doch wohl nich.

(51) bildet eine Phrasierungseinheit, die syntaktisch und semantisch mit *an* zu Ende geht. *Hier* trägt den Primärakzent. Das Fragezeichen zeigt an, das die Tonhöhenbewegung, die mit dem Primärakzent auf *hier* beginnt, stark steigend ist. Die stark steigende Tonhöhenbewegung markiert prosodisch das Ende der Phrasierungseinheit. Entsprechend sind die Beispiele (52) bis (55) zu lesen.

Zu den GAT-Konventionen für eine feinere Transkription gehört die Annotation von zusätzlichen prosodischen Merkmalen. Es werden auch Sekundärakzente annotiert, die sich von den primären dadurch unterscheiden, dass sie schwächer realisiert sind. Außerdem werden die Tonhöhenbewegungen in Zusammenhang mit den Akzentsilben innerhalb der Phrasierungseinheit annotiert. Als Beispiel für eine feinere prosodische Transkription nach dem GAT betrachten wir (56):

(56) und sich mit den `NACHbarn ´angelegt,

(56) bildet eine Phrasierungseinheit, die durch eine fallend-steigende Tonhöhenbewegung gekennzeichnet ist. Ihr Primärakzent ist fallend. Bei der unakzentuierten Silbe *an-* setzt eine steigende Tonhöhenbewegung ein. Das Komma am Ende der Äußerung zeigt an, dass es sich um eine mittel steigende Bewegung handelt.

In einer Feintranskription nach dem GAT können ferner auch das Ein- und Ausatmen und Veränderungen in Lautstärke und Sprechgeschwindigkeit annotiert werden. Je nachdem welches Gewicht der Prosodie in einer Untersuchung zugeschrieben wird, wird eine mehr oder weniger feine prosodische Transkription verwendet. Selting (1995) untersucht z.B. die Funktion der Prosodie bei der Organisation von Alltagsgesprächen. Dabei möchte sie eine „interaktionale Phonologie der Konversation" entwickeln, indem sie relevante prosodische Merkmale feststellt, die in Kookkurrenz mit grammatischen Merkmalen bestimmte Funktionen der Dialogsteuerung wie das Erwerben oder Weiterbeanspruchen des Rederechts erfüllen.

Im Vergleich zu dem Ansatz der nicht-linearen Phonologie, bei der bestimmte prosodische Merkmale isoliert und häufig durch Laborexperimente untersucht werden, setzt sich die Gesprächsforschung mit einem ganzen Bündel von Eigenschaften natürlicher Sprache auseinander, zu denen auch die Prosodie gehört. Da die gesprächsanalytische Forschung komplexe pragmatische Fragen untersucht, besteht die Notwendigkeit, möglichst viele Eigenschaften zu erfassen, die sich als relevant für die Gesprächsorganisation erweisen können. Dazu gehört auch eine möglichst detaillierte Annotation der Prosodie.

3.1.4.5 Modalpartikelrelevante Eigenschaften der Prosodie

Unter 2.3.2 wurde festgestellt, dass die Stellung der Modalpartikeln mit der Lage der Akzente im Satz zusammenhängt. In der Prosodieforschung ist allgemein anerkannt, dass der Wechsel zwischen Tief- und Hochtönen im Deutschen das wichtigste Mittel der Realisierung von Akzent ist. Wenn also die Stellung von Modalpartikeln im deutschen Satz mit der Lage der Akzentsilben interagiert, so darf die Partikelforschung von Analysen der Intonation in gesprochen-sprachlichen Daten wichtige Aufschlüsse über die Regeln der Partikelstellung erwarten.

Im Folgenden wird erklärt, welche prosodischen Eigenschaften in der vorliegenden Arbeit für die Erklärung der Modalpartikelstellung im Satz berücksichtigt und wie sie annotiert werden. Dabei gilt es, aus den hier dargestellten Analysewerkzeugen diejenigen auszuwählen, die es in Kombination mit den übrigen theoretischen Werkzeugen (Syntax, Theorie der Semantik und Pragmatik von Topik und Fokus) ermöglichen, das Stellungsverhalten von Modalpartikeln darzustellen und zu erklären.

Sowohl in der nicht-linearen Phonologie als auch in der Gesprächsanalyse stehen Akzenttöne und Grenztöne im Mittelpunkt des Interesses. Akzenttöne sind für die Hervorhebung verantwortlich; Grenztöne zeigen an, in welcher Relation die abgeschlossene Intonationsphrase zu der folgenden steht. Grenztöne sind keine Kodierungsmittel für Hervorhebung. Bisher haben sich keine Hinweise darauf ergeben, dass sie die Modalpartikelstellung beeinflussen. Für die vorliegende Arbeit relevant sind daher lediglich Akzenttöne.

Nach Peters (Duden-Grammatik 2005) bildet ein tiefer Akzentton mit einem hohen Begleitton (L*H) einen steigenden Akzent. Steigende Akzente sind für die vorliegende Untersuchung wichtig, weil sie Topiks kennzeichnen. Ein hoher Akzentton mit einem tiefen Begleitton (H*L) bildet einen fallenden Akzent. Auch fallende Akzente sind für meine Untersuchung wichtig, da sie Foki markieren. Steigender und fallender Akzent können auch in einer Silbe zusammenfallen. In diesem Fall liegt ein steigend-fallender Akzent vor, der ebenfalls einen Fokus markiert. Er unterschiedet sich vom einfachen fallenden Akzent dadurch, dass die Silbe stärker hervorgehoben wird. In Abb. 6 sind die drei Akzenttypen zusammengefasst. Der steigende Akzent wird in meiner Notation durch einen steigenden Schrägstrich vor der Akzentsilbe, der fallende durch einen fallenden Schrägstrich nach der Akzentsilbe, der steigend-fallende durch einen steigenden Schrägstrich vor und einen fallenden Schrägstrich nach der Akzentsilbe signalisiert. Die Akzentsilbe selbst wird in Großbuchstaben geschrieben:

AKZ = akzentuierte Silbe	
/AKZ steigender Akzent	(Topikexponent)
AKZ\ fallender Akzent	(Fokusexponent)
/AKZ\ steigend-fallender Akzent	(Fokusexponent)

Abb. 6: Notation der Akzente im Korpus der vorliegenden Arbeit

Diese Akzenttypen beschreiben drei unterschiedliche Tonhöhenverläufe. Ein steigender Akzent zeigt in der Regel an, dass ein fallender folgen wird, es sei denn, die Äußerung wird abgebrochen. Wenn eine Frage mit steigender Kontur vorliegt, wird sie nach meinem Notationssystem als intonatorisch unabgeschlossen betrachtet. Sie wird erst durch die fallende Kontur der Antwort vervollständigt.

Auf der Beobachtung, dass ein steigender Akzent Unabgeschlossenheit signalisiert und auf einen fallenden vorausweist, baue ich meine Methode der Phrasierung auf. Ich verstehe unter einer Intonationsphrase eine informationsstrukturell abgeschlossene Einheit, die um einen fallenden (bzw. steigend-fallenden) Akzent herum angeordnet ist. Zur Erläuterung betrachten wir das Beispiel von Büring:

(57)　　auf der /NEUNundfünfzigsten straße habe ich die SCHU\he gekauft.

Das Beispiel enthält zwei durch Akzent hervorgehobene Elemente. Von ihnen ausgehend werden durch Projektion hervorgehobene Konstituenten gebildet, die ich in eckige Klammern setze und mit dem tiefgestellten Index P kennzeichne. Es handelt sich um eine Topikprojektion und eine Fokusprojektion, die zusammen eine Intonationsphrase bilden. Die Intonationsphrase setze ich ebenfalls in eckige Klammern und kennzeichne sie mit dem tiefgestellten Index I:

 L*H H*L L$_I$
(58)　　[[auf der NEUNundfünfzigsten straße]$_P$ habe ich [die SCHUhe gekauft]$_P$]$_I$

77

Kapitel 3

Topikprojektion und Fokusprojektion entsprechen in der prosodischen Struktur der nächst niedrigeren Komplexitätsebene unterhalb der Intonationsphrase, die bei Féry (2006: 165) als phonologische Phrase bezeichnet wird. In der Syntax können sie oft, aber nicht immer, auf maximale Projektionen (Satzglieder) abgebildet werden. Topik- und Fokusprojektionen sind manchmal durch schwächere Grenztöne und/oder durch Pausen voneinander getrennt. Eine Sequenz solcher Projektionen bildet eine Intonationsphrase. So besteht Bürings Beispiel aus den Projektionen *auf der neunundfünfzigsten Straße* und *die Schuhe gekauft*. Der gesamte Satz *auf der neunundfünfzigsten Straße habe ich die Schuhe gekauft* bildet eine Intonationsphrase und wird durch einen tiefen Grenzton L_I abgeschlossen. *Habe ich* ist Hintergrundmaterial, das weder zu einer Topik- noch zu einer Fokusprojektion gehört.

Für die vorliegende Untersuchung werden nur Tonhöhenbewegungen berücksichtigt, die auf Akzentsilben fallen, in (58) also den steigenden Akzent auf *neun-* und den fallenden *Schuhe*. Der fallende Grenzton bei *gekauft* ist für meine Untersuchung nicht relevant, weil er keine Hervorhebung kodiert. Der Adressat interpretiert 'auf der neunundfünfzigsten Straße' als unabgeschlossene Information, die eine Unterfrage eröffnet. Diese wird durch die folgende Information 'habe ich die Schuhe gekauft' beantwortet. Zugleich wird durch den fallenden Akzent auf *Schuhe* eine informationsstrukturelle Einheit abgeschlossen. Nach dieser Notation bildet der Satz in (58) eine Intonationsphrase. Diese enthält ein Topik und einen Fokus. Die Struktur wird hier graphisch wie folgt wiedergegeben:

(59) Intonationsphrase

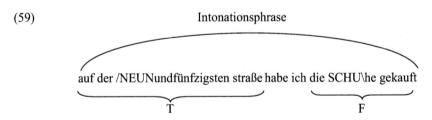

auf der /NEUNundfünfzigsten straße habe ich die SCHU\he gekauft

T F

Das Topik, das durch den steigenden Akzent auf *neun-* signalisiert wird, kann maximal bis zur gesamten Präpositionalphrase *auf der neunundfünfzigsten Straße* projizieren. Diese Phrase steht im Vorfeld des Satzes, und über das Vorfeld hinaus ist keine Projektion möglich. Der Fokus, der durch den fallenden Akzent auf *Schuhe* gekennzeichnet ist, kann je nach Kontext maximal auf die Verbgruppe *die Schuhe gekauft* projizieren. Der Abschnitt *habe ich* gehört zu keiner dieser Projektionen und ist daher Non-Topik- bzw. einfach Hintergrundmaterial. Ich verstehe unter Hintergrundmaterial unakzentuierte Abschnitte, die

Topik-Fokus-Modell und Korpus

weder zu einer Topik- noch zu einer Fokusprojektion gehören. Informationsstrukturell vervollständigen sie den Fokus, da der Hintergrund ja immer in Relation zu einem Fokus steht.

Unter einer Intonationsphrase wird somit eine Informationseinheit verstanden, die mindestens durch einen fallenden sowie meist darüber hinaus durch einen oder mehreren links davon stehende steigende Akzente strukturiert ist. Konstituenten mit steigendem Akzent bilden Topiks. Sie sind funktional als Ergebnisse von Auswahlen aus vom Sprecher als bekannt oder erschließbar betrachteten Listen zu deuten und eröffnen Unterfragen zu derjenigen Frage, die dem angenommenen, aktuell zu befriedigenden Informationsbedarf des Adressaten entspricht. Die Konstituente, die auf die Unterfrage antwortet, ist durch den fallenden Akzent gekennzeichnet und bildet den Fokus.

In der vorliegenden Arbeit wird die Gliederung einer Äußerung in Intonationsphrasen der Schnittstelle zwischen Syntax und Prosodie zugerechnet. Ihr wird die semantisch-pragmatische Funktion zugeschrieben, die informationsstrukturelle Organisation des Redeflusses abzubilden. Intonation im Sinne einer Abfolge typischer tonaler Konturen spielt in dieser Arbeit nur eine untergeordnete Rolle. In dieser Hinsicht unterscheidet sich die hier gegebene Definition der Intonationsphrase stark von anderen gängigen Definitionen.

Eine Intonationsphrase, die nur einen fallenden oder steigend-fallenden Akzent aufweist, besteht nur aus einer Fokusprojektion und dem dazugehörigen Hintergrund:

(60)   Intonationsphrase

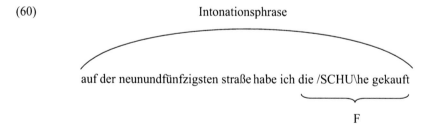

auf der neunundfünfzigsten straße habe ich die /SCHU\he gekauft

F

In (60) gibt es keinen steigenden Akzent links vom Fokus und folglich kein Topik. Der Akzent steigt und fällt auf *Schuhe*. In diesem Fall bildet der Fokusbereich F zusammen mit dem Hintergrundmaterial die Intonationsphrase.

Das beschriebene Modell bildet die Grundlage für die Analyse der Topik-Fokus-Struktur gesprochen-sprachlicher Daten. Die Notation ist theoriegeleitet. Sie

Kapitel 3

strebt keine vollständige Beschreibung der Prosodie an, sondern eine Abbildung der für die Topik-Fokus-Theorie relevanten Merkmale. Die Notation von steigenden, fallenden und steigend-fallenden Akzenten beruht demnach auf einem Abstraktionsprozess. Im Gegensatz zu den konstruierten Beispielen aus der Literatur, bei denen die Fokus-Hintergrund-Gliederung durch das Frage-Antwort-Verfahren eindeutig festgelegt wird, ist die Bestimmung der Reichweite der durch die Akzente ausgelösten Topik- und Fokusprojektionen bei authentischen gesprochen-sprachlichen Daten nicht interpretationsfrei. Dies bildet die Grenze dieses Modells.

3.2 Beispielanalyse

Im Folgenden wird an einem Abschnitt aus dem Freiburger Korpus der IDS-Datenbank *Gesprochenes Deutsch* vorgeführt, wie das aus den vier oben dargestellten Themenkomplexen abgeleitete Modell der Topik-Fokus-Gliederung auf gesprochen-sprachlichen Daten angewendet wird. Die Analyse erfolgt in drei Schritten:

(i) Ermittlung der Satzakzente durch subjektives Hörurteil und das phonetische Analyseprogramm Praat einschließlich Notation der Akzente im Transkript.
(ii) Ermittlung und Notation von Topik- und Fokusbereichen.
(iii) Ermittlung der syntaktischen Stellung der Modalpartikeln in Bezug auf die annotierten Bereiche.

3.2.1 Ermittlung der Satzakzente

In Abschnitt 3.1.4.1 wurde darauf hingewiesen, dass die Beziehungen zwischen der physikalischen Ebene und der Ebene der prosodischen Wahrnehmung komplex sind. Obwohl man behaupten kann, dass die Grundfrequenz das Realisierungsmittel der Tonhöhenbewegung ist, wird deren Wahrnehmung auch von der zeitlichen Erstreckung und der Intensität beeinflusst. Die physikalisch gemessenen Eigenschaften der Sprachsignale können nur zum Teil die wahrgenommenen prosodischen Eigenschaften abbilden. Edwards (1993: 21-22) stellt fest, dass nicht alle Variationen der Grundfrequenz als solche wahrgenommen werden und dass manchmal leichte Veränderungen als bedeutend, starke dagegen als unbedeutend wahrgenommen werden.

Die Dialoge des Korpus (zur Beschreibung des Korpus s. unten 3.3) liegen im *wav*-Format auf CD vor und wurden stückweise abgehört. Dabei wurden die Satzakzente in drei Schritten annotiert:

(i) Anhand des subjektiven Hörurteils wurden steigende, fallende und steigend-fallende Akzente eingetragen.
(ii) Diese Eintragungen wurden mit einer objektiven phonetischen Analyse durch das Programm Praat verglichen und überprüft.
(iii) In Zweifelsfällen wurden die Hörurteile mit denen muttersprachlicher Informanten abgeglichen.

Beim Abhören von Satzakzenten können unterschiedliche Probleme auftreten. Einerseits können Satzakzente an Stellen gehört werden, wo das messbare Schallsignal keine Auffälligkeiten zeigt. Andererseits können Satzakzente nicht gehört werden, wo solche Auffälligkeiten im Schallsignal vorhanden sind. Die Urteile mehrerer Hörer sowie die Urteile des gleichen Hörers zu unterschiedlichen Zeitpunkten können voneinander abweichen. Ferner wäre es realitätsfremd anzunehmen, dass beim Sprechen und Hören nur wertneutrale Unterschiede zu beobachten sind. Man muss auch davon ausgehen, dass sowohl beim Sprechen als auch beim Hören Fehler unterlaufen. Sprechfehler und Hörfehler können zu unbeabsichtigten Interpretationen führen. Andererseits können Sprechfehler beim Hören korrigiert werden. Aus allen diesen Gründen ist weder das subjektive Hörurteil noch die objektive Analyse des Schallsignals für sich allein verlässlich. Beide Informationsquellen müssen ausgewertet werden, wenn man die Prosodie einer authentischen gesprochenen Sequenz realitätsgerecht festhalten möchte. Zusätzlich wird auch lexikalisches Wissen einbezogen, da jedes mehrsilbige Wort einen festliegenden Wortakzent besitzt und da Satzakzente, wie wir schon gesehen haben, im Regelfall mit einem Wortakzent zusammenfallen müssen. Auch semantisch-pragmatische Hypothesen darüber, was der Sprecher an einer bestimmten Stelle im Kontext sagen wollte, können nicht völlig unberücksichtigt bleiben. In der vorliegenden Untersuchung werden sie aber nur in seltenen Fällen als Entscheidungskriterium für die Akzentermittlung herangezogen.

Zur Kontrolle des subjektiven Hörurteils wurden alle Daten mit dem Computerprogramm Praat phonetisch analysiert. Praat ist eine frei verwendbare Software zur Intonationsanalyse, die von Paul Boersma und David Weenink vom *Institute of Phonetic Sciences* der Universität Amsterdam entwickelt wurde. Sie ist im Internet unter http://www.praat.org/ verfügbar. Mit Praat können Graphiken erstellt werden, die zahlreiche physikalische Eigenschaften des Schallsignals sichtbar machen. Als Beispiel betrachten wir die folgende mit *Praat* erzeugte Grafik:

Kapitel 3

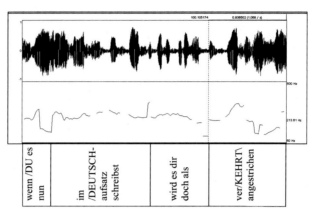

Abb. 7: Beispiel einer mit Praat erzeugten Grafik

Die obere Zeile des Bildschirms zeigt das sogenannte Oszillogramm des zu analysierenden Abschnitts. Das Oszillogramm gibt die Intensität des Schallsignals wieder. Damit werden der Schalldruck und die Sonorität erfasst. Vokale und sonore Konsonanten wie Nasale und Liquide bewirken einen größeren Ausschlag im Oszillogramm als die übrigen Konsonanten (Obstruenten).

Die mittlere Zeile zeigt den Verlauf der Grundfrequenz, also das physikalische Korrelat der wahrgenommenen Tonhöhe (in Hertz).[12] In der unteren Zeile des Bildschirms kann eine Transkription eintragen werden, deren Format sich frei bestimmen lässt.

Sowohl das Oszillogramm als auch der Verlauf der Grundfrequenz geben sichtbare Hinweise auf Stellen, an denen Satzakzente liegen können. Praat erlaubt es, mit der Maus beliebige Bereiche auf dem Bildschirm zu markieren, anzuhören und dabei die Kurve der Grundfrequenz in beliebiger Detailgenauigkeit zu verfolgen, um zu überprüfen, ob an ihrer Form die wahrgenommene Tonhöhe abzulesen ist. In der Grafik in Abb. 7 ist z.B. der Abschnitt *verkehrt angestrichen* rechts im Bild markiert. Bei dem Wort *verkehrt* wurde durch Hörurteil ein steigend-fallender Akzent auf der Silbe *-kehrt* festgestellt. In diesem Fall wird die Tonhöhenbewegung auch durch die Form der Kurve in der Praat-Grafik bestätigt. Doch stimmt die Kurve der Grundfrequenz nicht immer mit der wahrge-

---

12 Mit Praat können noch zahlreiche weitere phonetische Analysen durchgeführt und dargestellt werden, wie etwa das Spektrum, die Formantenstruktur usw. Diese Analysemöglichkeiten sind für die vorliegende Arbeit nicht relevant und werden hier deshalb nicht im Einzelnen vorgestellt.

nommenen Tonhöhe überein. An der Grenze zwischen den Abschnitten *im Deutschaufsatz schreibst* und *wird es dir doch* ist ein Anstieg der Grundfrequenzkurve zu sehen, der keinem Akzentton entspricht. Es handelt sich hier um einen Grenzton. In anderen Fällen müssen bei Nicht-Übereinstimmung die Gründe für unerwartete Kurvenausschläge (z.b. Rechenfehler in Praat, die gelegentlich vorkommen und zu typischen Kurvenformen führen) oder unerwartete phonetische Eigenschaften des Schallsignals (Nebengeräusche, technische Probleme bei der Aufnahme, persönlicher Sprechstil des jeweiligen Sprechers usw.) geklärt werden. In Zweifelsfällen entscheidet das subjektive Hörurteil.

Als Beispiel wird folgender Ausschnitt aus dem Korpusdialog FR012 „Schulklassengespräch mit Günter Grass" analysiert. Die Schüler diskutieren über die Zusammenschreibung komplexer Syntagmen, die Günter Grass in seinen Romanen als Stilmittel verwendet. Der zu analysierende Abschnitt liegt zunächst ohne prosodische Notation vor:

(61)   ich glaube vom recht kann man hier nicht sprechen denn der schriftsteller hat ja die traditionelle dichterische freiheit von der er natürlich ohne weiteres gebrauch machen kann

Zunächst werden aufgrund des subjektiven Hörurteils steigende, fallende und steigend-fallende Akzente ermittelt und provisorisch in das Transkript eingetragen. Die Akzente werden durch voran- bzw. nachgestellte Schrägstriche markiert; die akzenttragenden Silben werden in Großbuchstaben gesetzt:

(62)   ich /GLAUbe vom /RECHT kann man hier nicht /SPRE\chen denn der /SCHRIFTsteller /HAT ja die traditionelle dichterische /FREIheit von der er natürlich ohne weiteres ge/BRAUCH\ machen kann

Anschließend werden Lage und Art der Akzente mit Praat überprüft. Da Praat nur die Grundfrequenzkurve eines maximal 10 Sekunden langen Abschnitts abbilden kann, muss die Tondatei des Dialogs aufgeteilt werden. Die Abbildung eines 10 Sekunden langen Abschnitts ist aber immer noch ziemlich komprimiert, sodass wichtige Tonhöhenbewegungen nicht sichtbar sind. Eine gute Sichtbarkeit der Grundfrequenzkurve wird meiner Erfahrung nach erst erreicht, wenn Abschnitte mit einer Länge von ca. 3 Sekunden verwendet werden. Die Deutlichkeit der Kurve hängt unter anderem von der Sprechgeschwindigkeit ab. Wenn der Sprecher sehr schnell spricht, müssen noch kürzere Abschnitte gewählt werden, damit alle Tonhöhenbewegungen sichtbar werden. Die Länge des Abschnitts, dessen Grundfrequenzkurve man anschauen möchte, kann in Praat

Kapitel 3

durch eine Zoom-Funktion eingestellt werden. Oft sind mehrere Versuche notwendig, um den passenden Zoom-Grad zu finden. Bei der Aufteilung einer Tondatei in Abschnitte wird also darauf geachtet, dass die Grundfrequenzkurve deutlich zu sehen ist. Jeder Abschnitt muss aus einem *turn* oder einem Teil davon bestehen. Ferner wird darauf geachtet, dass die Grenzen der Abschnitte nach Möglichkeit mit syntaktischen Grenzen oder mit Stellen, an denen lange Pausen liegen, übereinstimmen. Hinweise auf Stellen, an denen man Unterteilungen vornehmen kann, gibt auch das Oszillogramm. Wo keine oder niedrige Ausschläge sichtbar sind, kann geschnitten werden. Der Abschnitt (61) wird nach diesen Kriterien in drei Unterabschnitte aufgeteilt:

(61a)   ich glaube vom recht kann man hier nicht sprechen
(61b)   denn der schriftsteller hat ja die traditionelle dichterische freiheit
(61c)   von der er natürlich ohne weiteres gebrauch machen kann

Die Tonaufnahme des Unterabschnitts (61a) ergibt die Praat-Grafik in Abb. 8:

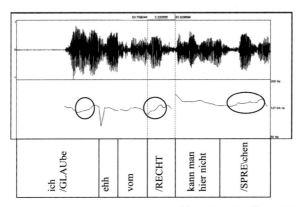

Abb. 8: Praat-Grafik von Unterabschnitt (61a)

Zur Verdeutlichung markiere ich mit Kreisen die Stellen in der Kurve, an denen durch Hörurteil Akzente wahrgenommen wurden. Die ansteigenden Bewegungen der Grundfrequenzkurve bei *glaube* und bei *Recht* sind in der Praat-Grafik deutlich zu sehen. Auch die steigend-fallende Tonhöhenbewegung auf *sprechen* ist sichtbar, aber der Ausschlag nach oben und unten ist hier weniger stark.

Betrachten wir die Praat-Grafik zum Unterabschnitt (61b):

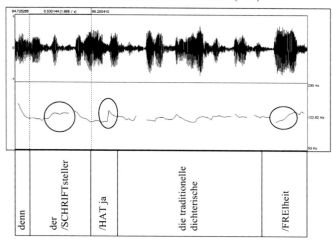

Abb. 9: Praat-Grafik von Unterabschnitt (61b)

In diesem Unterabschnitt wurden drei steigende Akzente gehört, die in der Grafik als Anstiege der Grundfrequenzkurve gut sichtbar sind.

In Abb. 10 sehen wir die Praat-Grafik des Unterabschnitts (61c):

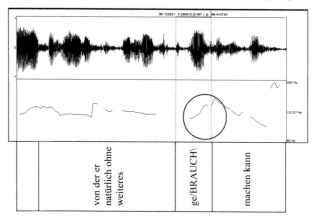

Abb. 10: Praat-Grafik von Unterabschnitt (61c)

Hier liegt ein steigend-fallender Akzent auf *Gebrauch*. Wenn man nur die Grundfrequenzkurve anschaut, könnte man meinen, dass der Akzent hier nur

Kapitel 3

steigt. Die fallende Tonhöhenbewegung liegt physikalisch bereits auf den nachfolgenden Silben *machen* und *kann*. Dies ist kein ungewöhnlicher Fall. Die im Hörurteil wahrgenommene Lage des Akzentes und die physikalische Lage der Tonhöhenbewegung stimmen keineswegs immer genau überein (Edwards 1993: 22, Rabanus 2001: 45).

Im linken Teil der Grafik in Abb. 10 ist noch ein weiterer deutlicher Anstieg der Tonhöhenbewegung sichtbar. Dieser fällt aber nicht auf eine Silbe, wie man im Oszillogramm erkennen kann. Es handelt sich hier wahrscheinlich um ein Störgeräusch in der Aufnahme, das aber beim Abhören subjektiv gar nicht wahrgenommen wird.

3.2.2 Ermittlung und Notation von Topik- und Fokusbereichen

Bei der Ermittlung von Topik- und Fokusprojektionen wird zunächst mit geschweiften Klammern jedes Wort markiert, das eine akzenttragende Silbe enthält. Handelt es sich um einen steigenden Akzent, so wird die Klammer mit T für Topik markiert; handelt es sich um einen fallenden oder steigend-fallenden Akzent, so wird die Klammer mit dem Buchstaben F für Fokus markiert.

(63)

ich /GLAUbe vom /RECHT kann man hier nicht /SPRE\chen denn der
      T   T   F

/SCHRIFTsteller /HAT ja die traditionelle dichterische /FREIheit
      T   T   T

von der er natürlich ohne weiteres ge/BRAUCH\ machen kann
                                       F

Man kann sehen, dass in diesem Abschnitt zwei Fokusakzente (einer auf *sprechen*, der andere auf *Gebrauch*) liegen. Die übrigen Akzente sind Topikakzente. Es wird angenommen, dass im Prinzip immer ein Topik- und ein Fokusakzent zusammen eine Intonationsphrase bilden. Nun lässt sich allerdings beobachten, dass wesentlich mehr Topik- als Fokusakzente vorhanden sind. Dieser Beobachtung kann durch die Annahme Rechnung getragen werden, dass Intona-

Topik-Fokus-Modell und Korpus

tionsphrasen hierarchisch verschachtelt sein können. Die Verschachtelung folgt folgenden Regeln:

A   Topiks und Foki können hinsichtlich ihres Projektionsverhaltens mehrdeutig sein, d.h. derselbe Akzent kann im selben Kontext hinsichtlich der Größe der durch ihn markierten Konstituente unterschiedlich interpretiert werden.
B   Syntaktisch oder semantisch zusammenhängende Topiks können zu einem größeren Topikbereich zusammengefasst werden.
C   Syntaktisch oder semantisch zusammenhängende Foki bilden einen größeren Fokusbereich, wobei der am weitesten rechts stehende Fokus im gesamten Fokusbereich dominiert.
D   Eine Konstituente, die auf einer unteren Komplexitätsebene eine Intonationsphrase bildet, kann auf einer höheren Ebene wiederum Fokusbereich zu einem anderen Topik sein.

Regel A ist durch die der vorliegenden Arbeit zugrunde liegende Theorie der Fokusprojektion bedingt. Die übrigen Regeln B, C und D werden anhand von Korpusbeispielen erläutert. Dabei wird gezeigt, dass sie in dem theoretischen Rahmen der vorliegenden Arbeit plausibel sind.

Nach Regel B können syntaktisch oder semantisch zusammenhängende Topiks zu einem größeren Topikbereich zusammengefasst werden. Als Beispiel hierfür betrachten wir die Topik-Fokus-Struktur eines Abschnitts aus dem Dialog FR023:

(64)   bei einem /GUten inten/DANten wird das selten ge/SCHE\hen

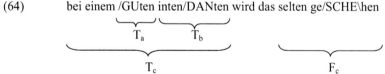

Die Wörter *guten* und *Intendanten* tragen jeweils einen steigenden Akzent, werden also als Topiks interpretiert. Da *guten* und *Intendanten* zusammen mit dem Hintergrundmaterial *bei* und *einem* die Präpositionalphrase *bei einem guten Intendanten* bilden, scheint es plausibel, dass der Sprecher die gesamte Präpositionalphrase als Topik markieren möchte. Ferner ist es auch plausibel anzunehmen, dass der Rezipient einen solchen Ausdruck aufgrund seines syntaktischen Zusammenhangs als eine Einheit interpretiert. In solchen Fällen werden also in meiner Notation zwei oder mehrere Topiks mit der dazugehörigen Projektion zu einem einzigen Topik zusammengefasst. In (64) ist T_c Topik zum Fokus F_c. Dieser ist durch die Projektion von *geschehen* auf *selten geschehen* zustande gekommen.

87

Kapitel 3

Nach Regel B reicht auch ein semantischer Zusammenhang zwischen zwei oder mehreren aufeinander folgenden Topiks aus, um sie zu einem einzigen Topik zusammenfassen zu können. Dies zeigt Beispiel (65) aus dem Dialog FR023:

(65)

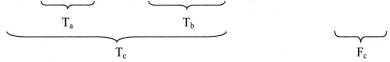

Die steigenden Akzente markieren *engagiert* und *eine Monatsgage* als Topiks. T_a und T_b stehen an sich syntaktisch nicht in Zusammenhang und gehören zu zwei getrennten Sätzen. Diese bilden aber eine Liste von Gründen für den darauf folgenden Satz *infolgedessen haben Sie anzutanzen*. Aus diesem Grund können T_a und T_b mit den entsprechenden nicht-akzentuierten Abschnitten, die die beiden Sätze bilden, als zusammenhängendes Topik T_c interpretiert werden. Eine solche Interpretation wird dadurch nahegelegt, dass die beiden Sätze *sie sind engagiert* und *sie kriegen eine Monatsgage* gleich intoniert sind und direkt aufeinander folgen.

Regel C besagt, dass auch syntaktisch oder semantisch zusammenhängende Foki einen größeren Fokusbereich bilden können, wobei der am weitesten rechts stehende Fokus dominiert. Als Beispiel hierfür betrachten wir den folgenden Abschnitt aus dem Dialog FR012:

(66)   wenn ein /DICH\ter auf /JE\den /RÜCK\sicht nehmen würde

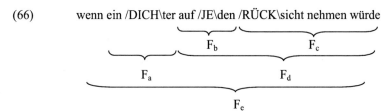

In diesem kurzen Abschnitt folgen drei steigend-fallende Akzente unmittelbar aufeinander. Ich nenne die Foki in der Reihenfolge von links nach rechts F_a, F_b und F_c. Von *Rücksicht* aus wird F_c auf die Verbgruppe *Rücksicht nehmen würde* projiziert. Da F_b und F_c syntaktisch eine erweiterte Verbgruppe bilden, nehme ich an, dass sie auch informationsstrukturell hier als Einheit interpretiert werden können. Deshalb fasse ich F_b und F_c zu F_d zusammen. F_d kann wiederum mit F_a

ein Dichter zum Fokus F_e zusammengefasst werden. Dies ist plausibel, weil *ein Dichter* und *auf jeden Rücksicht nehmen würde* zusammen einen Satz bilden. Es ist sinnvoll anzunehmen, dass der ganze Nebensatz in (66) intonatorisch als eine fokussierte Einheit interpretiert wird, wobei der linear letzte Akzent (auf *Rücksicht*) sich beim Rezipienten besonders stark einprägt und deshalb als Anzeiger des dominierenden Fokus gedeutet wird (vgl. Uhmann 1991: 229).

Ein weiteres Beispiel für Regel C ist der folgende Abschnitt aus dem Dialog FR012, in dem der Sprecher (Günter Grass) fast jedes Wort betont:

(67)   ein /CE\lan-gedicht /SCHWAR\ze /MILCH\ der /FRÜ\he

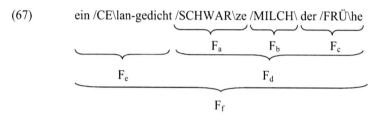

Celan, Schwarze, Milch und Frühe tragen hier jeweils einen Fokusakzent. Nach semantisch-pragmatischen Kriterien fasse ich zunächst zu Foki F_a, F_b und F_c zu F_d zusammen. Dieser Abschnitt entspricht einem Vers von einem bekannten Gedicht von Paul Celan. So dann fasse ich F_d mit F_e zu F_f zusammen. Die entsprechenden Ausdrücke stehen syntaktisch in einem Appositionsverhältnis zueinander.

Regel D besagt, dass eine Konstituente die auf einer unteren Komplexitätsebene eine Intonationsphrase bildet, auf einer höheren Ebene wiederum Fokusbereich zu einem anderen Topik sein kann. Hierzu betrachten wir einen Abschnitt aus FR023, in dem der Schauspieler Klaus Kammer über seinen Beruf spricht:

(68)

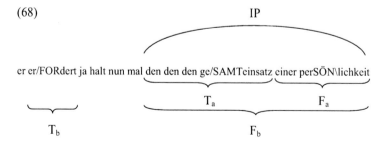

Kapitel 3

Von *Gesamt-* aus wird das Topik T_a auf *den den den Gesamteinsatz* projiziert. Der fallende Akzent markiert *einer Persönlichkeit* als Fokus F_a. T_a und F_a bilden eine Intonationsphrase. Aus dem Hintergrundmaterial *er erfordert ja halt nun mal* hebt der Sprecher *erfordert* als weiteres Topik hervor. Die im Kontext zu beantwortende Oberfrage könnten etwa lauten: *Was können Sie uns über den Beruf des Schauspieles erzählen?* Durch das Topik T_b verengt der Sprecher diese Oberfrage auf die Unterfrage: *Was erfordert der Beruf des Schauspielers?* Die Antwort auf diese Unterfrage bildet der Fokus F_b. Dieser hat seinerseits die Form einer Intonationsphrase. Durch das Topik *den Gesamteinsatz* wird die Unterfrage eröffnet: *Wessen Gesamteinsatz erfordert der Beruf des Schauspielers?* Mit der Antwort auf diese Unterfrage wird die vorliegende Informationseinheit abgeschlossen.

Nach den Regeln A, B, C und D wird die Topik-Fokus-Struktur der Dialoge rekonstruiert, die oftmals hierarchisch verschachtelt ist. Ich zeige nun in (63), wie die Topik-Fokus-Struktur des oben vorgestellten Dialogabschnitts aufgebaut wird:

(63)

ich /GLAUbe vom /RECHT kann man hier nicht /SPRE\chen denn der

       T   T   F

/SCHRIFTsteller /HAT ja die traditionelle dichterische /FREIheit

       T   T   T

von der er natürlich ohne weiteres ge/BRAUCH\ machen kann

                                          F

Zunächst werden die Projektionen zu allen Topik- und Fokusexponenten ermittelt. Von *Recht* aus kann der Topikbereich auf die Präpositionalphrase *vom Recht* erweitert werden. Eine weitere Projektion ist nicht möglich, da die Präpositionalphrase *vom Recht* im Vorfeld steht und aus dem Vorfeld heraus nicht projiziert werden kann. Auf den Topikakzent muss ein Fokusakzent folgen, der die Intonationsphrase abschließt. Im vorliegenden Beispiel liegt ein steigend-fallender Akzent auf *sprechen*. Der Fokus kann hier nach Regel A entweder eng bleiben oder nach links auf *nicht sprechen* oder auf *hier nicht sprechen* erweitert werden. Im Kontext des Gesprächs aus dem das Beispiel stammt, ist es am plausibelsten *nicht sprechen* als den intendierten Fokusbereich zu betrachten. Es ergibt sich also die Topik-Fokus-Struktur in (69):

(69)

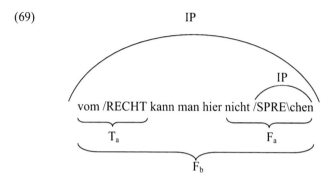

Nicht sprechen bezeichne ich als F_a. *Sprechen* bildet eine minimale Intonationsphrase, weil der Akzent innerhalb des Wortes steigt und fällt. F_a wird auf das Topik T_a bezogen, die Präpositionalphrase *vom Recht*. T_a und F_a bilden die typische Topik-Fokus-Brückenkontur. In der Praat-Grafik in Abb. 11 kann man sie gut erkennen. Die schwarzen Pfeile zeigen die idealisierte Brückenkontur. Der gestrichelte Pfeil zeigt, dass hier die Brückenkontur zusätzlich durch eine global steigende Tendenz gekennzeichnet ist. Wir werden noch sehen, dass dieser Anstieg in der prosodischen Makrostruktur funktional ist.

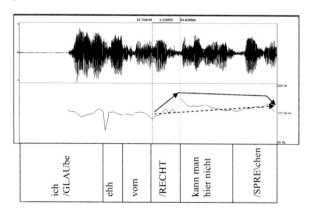

Abb. 11: Praat-Grafik von (69)

Nach dieser Intonationsphrase folgt eine zweite, die durch den Fokusakzent auf *Gebrauch* abgeschlossen wird. Diese Intonationsphrase enthält vier Akzente:

Kapitel 3

drei Topikakzente und einen Fokusakzent. Der Fokus kann nach Regel A von *Gebrauch* aus je nach Kontext unterschiedlich projizieren: Die Projektion kann sich auf *Gebrauch machen, Gebrauch machen kann, ohne weiteres Gebrauch machen kann* oder *natürlich ohne weiteres Gebrauch machen kann* ausdehnen. In unserem Kontext scheint es am plausibelsten, dass der Fokus auf die Verbgruppe *ohne weiteres Gebrauch machen kann* projiziert wird. Diesen Fokusbereich nenne ich F_c. Von *Freiheit* wird das Topik auf die Nominalphrase *die traditionelle dichterische Freiheit* projiziert, von *Schriftsteller* auf *der Schriftsteller*:

(70)

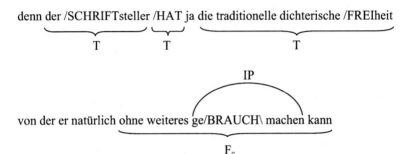

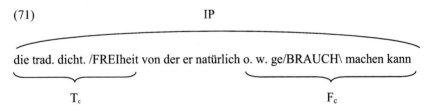

T_c und F_c bilden zusammen mit dem Hintergrundmaterial *von der er natürlich* eine Intonationsphrase:

(71)   IP

die trad. dicht. /FREIheit von der er natürlich o. w. ge/BRAUCH\ machen kann

           T_c F_c

Nach Regel D kann diese Intonationsphrase als Fokus F_d zum Topik *hat* fungieren:

(72)   /HAT T_c von der er natürlich F_c

           T_d F_d

Nach Regel D lassen sich T_d und F_d ihrerseits zu einem Fokusbereich F_e zusammenfassen. Dieser ist Fokus zu T_e *der Schriftsteller*:

(73)   denn der /SCHRIFTsteller /HAT ja F_d

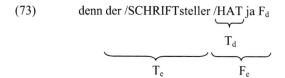

Auf der zweithöchsten Ebene der Verschachtelung liegen zwei Intonationsphrasen vor, die in (74) und (75) wiedergegeben sind:

(74)   IP

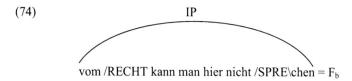

vom /RECHT kann man hier nicht /SPRE\chen = F_b

(75)   IP

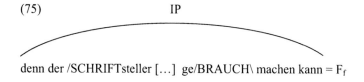

denn der /SCHRIFTsteller [...] ge/BRAUCH\ machen kann = F_f

Diese Intonationsphrasen bilden auf der höchsten Strukturebene wiederum Foki, F_b und F_f, die nach Regel C zum Fokusbereich F_g zusammengefasst werden können. Dieser bildet eine Intonationsphrase mit dem Topik T_g *glaube*, sodass der ganze Abschnitt wie folgt schematisiert werden kann:

(76)   IP

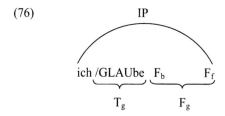

In der Praat-Grafik in Abb. 11 wurde gezeigt, dass die Sequenz *vom Recht kann man hier nicht sprechen* eine Brückenkontur bildet, die aber eine globale stei-

Kapitel 3

gende Tendenz aufweist. Auch der gesamte analysierte Abschnitt bildet eine Brückenkontur, die in Abb. 12 durch die gestrichelten Pfeile angezeigt ist:

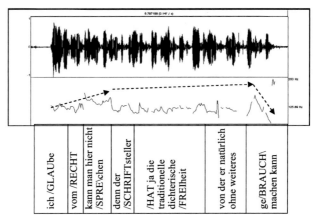

Abb. 12: Praat-Grafik des gesamten analysierten Abschnitts

In Abb. 12 sieht man, dass die Grundfrequenzkurve trotz des steigend-fallenden Akzents bei *spre-* weiter über den gesamten Abschnitt hinweg ansteigt und erst bei *Gebrauch* wieder abfällt.

Jeder Topikbereich der Struktur kann als vom Sprecher getroffene Auswahl aus einer Liste von Alternativen betrachtet werden, die im Kontext als bekannt oder erschließbar behandelt werden. Das Topik *glaube* kann z.B. als Auswahl aus einer Liste von Elementen wie *denke, behaupte, bestreite, finde* usw., also den im Kontext möglichen kommunikativen Handlungen oder epistemischen Einstellungen des Sprechers, verstanden werden. Das Topik *vom Recht* ist eine Wahl, die der Sprecher in Bezug auf Referenten trifft, die schon im vorherigen Kontext der Diskussion erwähnt wurden. Hier war schon vom Recht des Schriftstellers, Wörter zusammenzuschreiben, die Rede. Zu der Alternativenliste, aus der *Recht* ausgewählt wurde, können etwa Elemente wie *Möglichkeit, Fähigkeit, Freiheit* usw. gehören. Auch die übrigen Topiks *der Schriftsteller* und *die traditionelle dichterische Freiheit* stellen jeweils eine Auswahl aus einer Liste von bekannten oder erschließbaren Alternativen dar. Vom Schriftsteller ist per se die Rede, weil alle Beteiligten wissen, dass Günter Grass Schriftsteller ist. Die dichterische Freiheit wird explizit als traditionell bezeichnet und damit in die Liste der allgemein bekannten Attribute des Schriftstellers eingeordnet. Das Verb *hat* wird durch einen Topikakzent markiert und als Auswahl gegenüber

Topik-Fokus-Modell und Korpus

seinem Gegenteil *nicht hat* hervorgehoben. Beide Optionen kommen an der gegebenen Stelle des Diskurses als offensichtliche Möglichkeiten in Betracht.

Zur besseren Verständlichkeit gebe ich noch einmal eine Übersicht über die im untersuchten Textausschnitt präsupponierten Topik-Alternativen-Listen:

T_g-Liste: *denke, behaupte, bestreite, finde,* ***glaube***
T_a-Liste: *Möglichkeit, Fähigkeit, Freiheit,* ***Recht***
T_e-Liste: *der Dichter, der Künstler, Günter Grass,* ***der Schriftsteller***
T_d-Liste: *hat nicht,* ***hat***
T_c-Liste: *die Autorität, die Bildung, die Fähigkeit,* ***die traditionelle dichterische Freiheit***

Im Gegensatz zu den Topiks sind die Foki als Antworten auf Unterfragen zu vermutbaren Fragen des Adressaten zu deuten. In der folgenden Aufstellung werden anschaulichkeitshalber einmal alle Topiks und die durch sie eröffneten Unterfragen explizit gemacht. Jeder Unterfrage wird der entsprechende Fokusbereich zugeordnet, damit ganz deutlich wird, wie die Informationsstruktur in den Einzelheiten funktioniert. Die Fragen in geschweiften Klammern sind Ergebnisse von Abstraktionen. Sie dienen dazu, die Erwartungen explizit zu machen, die der Sprecher im Laufe des Informationsflusses durch die Markierung von Topiks beim Adressaten weckt.

(77)   [ich /GLAUbe]T_g
           {was glaubst du?}
           [vom /RECHT kann man hier nicht /SPRE\chen denn der /SCHRIFTsteller /HAT ja die traditionelle dichterische /FREIheit von der er natürlich ohne weiteres ge/BRAUCH\ machen kann]F_g

(78)   [vom /RECHT]T_a
           {was kann man mit dem begriff recht anfangen?}
           [nicht (davon) /SPRE\chen]F_a

(79)   [der /SCHRIFTsteller]T_e
           {was ist mit dem schriftsteller los?}
           (er) [/HAT die traditionelle dichterische /FREIheit von der er natürlich ohne weiteres ge/BRAUCH\ machen kann]F_e

(80)   [/HAT]T_d
           {was hat der schriftsteller?}
           [die traditionelle dichterische /FREIheit von der er natürlich ohne weiteres ge/BRAUCH\ machen kann]F_d

Kapitel 3

(81)   [die traditionelle dichterische /FREIheit]T$_c$
{wozu dient die traditionelle dichterische freiheit?}
[er kann ohne weiteres ge/BRAUCH\ (davon) machen]F$_c$

3.2.3 Ermittlung der Stellung der Modalpartikeln

Im nächsten Schritt wird die Stellung der Modalpartikeln in Bezug auf die Topik- und Fokusbereiche ermittelt. In (82 – s. nächste Seite) ist die gesamte verschachtelte Struktur des Abschnitts zu sehen.

Im analysierten Abschnitt ist die Modalpartikel *ja* Non-Topik-Material. Sie gehört also weder zu einem Topik- noch zu einem Fokusbereich. Sie befindet sich am Rande des Fokusbereichs F$_d$, dessen Klammer fett markiert ist.

3.3 Korpus

Die analysierten Texte stammen aus der *Datenbank Gesprochenes Deutsch*[13] des Instituts für Deutsche Sprache in Mannheim. Diese ist im Internet zugänglich und enthält 28 unterschiedliche Korpora. Dazu gehört unter anderem das Freiburger Korpus, aus dem auch die in der vorliegenden Arbeit analysierten Texte stammen. Das Freiburger Korpus wurde von 1960 bis 1974 an der Forschungsstelle Freiburg des Instituts für Deutsche Sprache unter der Leitung von Hugo Steger erstellt. Es besteht aus 222 Tonaufnahmen und 221 (sic!) Transkripten von Interviews, Diskussionen, Unterhaltungen, Vorträgen, Reportagen und Erzählungen. Die Transkripte sind von FR001 fortschreitend bis FR221 durchnummeriert. Die hier analysierten Texte stammen aus den Dialogen FR012, FR023 und FR030.

Es erscheint möglicherweise begründungsbedürftig, warum für eine heutige Untersuchung so altes Datenmaterial verwendet wird. Hierzu ist zu sagen, dass die Daten des Freiburger Korpus eine Konstitutionsform aufweisen, die eindeutig gesprochen-sprachlich, aber dennoch in Bezug auf Dialogorganisation und Beitragsplanung nicht zu weit von der Schriftsprache entfernt ist. Die Verwendung von gesprochen-sprachlichen Daten erlaubt es, die Prosodie zu untersuchen. Dies wäre mit Daten der Schriftsprache nicht möglich. Die Tatsache, dass die Daten des Freiburger Korpus der Schriftsprache relativ nahestehen, erleichtert es, in ihrer Syntax mögliche Topik- bzw. Fokusprojektionen festzustellen.

---

13   Für eine ausführliche Beschreibung der *Datenbank Gesprochenes Deutsch* verweise ich auf Fiehler/Wagener (2005: 139 ff.).

(82)

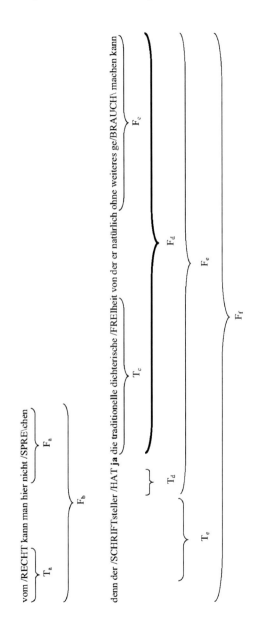

Kapitel 3

Das unter 3.1 entwickelte Modell der Topik-Fokus-Struktur, das auf Prosodie und Syntax basiert, lässt sich also gut auf die Daten des Freiburger Korpus anwenden. Von der Analyse des Freiburger Korpus kann man sich also erhoffen, Regularitäten herauszufinden, die Gültigkeit sowohl für die gesprochene als auch für die geschriebene deutsche Standardsprache haben. Geeignete neuere Daten mit vergleichbaren Eigenschaften in vergleichbarer Aufbereitung standen für diese Untersuchung nicht zur Verfügung. Da es unplausibel erscheint, dass sich die Regeln, die das Stellungsverhalten der Modalpartikeln im Deutschen steuern, seit den 60er/70er Jahren gravierend verändert haben sollten, gehe ich davon aus, dass sich aus der Verwendung der Freiburger Daten für die vorliegende Untersuchung kein Nachteil ergibt.

Die Dialoge des Freiburger Korpus liegen in der *Datenbank Gesprochenes Deutsch* in einer Transkription vor, die Annotationen zu Syntax, Lexik, Gesprächsstruktur und Intonation einschließt. Es wurden jedoch die schon vorhandenen Annotationen ausgeblendet, um die in Unterkapitel 3.1.4.5 dargestellte Akzentnotation einzutragen. Es ergibt sich hierbei ein in *turns*[14] aufgeteilter Text, in dem Lage und Art der Akzente (steigend oder fallend bzw. steigend-fallend) notiert sind.

Die Sprecher im Korpus sind durch die Siglen wie S5, S6 oder SA, SB usw. angezeigt. Diese Abkürzungen wurden unverändert aus den Transkripten des Freiburger Korpus übernommen. Auf die Sprechersigle folgt jeweils ein Doppelpunkt, der den Beginn des *turn* anzeigt. Die einzelnen *turns* werden durch Leerzeilen voneinander getrennt.

Da die in der vorliegenden Arbeit entwickelte Topik-Fokus-Theorie von der Syntax teilweise unabhängig ist und über die Satzgrenzen hinausgreifen kann, mussten längere zusammenhängende Textabschnitte analysiert werden. Ferner erlaubt die Verwendung von längeren Dialogen es, die Sprechstile der Sprecher kennenzulernen und dadurch die Lage und Art der Akzente zuverlässiger zu erkennen. Die Zusammenstellung eines Korpus, das lediglich aus einzelnen Sätzen mit Modalpartikeln besteht, hätte die Zuverlässigkeit der Annotation der Akzente beeinträchtigt. Ferner hätte ein solches aus einzelnen Sätzen bestehendes Korpus den Kontext ausgeblendet. Dieser ist aber (i) für die Abgrenzung zwischen Modalpartikeln und ihren Homonymen und (ii) für die Bestimmung der Reichweite von Topik- und Fokusprojektionen unentbehrlich. Es wurden daher

---

14 Unter *turn* oder Gesprächsbeitrag versteht man „eine Äußerung, die mit Rederecht gemacht wird. Dass jemand einen Gesprächsbeitrag leistet, heißt, dass er für eine bestimmte Zeitspanne mit Rederecht spricht." (Duden-Grammatik 2005: 1232)

Topik-Fokus-Modell und Korpus

die Dialoge FR023 und FR030 in ihrem gesamten Umfang sowie die erste Hälfte des Dialogs FR012 annotiert.

Die zu annotierenden Dialoge wurden nach dem Kriterium ausgewählt, dass sie eine möglichst hohe Anzahl potenzieller Modalpartikeln aufweisen sollten. Die Dialoge des Freiburger Korpus haben den Vorteil, dass die Sprecher sich selten beim Sprechen überschneiden, was die Ermittlung der Akzente durch das persönliche Hörurteil erleichtert und die Erzeugung verlässlicher Grundfrequenzkurven mit Praat möglich macht. Überschneidungen zwischen den Sprechern sind in den ausgewählten Passagen selten, weil die Dialoge jeweils durch einen Moderator gesteuert werden, der das Rederecht vergibt.

In FR012 sprechen 12 Schülerinnen und Schüler mit Günter Grass über seine Romane *Katz und Maus* und *Hundejahre*. In FR023 interviewen 3 Schüler den Theaterschauspieler Klaus Kammer. FR030 ist eine Diskussion zwischen zwei Männern und einer Frau über den Begriff der Ehe. Die drei annotierten Dialoge weisen unterschiedliche Länge auf. Die folgende Tabelle gibt einen Überblick über ihren Umfang:

(83)

Korpus	FR012	FR023	FR030	Summe
Länge (Min.)	15,17	21,02	23,13	59,32
Wörter	2.499	3.283	3.977	9.759

Die unterschiedliche Länge der annotierten Dialoge ist rein technisch bedingt und hat keine inhaltlichen Gründe oder Konsequenzen. Es ging lediglich darum, Stimmen und damit Modalpartikelverwendungen mehrerer verschiedener Sprecher einzubeziehen. Insgesamt sind im Korpus 22 Sprecher, darunter 7 Frauen und 15 Männer zu hören. Damit soll die Unabhängigkeit der beobachteten Regeln für die Stellung der Modalpartikeln von individuellen Sprechstilen gewährleistet werden.

Über die annotierten Transkripte hinaus mussten Grafiken in Praat mit der passenden Frequenzbreite erzeugt und analysiert werden. Wie schon in Abschnitt 3.2.1 erläutert wurde, dienen die mit Praat erzeugten Grundfrequenzkurven zur Unterstützung des eigenen Hörurteils. Die Fähigkeit, Lage und Art der Akzente zu erkennen, musste durch mehrmaliges Anhören der Tonaufnahmen trainiert werden. Darüber hinaus wurden die Texte mehrmals in Zeitabständen annotiert und die Annotationen miteinander verglichen. Insgesamt wurden folgende Analysen erstellt:

Kapitel 3

(i) Annotierte Transkripte der drei Dialoge mit insgesamt 9.759 laufenden Wörtern.
(ii) 900 Praat-Grafiken zu 59,32 Minuten Dialogdaten; jede Grafik bildet die Grundfrequenzkurve von 3 bis 5 Dialogsekunden ab.
(iii) 100 Schemata der Topik-Fokus-Gliederung für Textpassagen unterschiedlichen Umfangs; ein Beispiel für ein solches Schema ist (82) in Abschnitt 3.2.3.

Das gesamte in dieser Weise analysierte Datenmaterial wurde auf die Position der Modalpartikeln in Relation zur verschachtelten Struktur von Topik-, Non-Topik- und Fokusbereichen hin untersucht. Im folgenden Unterkapitel wird zunächst erklärt, wie aus allen Vorkommen von Modalpartikelkandidaten die Modalpartikeln herausgefiltert wurden.

3.4 Ermittlung der Modalpartikelvorkommen

In Kapitel 1 wurden diejenigen Elemente aufgelistet, die in bestimmten Verwendungen traditionell als Modalpartikeln betrachtet werden. Diese sind:

(84) *aber, auch, bloß, denn, doch, eben, eigentlich, einfach, halt, ja, mal, nur, ruhig, schon, vielleicht, wohl.*

Im Korpus wurden Belege für alle oben aufgelisteten Elemente gefunden außer für *bloß* und *ruhig*.

Bei dieser ersten Zählung wurden alle Elemente berücksichtigt, die Modalpartikeln sein könnten, und zwar zunächst ausschließlich aufgrund ihrer Form, ohne zu prüfen, ob sie im Kontext als Modalpartikeln oder als Elemente anderer Klassen auftreten. Es wurde also zunächst keine semantische Auswertung der Vorkommen durchgeführt.

Aus der Untersuchung mussten diejenigen Elemente ausgeschlossen werden, die in abgebrochenen Strukturen stehen, wenn ihr Stellungsverhalten und ihre Bedeutung aufgrund der abgebrochenen Syntax und/oder des unvollständigen Kontexts nicht ermittelt werden können.

Obwohl traditionell davon ausgegangen wird, dass Modalpartikeln stets unbetont sind, wurden in diesem ersten Schritt auch akzentuierte Vorkommen berücksichtigt, um im weiteren Verlauf der Korpusanalyse prüfen zu können, ob es sich um Modalpartikeln handelt. Bei der Datenauswertung wird sich das Kriterium der Betonbarkeit für die Abgrenzung zwischen Modalpartikeln und ihren Homonymen aber als relevant bestätigen.

Insgesamt enthält das Korpus 735 Vorkommen von Modalpartikelkandidaten. Bei der Datenauswertung stellte sich heraus, dass bei den meisten Modalpartikelkandidaten ein Teil der Vorkommen aus der Untersuchung ausgeschlossen werden musste. Diese Vorkommen gehörten zu den folgenden Wortklassen:

(i)   klassische Konnektoren
(ii)   temporale bzw. epistemische Adverbien
(iii)   Fokuspartikeln
(iv)   Gesprächspartikeln

Die Funktion der klassischen Konnektoren besteht in der Verknüpfung von Sätzen. Zu den klassischen Konnektoren gehören Konjunktoren wie *und* und *oder*, Subjunktoren wie *nachdem* und *weil* und satzverknüpfende Adverbien wie *trotzdem* (vgl. Pasch et al. 2003). Temporale und epistemische Adverbien dienen dazu, Sachverhalten bzw. Propositionen einen zeitlichen bzw. epistemischen Kontext zuzuordnen (vgl. Blühdorn 2005). Zu den Fokuspartikeln zählen Wörter wie *auch* und *nur*, die die fokussierte Konstituente in Relation zu einer Menge von Alternativen setzen (vgl. König 1991: 32-37). Gesprächspartikeln werden zur „Steuerung der Interaktion im Gespräch" (vgl. Duden-Grammatik 2005: 601) eingesetzt. Als typische Gesprächspartikel gilt z.B. *ja*.

Im Folgenden wird auf klassische Konnektoren, temporale und epistemische Adverbien sowie Fokus- und Gesprächspartikeln separat eingegangen. Dabei wird erklärt, nach welchen Kriterien Modalpartikeln von Elementen dieser vier Wortklassen abgegrenzt wurden.

3.4.1 Abgrenzung von den klassischen Konnektoren

Der in Abschnitt 1.6 formulierte Vorschlag, Modalpartikeln als Konnektoren zu betrachten, entspricht nicht der traditionellen Auffassung. Unter „klassischen Konnektoren" verstehe ich Elemente, über deren Status als Konnektoren in der Forschung Einigkeit herrscht (vgl. Pasch et al. 2003, Blühdorn et al. 2004). Konnektoren können in drei syntaktische Klassen aufgeteilt werden (vgl. Blühdorn 2008: 61-68):

(i)   koordinierende Konjunktionen (Konjunktoren)
(ii)   subordinierende Konjunktionen und
(iii)   Adverbkonnektoren.

Kapitel 3

Um Konjunktoren und subordinierende Konjunktionen von den Modalpartikeln abzugrenzen, reicht der Rückgriff auf die Syntax. Im Gegensatz zu den Modalpartikeln können diese zwei Typen von Konnektoren nie im Mittelfeld stehen. So ist die Abgrenzung zwischen den Konjunktoren *aber*, *denn*, *doch* und *nur* und den homonymen Modalpartikeln unproblematisch. Adverbkonnektoren (*aber, auch, denn* und *nur*) und Modalpartikeln können meist durch den Vorfeldtest voneinander abgegrenzt werden. Zur Abgrenzung zwischen Adverbkonnektoren und Modalpartikeln muss ferner auf die Art der Konnekte geachtet werden, die diese jeweils verknüpfen. Im Gegensatz zu den klassischen Adverbkonnektoren, ist bei Modalpartikeln der erste Konnekt durchgehend implizit. Ein Beispiel für den Unterschied zwischen Adverbkonnektor und Modalpartikel *aber* wurde bereits in Abschnitt 1.6 diskutiert.

3.4.2 Abgrenzung von den temporalen bzw. epistemischen Adverbien

Die Modalpartikelvorkommen von *eben* und *schon* können von den Vorkommen des Temporaladverbs durch den Vorfeldtest abgegrenzt werden. Die Modalpartikelvorkommen von *eigentlich* und *mal* werden von denen der epistemischen Adverbien mit Rückgriff auf Semantik und Satzmodusbeschränkungen unterschieden. Zur Abgrenzung zwischen *vielleicht* als epistemischem Adverb und *vielleicht* als Modalpartikel wird der syntaktische Test der Vorfeldbesetzung herangezogen.

Als Beispiel wird das Verfahren vorgeführt, mit dem aus allen *eigentlich*-Vorkommen die Modalpartikeln herausgefiltert wurden.

Beispiel: *eigentlich*

Eigentlich kann

(i)   als epistemisches Adverb oder
(ii)   als Modalpartikel

fungieren.[15] Im Einklang mit der einschlägigen Literatur (vgl. Kohrt 1988, Oppenrieder/Thurmair 1989) gehe ich davon aus, dass *eigentlich* in Aussagesätzen durchgehend als modales Adverb fungiert. Ein starkes Argument zugunsten dieser These liefert die Syntax: Steht *eigentlich* in Aussagesätzen, kann es im-

---

15   Zu *eigentlich* als Adjektiv s.o. Abschnitt 1.1. Hierauf wird nicht weiter eingegangen.

mer ins Vorfeld verschoben werden, ohne dass die Bedeutung des Satzes sich ändert. *Eigentlich* ist in solchen Fällen durch den Ausdruck *im Grunde* paraphrasierbar. Ein Beispiel aus FR030:

(85)   wir müssen [doch **eigentlich** (= im Grunde) ein bisschen wenigstens konsequenter]$_{MF}$ vorgehen
(85a)   [**eigentlich** (= im Grunde)]$_{VF}$ müssen wir doch ein bisschen wenigstens konsequenter vorgehen

Umstritten ist der Status von *eigentlich* in Fragesätzen. Im Gegensatz zu Kohrt (1988) sind Oppenrieder/Thurmair (1989) der Ansicht, dass *eigentlich* in Fragesätzen nicht als modales Adverb, sondern als Modalpartikel fungiert. Nach dieser Auffassung kann man das epistemische Adverb *eigentlich* von der homonymen Modalpartikel nach dem Satzmodus unterscheiden. Diese Ansicht wird auch durch den Paraphrase-Test gestützt, da *eigentlich* in Fragesätzen nicht durch *im Grunde* ersetzt werden kann. Ein Beispiel aus Oppenrieder/Thurmair (1989: 29):

(86)   Gegen wen spielen **eigentlich** (≠ im Grunde) die Bayern?

Oppenrieder/Thurmair (1989) stellen die These auf, dass *eigentlich* in Aussagesätzen und Fragesätzen auf unterschiedlichen semantischen Ebenen operiert. Es scheint plausibel, dass *eigentlich* in Aussagesätzen auf der epistemischen Ebene, in Fragesätzen auf der deontisch-illokutionären Ebene verknüpft. Mit Ickler (1994: 384) lässt sich die Grundbedeutung von *eigentlich* als 'in Bezug auf das Wesentliche' beschreiben. In Aussagesätzen bezieht sich diese Bedeutung auf den epistemischen Kontext, in den die kodierte Proposition eingeordnet wird. *Eigentlich* zeigt dann an, dass der Wahrheitswert der kodierten Proposition in dem „wesentlichen", also „relevanten", Situations- und Wissenskontext verifizierbar ist. In Fragesätzen verschiebt sich die Bedeutung von *eigentlich* auf die deontische Ebene. Hier wird der Frage-Akt in den „wesentlichen", also „relevanten", Handlungskontext eingeordnet.

Wir können also festhalten, dass *eigentlich* als Adverb zu betrachten ist, wenn es auf der epistemischen Ebene der Satzsemantik operiert und durch *im Grunde* paraphrasiert werden kann. Dies kommt nur in Aussagesätzen vor. Als Modalpartikel operiert *eigentlich* auf der deontisch-illokutionären Ebene der Satzsemantik und kann nicht durch *im Grunde* paraphrasiert werden. Dies kommt in Fragesätzen vor. Zwei Beispiele aus Oppenrieder/Thurmair (1989: 29):

Kapitel 3

(87) Fährt er **eigentlich** (≠ im Grunde) im Sommer weg? (Entscheidungsfrage)
(88) Wann fährst du **eigentlich** (≠ im Grunde) in Urlaub? (Ergänzungsfrage)

In Aufforderungs- und Ausrufesätzen kann *eigentlich* nicht vorkommen:

(89) *So gehet **eigentlich** hin in Frieden! (Aufforderungssatz)
(90) *Du hast **eigentlich** einen langen Bart! (Ausrufesatz)
(91) *Hast du **eigentlich** einen langen Bart! (Ausrufesatz)

Im Korpus finden sich insgesamt 14 *eigentlich*-Vorkommen. 11 davon stehen in vollständigen Aussagesätzen. Sie sind durchweg durch *im Grunde* paraphrasierbar. Diese Vorkommen müssen also aus der Untersuchung ausgeschlossen werden. Von den 3 verbleibenden Vorkommen trägt eines Akzent:

(92) wie war es bei den /RÖ\mern /HAben die eine form der ehe ge/FÜHRT /EIgentlich JA\ /NICHT (FR030)

Eigentlich modifiziert hier *ja*. Es ist durch *im Grunde* paraphrasierbar. Da kein Verb vorhanden ist, kann die Position in den Stellungsfeldern nicht geprüft werden. Es handelt sich aber funktional auch hier um einen Aussagesatz. Deshalb wird auch dieses Vorkommen als Adverb gewertet und aus der Untersuchung ausgeschlossen.

Zwei *eigentlich*-Vorkommen im Korpus stehen in Fragesätzen (beide in FR023):

(93) hab ich die frage nun **eigentlich** richtig be/ANTwortet
(94) is das /PUBlikum **eigentlich** /JEden abend /ANders /Oder ist es immer so ungefähr dasSEL\be

In diesen Belegen ist eine Verschiebung von *eigentlich* ins Vorfeld nicht möglich, da in Entscheidungsfragen das Vorfeld unbesetzt bleiben muss. Auch eine Paraphrase durch *im Grunde* ist nicht möglich. Es handelt sich also um die Modalpartikel.

Die Verteilung der *eigentlich*-Vorkommen im Korpus wird in folgender Tabelle zusammengefasst:

(95)

eigentlich-Vorkommen insgesamt	14
davon **nicht-auswertbar**	0
auswertbar	14
davon *epistemische Adverbien*	12
davon akzentuiert	1
nicht-akzentuiert	11
Modalpartikeln	2

3.4.3 Abgrenzung von den Fokuspartikeln

Ebenso wie die Modalpartikeln bilden auch die Fokuspartikeln eine nicht-homogene Klasse. Eine Definition im engeren Sinne wird in der Literatur nicht formuliert. Häufig wird eine Liste von Elementen angegeben, die in bestimmten Verwendungen als Fokuspartikeln fungieren können und Homonyme in anderen Wortklassen haben. Fokuspartikeln lassen sich durch eine Liste von syntaktischen und semantischen Eigenschaften beschreiben, wobei nicht jede Fokuspartikel alle Eigenschaften aufweist. Deshalb wird zwischen prototypischen und nicht-prototypischen Fokuspartikeln unterschieden. Als prototypisch gelten *auch*, *nur* und *sogar*, wobei selbst diese sich zum Teil in ihrem syntaktischen und semantischen Verhalten unterscheiden (vgl. Dimroth 2004: 12-13).

Der Terminus *Fokuspartikel*[16] beruht auf der Beobachtung, dass die betreffenden Elemente eng mit dem Fokus bzw. mit der Informationsstruktur einer Äußerung interagieren. Im Rahmen der Topik-Fokus-Theorie, die in der vorliegenden Arbeit verwendet wird, kann diese Interaktion wie folgt beschrieben werden. In einer Äußerung wird eine Konstituente als Fokus gekennzeichnet. Dadurch signalisiert der Sprecher, dass das von der fokussierten Konstituente kodierte Informationssegment als Antwort auf eine hypothetische Frage des Adressaten zu interpretieren ist. Fokuspartikeln können sich auf das fokussierte Informationssegment beziehen und es in Relation zu im Kontext verfügbaren Alternativen (potentiell fokussierbaren Informationen) setzen. Eine solche Relation ist immer quantitativer Art (vgl. König 1991: 33). Betrachten wir zur Illustration ein Beispiel für *auch* als Fokuspartikel:

---

16 Neben *Fokuspartikel* wird auch der von Altmann (1976) geprägte Terminus *Gradpartikel* verwendet. Diese Bezeichnung weist auf die Fähigkeit mancher Fokuspartikeln hin, „den von ihnen betroffenen Elementen einen Platz in einer kontextabhängigen Rangfolge zuzuweisen" (Dimroth 2004: 12).

Kapitel 3

(96) {hans hat gestern maria, julia und peter getroffen; wen hat er sonst noch getroffen?}
hans hat **auch** [VE\ra]_F getroffen

In (96) fügt *auch* den Referenten der fokussierten Konstituente *Vera* zu einer Menge hinzu, und zwar im gegebenen Kontext zur Menge der Personen, die Hans getroffen hat. Aufgrund seiner Bedeutung wird *auch* zusammen mit Partikeln wie *selbst* und *sogar* als additive Fokuspartikel bezeichnet (vgl. König 1991: 68).

Nach Blühdorn (ersch.) spalten Fokuspartikeln die Menge der im Kontext verfügbaren Alternativen in zwei komplementäre Teilmengen auf: die der auswählbaren Elemente und die der nicht-auswählbaren Elemente. *Auch* schließt die fokussierte Information in die Menge der auswählbaren Elemente ein. Im Gegensatz dazu kennzeichnet *nur* die Teilmenge der auswählbaren Elemente als Einer-Menge, deren einziges Element die fokussierte Information ist. Ein Beispiel:

(97) {wer kommt auf die party?}
es kommt **nur** [HANS\]_F

In (97) wird ausgesagt, dass *Hans* das einzige Element aus der Alternativen-Menge ist, auf das das Prädikat 'kommt auf die Party' im Kontext zutrifft. Typischerweise sind Fokuspartikeln der Konstituente, die sie zu einer Alternativen-Menge in Beziehung setzen, unmittelbar vorangestellt wie in (96) und (97). Die Fokuspartikel selbst kann in diesem Fall einen Topikakzent erhalten:

(98) {hans hat gestern maria, julia und peter getroffen; wen hat er sonst getroffen?}
hans hat /AUCH VE\ra getroffen

(99) {wer kommt auf die party?}
es kommt /NUR HANS\

Nachstellung von Fokuspartikeln ist unter Umständen ebenfalls möglich. Ein Beispiel für nachgestelltes *nur*:

(100) {dieser schüler ist unerträglich faul}
er hat /EIN BUCH\ **nur** gelesen

Für die Fokuspartikel *auch* gilt die prosodische Restriktion, dass sie bei Nachstellung einen Fokusakzent tragen muss. Die Bezugskonstituente erhält in diesem Fall typischerweise einen Topikakzent. Bezugskonstituente und Fokuspartikel bilden dann eine Brückenkontur. Häufig ergeben sich solche Strukturen, wenn die Bezugskonstituente ins Vorfeld versetzt wird und die Fokuspartikel im Mittelfeld zurückbleibt (Krifka 1999; Sudhoff/Lenertová 2004):

{hans verkauft lkws}
(101a) er verkauft **auch** AU\tos
(101b) /AUtos verkauft er **AUCH**\

Die gleiche Konstellation ist aber bei passendem Kontext auch im Mittelfeld möglich.

{hans hatte schon alle seine möbel verkauft}
(102a) jetzt hat er **auch** das AU\to verkauft
(102b) jetzt hat er das /AUto **AUCH**\ verkauft

Solche Fälle könnten damit erklärt werden, dass Bezugskonstituente und Fokuspartikel gescrambelt werden.

Nederstigts (2001) Korpusanalyse hat ergeben, dass die Fokuspartikel *auch* in gesprochen-sprachlichen Daten häufiger rechts als links ihrer Bezugskonstituente steht. Dieses Ergebnis relativiert die verbreitete Annahme, dass Fokuspartikeln ihrer Bezugskonstituente typischerweise vorangestellt sind.

Deutlich ist, dass es syntaktische Bedingungen gibt, unter denen Fokuspartikeln obligatorisch akzentuiert sind. Für Modalpartikeln wird dies in der Regel nicht angenommen.

Fokuspartikeln stehen in syntaktischer Schwesternbeziehung zu ihrer Bezugskonstituente. Ein starker Hinweis darauf ist die Tatsache, dass Fokuspartikel und Bezugskonstituente zusammen ins Vorfeld verschoben werden können. Hier ein Beispiel für *sogar*:

{als hartz-IV-empfänger verkauft hans alles um zu überleben}
(103a) er verkauft **sogar** AU\tos
(103b) **sogar** AU\tos verkauft er

Gleiches gilt für *nur* und *auch*:

Kapitel 3

(104a) {ich habe gehört, dass er alle kolleginnen eingeladen hat}
(104a) er hat **nur** EM\ma eingeladen
(104b) **nur** EM\ma hat er eingeladen

{ich habe gehört, dass hans fahrräder verkauft}
(105a) er verkauft **auch** AU\tos
(105b) **auch** AU\tos verkauft er

Modalpartikeln können im Gegensatz zu Fokuspartikeln meist nicht mit einer Konstituente ins Vorfeld bewegt werden. Betrachten wir hierzu ein Beispiel für *doch* als Modalpartikel:

{was macht hans denn im moment?}
(106a) er verkauft **doch** AU\tos
(106b) ***doch** AU\tos verkauft er

Die Unterscheidung zwischen Fokus- und Modalpartikeln betrifft im Korpus der vorliegenden Arbeit die Vorkommen von *auch, nur* und *schon*. Diese drei Elemente können in bestimmten Verwendungen ferner als klassische Konnektoren fungieren. Exemplarisch wird im Folgenden beschrieben, nach welchen Kriterien aus allen *auch*-Vorkommen die Modalpartikeln herausgefiltert wurden.

Beispiel: *auch*

Auch kann

(i) als Adverbkonnektor
(ii) als Fokuspartikel oder
(iii) als Modalpartikel

fungieren. Als Adverbkonnektor kann es im Mittelfeld stehen und ohne Bedeutungsveränderung ins Vorfeld versetzt werden. Ein Beispiel aus Pasch et al. (2003: 576):

(107) [Anna ist nicht schuld daran, dass keiner an dem Projekt interessiert ist.]$_{1.\,Kon.}$ [Sie kann **auch** nichts daran ändern.]$_{2.\,Kon.}$
(107a) [Anna ist nicht schuld daran, dass keiner an dem Projekt interessiert ist.]$_{1.\,Kon.}$ [**Auch** kann sie nichts daran ändern.]$_{2.\,Kon.}$

Auch stiftet hier eine additive Verknüpfung zwischen den beiden Konnekten. Seine Bedeutung kann durch *außerdem* paraphrasiert werden.

Auch als Adverbkonnektor unterscheidet sich von der homonymen Fokuspartikel und der Modalpartikel dadurch, dass es allein das Vorfeld besetzen kann. *Auch* als Fokuspartikel kann zusammen mit seiner syntaktischen Schwesterkonstituente ins Vorfeld treten:

(108) [**Auch** Vera]$_{VF}$ hat er getroffen.

Zur genaueren Differenzierung der *auch*-Varianten setze ich bei Icklers (1994: 385-386) semantischer Beschreibung an. Er gibt folgendes Beispiel:

(109) Er war krank. Er sieht **auch** blass aus.

In (109) kann *auch* als additiver Adverbkonnektor oder als Modalpartikel interpretiert werden. Die Lesart als Adverbkonnektor liegt näher. In dieser Lesart kann *auch* durch *außerdem* paraphrasiert und ohne Bedeutungsveränderung ins Vorfeld bewegt werden:

(109a) Er war krank. Er sieht **auch** (= außerdem) blass aus
(109b) Er war krank. **Auch** (= außerdem) sieht er blass aus.

Als Adverbkonnektor spaltet *auch* ebenso wie als Fokuspartikel die Menge der im Kontext verfügbaren Alternativen in zwei komplementäre Teilmengen auf: die Teilmenge der auswählbaren Elemente und die der nicht-auswählbaren Elemente. Die Information, die mit seinem zweiten Konnekt gegeben wird, fügt es zur Teilmenge der auswählbaren Elemente hinzu.

Der Unterschied zwischen Adverbkonnektor und Fokuspartikel betrifft vor allem die Komplexität der zugeordneten Konstituente. Beim Adverbkonnektor handelt es sich stets um einen Satz, bei der Fokuspartikel um eine Konstituente unterhalb der Satzebene:

(110a) Er war krank. **Auch** (= außerdem) sieht er blass aus. (Adverbkonnektor)
(110b) **Auch** (≠ außerdem) er sieht blass aus. (Fokuspartikel)

In (110a) schließt der Adverbkonnektor *auch* die Information des zweiten Konnekts ('er sieht blass aus') ebenso wie die des ersten Konnekts ('er war krank') in die Teilmenge der auswählbaren Elemente ein. In (110b) schließt die Fokuspartikel *auch* den Referenten des Pronomens *er* in die Teilmenge der Personen ein, auf die das Prädikat 'blass aussehen' zutrifft. Anders als der Adverbkonnektor kann die Fokuspartikel *auch* nicht durch *außerdem* paraphrasiert werden.

Betrachten wir nun Icklers Beispiel für *auch* als Modalpartikel:

(111)   Er sieht blass aus. Er war **auch** krank.

Auch in diesem Beispiel hat *auch* zwei Lesarten, eine als additiver Adverbkonnektor und eine als Modalpartikel. Hier liegt aber die Modalpartikel-Lesart näher. Bei dieser Lesart liefert der *auch*-Satz ein Argument für die Plausibilität des Vorgängersatzes. Ickler (1994: 385-386) spricht hierzu von einer Erklärungsbedeutung. Im Gegensatz zum homonymen Adverbkonnektor kann die Modalpartikel nicht durch *außerdem* paraphrasiert werden:

(111a)   Er sieht blass aus. Er war **auch** (≠ außerdem) krank.

Ferner kann die Modalpartikel *auch* nicht ins Vorfeld bewegt werden. Im Vorfeld geht die Plausibilitätsinterpretation verloren und *auch* ist nur noch additiv interpretierbar:

(111b)   Er sieht blass aus. **Auch** war er krank.

Die Bedeutung der Modalpartikel in Beispielen wie (111) kann folgendermaßen hergeleitet werden. Für Modalpartikeln wird angenommen, dass ihr erstes Konnekt implizit und ihr zweites explizit ist. Der zweite Satz in (111) ist das zweite Konnekt der Modalpartikel. Ihr erstes Konnekt ist nicht der Vorgängersatz, sondern eine präsupponierte Proposition, die ebenfalls zu den auswählbaren Plausibilitätsbegründingen für den Vorgängersatz gehört. Eine solche Proposition könnte etwa sein 'er ist müde', 'er hat Hunger' oder 'ihm ist kalt'. Durch *auch* wird die explizit kodierte Proposition 'er war krank' in die Teilmenge auswählbarer Informationen, die den Satz *er sieht blass aus* plausibel machen könnten, eingeschlossen. *Auch* als Modalpartikel hat also die gleiche additive Bedeutung, die es auch als Adverbkonnektor und Fokuspartikel hat. Die Plausibilitätsinterpretation der Verknüpfung von *auch* ergibt sich im Kontext durch pragmatische Inferenz. Dennoch kann sie als diejenige Eigenschaft gewertet werden, die für Verknüpfungen kennzeichnend ist, in denen *auch* als Modalpartikel fungiert, und kann deshalb als Test für die Unterscheidung zwischen *auch* als Adverbkonnektor und *auch* als Modalpartikel dienen.

Topik-Fokus-Modell und Korpus

Auch als Modalpartikel hat also die gleiche relationale Grundbedeutung wie *auch* als Fokuspartikel und als Adverbkonnektor. *Auch* spaltet die Alternativen-Menge in zwei komplementäre Teilmengen auf und fügt die Information, die durch seine zugeordnete Konstituente gegeben wird, zur Teilmenge der auswählbaren Elemente hinzu. In allen drei Varianten hat *auch* durchgehend additive Bedeutung. Während der Adverbkonnektor und die Fokuspartikel zwei explizite Konnekte verknüpfen, bleibt bei der Modalpartikel eines der Konnekte implizit (s.o. Abschnitt 1.6).

In Tabelle (112) fasse ich die Kriterien zusammen, nach denen ermittelt werden kann, ob *auch* in einem gegebenen Kontext als Adverbkonnektor, als Fokuspartikel oder als Modalpartikel fungiert:

(112)

	1. Konnekt	2. Konnekt	Stellung	Semantik
Adverb-konnektor	explizit	explizit, satzförmig	im MF des 2. Konnekts oder allein in dessen VF	rein additiv (= außerdem)
Fokuspartikel	explizit	explizit, unterhalb der Satz-ebene	im MF des 2. Konnekts oder mit zugeordne-ter Konstituente in dessen VF	rein additiv (≠ außerdem)
Modalpartikel	implizit	explizit, satzförmig	im MF des zweiten Kon-nekts, in der Regel nicht in dessen VF	additiv und Plausi-bilitätsbedeutung durch pragmatische Inferenz (≠ außerdem)

Mit Rückgriff auf diese Kriterien können nun aus den *auch*-Vorkommen im Korpus die Modalpartikeln herausgefiltert werden.

Das Korpus enthält insgesamt 90 *auch*-Vorkommen. Davon werden 7 aufgrund der abgebrochenen Syntax aus der Untersuchung ausgeschlossen. Von den 83 auswertbaren Vorkommen steht keines allein im Vorfeld. In einem Beleg (FR023) steht *auch* zusammen mit einer anderen Konstituente im Vorfeld:

(113) /AUsserdem /STEH ich ja nicht al/LEIN auf der /BÜHne sondern es /STEHen ja immer noch /ZEHN zwanzig /LEUte um mich he/RUM [...] oder es is eine dekora/TION da und dieser ge/SAMte zu/SAMmen/KLANG eines or/CHESters [...] [**auch** /DAS]$_{VF}$ be-deutet ja ein eine the/A\teraufführung

111

Kapitel 3

Auch steht hier zusammen mit einer zugeordneten phrasalen Konstituente im Vorfeld. Eine Plausibilitätsbedeutung ist nicht vorhanden. Demnach muss dieses Vorkommen den Fokuspartikeln zugeschlagen werden.

Die übrigen 82 *auch*-Vorkommen stehen im Mittelfeld. Davon sind 16 akzentuiert.

In 4 Fällen folgt fokussiertes *auch* seiner Bezugskonstituente, und diese trägt Topikakzent. Ein Beispiel aus FR023:

(114) ich meine das betrifft ja /NICHT nur den SCHAU\spieler das betrifft ja /MAler also den /BILdenden künstler ja /AUCH\

Auch wird hier rein additiv interpretiert. Es liegt keine Plausibilitätsbedeutung vor. Es kann sich also nicht um eine Modalpartikel handeln. *Auch* bezieht sich auf die phrasale Konstituente *den bildenden Künstler*, fungiert also als Fokuspartikel. Da *auch* rechts von seiner Bezugskonstituente steht, muss es fokussiert werden.

Ist die Bezugskonstituente von nachgestelltem akzentuiertem *auch* im Kontext gegeben bzw. aus dem Kontext erschließbar, so kann sie unakzentuiert bleiben (vgl. Sudhoff/Lenertová 2004). Ein Beispiel aus FR012:

(115) ich mein es gibt doch /VIEle schriftsteller die haben /KEIne /EIgene vorstellung von zeichensetzung die /GIBT s ja /AUCH\

Auch kann sich hier auf das akzentuierte Verb *gibt* beziehen. Es kann aber auch das nicht-akzentuierte Pronomen *die* im Vorfeld als Bezugskonstituente haben, wie der Vorfeldtest deutlich macht:

(116) **auch DIE** gibt's ja

Das Pronomen *die* nimmt das Antezedens *viele Schriftsteller, die keine eigene Vorstellung von Zeichensetzung haben* referentiell wieder auf, bezieht sich also auf Information, die im Kontext gegeben bzw. in Lambrechts Terminologie „aktiv" ist und bleibt deshalb in (115) unakzentuiert (vgl. Lambrecht 1994: 96). Das Korpus enthält 9 akzentuierte *auch*-Vorkommen, die analog zu diesem Beleg sind. Sie müssen ebenfalls den Fokuspartikeln zugeschlagen werden.

In 3 Fällen trägt *auch* einen Topikakzent und ist seiner Bezugskonstituente vorangestellt. Ein Beispiel aus FR012:

(117) /DAS ist natürlich kein be/LIEbiges /STILmittel sondern be/WUSST ge/SETZT /TEILweise werden kli/SCHEES über/NOMmen /TEILweise werden formu/LIErungen also vom /AU\tor her oder vom er/ZÄH\ler her vom fiktiven er/ZÄH\ler her zum beispiel bei der be/SCHREIbung des /ORdens /**AUCH** zu/SAMmengefasst und zu eim zu eim be/GRIFF geFORMT\

Auch hat in diesem Beleg rein additive Lesart. Eine Plausibilitätsbedeutung liegt nicht vor. *Auch* fügt die Information des infiniten Verbteils *zusammengefasst*, bzw. *zusammengefasst und zu einem Begriff geformt*, zu dem es in syntaktischer Schwesternbeziehung steht, der Teilmenge der auswählbaren Elemente hinzu, zu der auch die im gleichen *turn* formulierte Information gehört, dass Klischees übernommen werden. Auch dieser Beleg und die beiden anderen analogen Fälle sind den Fokuspartikeln zuzuschlagen.

Unter den 66 nicht-akzentuierten *auch*-Vorkommen sind 4 Adverbkonnektoren. Ein Beispiel aus FR023:

(118) S4: ich per/SÖNlich kann mir /VORstellen dass der /SCHAUspieler durch die /VIEL\gestaltigkeit der /ROL\len /ERST sein /EIgentlichen /WERT /NICHT nur als /SCHAU\spieler sondern /HAUPTsächlich auch als /MENSCH\ erkennen könnte
S1: die /CHANce HAT\ er /JA\ aber /GLEICHzeitig bedeutet das natürlich eine [...] ge/FÄHR\dung [...] ich meine dass man sich in ein ge/FÜHL\ ver/LIERT\ oder auch an einen /ZU\stand ver/LIERT\ den man dann an sich /FA\belhaft findet so ein gewisser maso/CHIS\mus der dann **auch** entSTEH\en kann /NICHT

Hier geht es darum, welche Auswirkungen die Schauspielerei auf die Persönlichkeit des Schauspielers hat. Kammer stellt dazu fest, dass mit der Schauspielerei u.a. Gefahren verbunden sind. Eine dieser Gefahren besteht darin, „dass man sich in ein Gefühl verliert". Eine weitere Gefahr besteht darin, dass ein gewisser Masochismus entstehen kann. Der Adverbkonnektor *auch* ist hier in einem Relativsatz enthalten. Wenn man den Relativsatz in einen V2-Satz umwandelt, kann *auch* im Mittelfeld bleiben oder allein das Vorfeld besetzen. In beiden Fällen ist es durch *außerdem* paraphrasierbar:

(119a) Es kann dann **auch** (= außerdem) so ein gewisser Masochismus entstehen
(119b) **Auch** (= außerdem) kann dann so ein gewisser Masochismus entstehen

Kapitel 3

Von den übrigen 62 nicht-akzentuierten *auch*-Vorkommen sind 48 Fokuspartikeln. Sie nehmen als Schwester eine Konstituente unterhalb der Satzebene und sind dieser vorangestellt. Ein Beispiel aus FR012:

(120) herr /GRASS bei ihrem /INhalt da kommen /DREI sachen vor und das /EIne ist die beschreibung von /Ekelhaften dingen die beschreibung von sexu/ELlen dingen /UND das ist ein alter /HUT\ und jetzt kommt mal vielleicht was /NEUeres sie /BRINgen **auch** /SEHR viel blasphe/MIE\ rein

Dieser Beleg ist ein typisches Beispiel für nicht-akzentuiertes *auch* in Fokuspartikelverwendung. *Auch* hat die Phrase *sehr viel Blasphemie* als zugeordnete Konstituente. Der Sprecher zählt Elemente auf, die die Romane von Günter Grass kennzeichnen. Zunächst werden das Ekelhafte und das Sexuelle erwähnt. Dann fügt der Sprecher mit *auch* dieser Menge noch das Element Blasphemie hinzu.

Bei den übrigen 14 *auch*-Vorkommen handelt es sich um Modalpartikeln. Ein Beispiel aus FR023:

(121) hab ich die frage nun eigentlich richtig be/ANTwortet [...] ich ver/QUATSCH\ mich immer ein bißchen dabei ja ich will hier keine apho/RIS\men von mir geben /JA ich mein das sind ja **auch** /DINge [...] die ich das erste mal also die ich jetzt quasi hier **auch** im im mo/MENT formu/LIE\re das sind ja keine /LEHR\sätze nicht wahr um gottes WIL\len

Der Beleg enthält zwei *auch*-Vorkommen. Für die Analyse kann er wie folgt vereinfacht werden:

(122) Ich will hier keine Aphorismen von mir geben. Das sind ja **auch** Dinge, die ich jetzt quasi hier **auch** im Moment formuliere.

Ersichtlich liefert der zweite Satz ein Argument für die Plausibilität des ersten. Diese Interpretation ist nicht mehr möglich, wenn *auch* ins Vorfeld bewegt wird:

(122a) Ich will hier keine Aphorismen von mir geben. **Auch** sind das ja Dinge, die ich jetzt quasi hier im Moment formuliere.

Demnach fungiert *auch* hier nicht als additiver Adverbkonnektor. Da seine zugeordnete Konstituente ein ganzer Satz ist und keine Konstituente unterhalb der Satzebene, kann es auch keine Fokuspartikel sein:

(122b)   ? Ich will hier keine Aphorismen von mir geben. **Auch** Dinge, die ich jetzt quasi hier auch im Moment formuliere, sind das ja.

Wenn (122b) überhaupt interpretierbar ist, dann jedenfalls nicht im Sinne von (122).

Das erste *auch* in (122) fungiert also sicher als Modalpartikel. Es ordnet die Information des Satzes *das sind Dinge, die ich jetzt quasi hier im Moment formuliere* in die Teilmenge auswählbarer Informationen ein, die im Kontext dazu dienen können, die im Vorgängersatz gegebene Information als plausibel darzustellen. Das erste Konnekt von *auch* ist implizit und könnte etwa lauten: 'ich kann gar keine Aphorismen formulieren'. Durch pragmatische Inferenz wird die Information beider Konnekte als relevante Erklärung für den Vorgängersatz *ich will hier keine Aphorismen von mir geben* interpretiert.

Betrachten wir nun das zweite *auch*-Vorkommen im Beleg:

(123)   Ich will hier keine Aphorismen von mir geben. Das sind ja auch Dinge, die ich jetzt quasi hier **auch** im Moment formuliere.

Für die Analyse kann der Relativsatz zunächst in einen Hauptsatz umformuliert werden:

(124)   Diese Dinge formuliere ich jetzt quasi hier **auch** im Moment.

Auch kann zusammen mit der Konstituente *im Moment* ins Vorfeld bewegt werden:

(124a)   **Auch** im Moment formuliere ich diese Dinge jetzt quasi hier.

Betrachtet man (124) und (124a) in Bezug auf den Kontext des Originalbelegs (121) als Äquivalente, so interpretiert man *auch* als Fokuspartikel. In dieser Lesart fügt der Sprecher *im Moment* zu einer Menge bedeutungsähnlicher Bestimmungen hinzu, die im Kontext gegeben sind: *jetzt* und *hier*. Während aber *auch* im Mittelfeld (in (124)) sowohl temporal als auch im Sinne von 'spontan' gelesen werden kann, kann es im Vorfeld (in (124a)) nur temporal im Sinne von 'jetzt' interpretiert werden.

Kapitel 3

Betrachtet man (124) und (124a) für den Kontext nicht als äquivalent, so interpretiert man *auch* in (124) als Modalpartikel. In dieser Lesart liefert der Satz *diese Dinge formuliere ich jetzt quasi hier auch im Moment* eine von mehreren möglichen Informationen (und zwar die im Kontext relevanteste), die den Vorgängersatz *ich will hier keine Aphorismen von mir geben* plausibel machen könnten. Unter dieser Interpretation haben beide *auch*-Vorkommen die gleiche Funktion. Eines von ihnen ist also redundant.

Solche Verdopplungen von Modalpartikeln sind in Spaltsatzkonstruktionen wie (121) keine Seltenheit. Die Modalpartikel aus dem Mittelfeld des Matrixsatzes wird im Mittelfeld des Relativsatzes wiederholt. Ein ähnliches Beispiel:

(125) Ich habe **eben** keine Lust auf Hollywood-Filme.
(125a) Hollywood-Filme sind **eben** etwas, worauf ich **eben** keine Lust habe.

(125) und (125a) kodieren die gleiche Proposition: 'der Sprecher hat keine Lust auf Hollywood-Filme', die durch die Modalpartikel *eben* in Beziehung zu Präsuppositionen gesetzt wird. In (125a) wird *eben* an der Satzoberfläche zweimal realisiert. Eines der Vorkommen ist redundant.

Die Interpretation des zweiten *auch* in Beleg (121) als redundante Wiederholung scheint mir plausibler als die Fokuspartikel-Interpretation. Daher schlage ich dieses *auch*-Vorkommen zusammen mit dem ersten den Modalpartikeln zu.

Hier nun der Überblick über die Verteilung der *auch*-Vorkommen im Korpus:

(126)

***auch*-Vorkommen insgesamt**	90
davon **nicht-auswertbar**	7
auswertbar	83
davon *Adverbkonnektoren im Mittelfeld*	4
Fokuspartikeln	65
davon akzentuiert	16
nicht-akzentuiert	49
davon im Vorfeld	1
im Mittelfeld	48
Modalpartikeln	14

Topik-Fokus-Modell und Korpus

3.4.4 Abgrenzung von den Gesprächspartikeln

Die Klasse der Gesprächspartikeln gehört nicht zu den traditionellen Wortarten. In der jüngeren Literatur werden vor allem die beiden folgenden Gruppen zu den Gesprächspartikeln gerechnet (vgl. Duden-Grammatik 2005: 601-603):

(i) **Antwortpartikeln.** Sie fungieren als Äußerungsäquivalente und werden hauptsächlich verwendet, um in Kontexten, in denen für eine Proposition die Entscheidung zwischen wahr und falsch zur Debatte steht, einen dieser Werte auszuwählen. Diese Funktion können u.a. *ja, nein, doch, eben, schon* und *wohl* ausüben.

(ii) **Gliederungspartikeln.** Sie werden eingesetzt, um die dialogische Interaktion zu steuern, etwa um Aufmerksamkeit zu fordern, eigene Aufmerksamkeit zu signalisieren, das Rederecht zu behaupten oder Pausen zu füllen. Zu den Elementen, die diese Funktionen ausüben können, gehören u.a. *also, ja, gut, nun, so, na* und *hm*.

Die Abgrenzung zwischen Modalpartikeln und Antwortpartikeln betrifft im Korpus die Elemente *ja, doch, eben* und *wohl*. Antwortpartikeln kommen typischerweise syntaktisch isoliert vor und sind satzwertig. In diesem Fall ist die Abgrenzung von den Modalpartikeln unproblematisch. Ein Beispiel aus FR023:

(127)   SA: ich hätt gern mal ge/WUSST ob ein /SCHAUspieler eine rolle /AB\lehnen kann die vielleicht vom regisseur /ZU\gestimmt wurde

S1: [...] /JA\ // das /KANN\ er

Die Partikel *ja* fungiert hier als Äußerungsäquivalent. Sprecher S1 verwendet sie, um der Proposition der Vorgängeräußerung den Wert 'wahr' zuzuordnen. Durch den Akzent auf *ja* wird diese Information fokussiert.

Ein Element, das als Modalpartikel fungiert, kann nicht satzwertig verwendet werden bzw. wenn ein solches Element satzwertig verwendet wird, kann es nicht mehr als Modalpartikel interpretiert werden:

(128)   ich habe es dir **doch** geSAGT\ (als Modalpartikel interpretierbar)
(129)   **DOCH**\ // ich habe es dir geSAGT\ (nicht als Modalpartikel interpretierbar)

Im Gegensatz zu den Antwortpartikeln sind Modalpartikeln weder syntaktisch isolierbar noch fokussierbar.

Kapitel 3

Auch von den Gliederungspartikeln können Modalpartikeln anhand der Syntax unterschieden werden, da auch Gliederungspartikeln syntaktisch isoliert sind. Ihre Stellung und Funktion wird in der Literatur allerdings meist nicht syntaktisch, sondern in Bezug auf den Redebeitrag beschrieben (vgl. Duden-Grammatik 2005: 1227-1228). Von den Elementen, die als Gliederungspartikeln fungieren können, interessiert uns hier nur die Partikel *ja*, da sie als einzige auch als Modalpartikel vorkommt. Ein Beispiel aus FR012:

(130)   S6: wenn /DU es nun im /DEUTSCHaufsatz schreibst wird es dir doch als ver/KEHRT\ angestrichen

S5: **ja**$_1$ /MIR\ // im /DEUTSCH\aufsatz // ich bin **ja**$_2$ auch nur /SCHÜ\ler // /NICH

(130) enthält zwei *ja*-Vorkommen. *Ja*$_2$ ist syntaktisch integriert und fungiert eindeutig als Modalpartikel. *Ja*$_1$ ist syntaktisch nicht integriert. Es kann als Antwortpartikel oder als Gliederungspartikel interpretiert werden. Wird es als Antwortpartikel interpretiert, muss der Dialogauszug so verstanden werden, dass S5 die vorangegangene Äußerung von S6 als wahr bewertet. Dies ist aber angesichts des folgenden Redebeitrags von S5 wenig plausibel. S5 möchte vielmehr S6 widersprechen, oder genauer gesagt: S5 möchte Schlussfolgerungen zurückweisen, die sich aus dem Redebeitrag von S6 ziehen lassen. Daher ist es plausibler, *ja*$_1$ hier als Gliederungspartikel einzustufen, die S5 verwendet, um das Rederecht an sich zu ziehen. *Ja* signalisiert nur unverbindliche, provisorische Zustimmung. Gleich anschließend folgt eine Formulierung, die die Aussage von S6 relativiert.

Durch das Kriterium der syntaktischen Integration können Modalpartikeln sowohl von den Antwort- als auch von den Gliederungspartikeln gut abgegrenzt werden. Lediglich fokussierte Partikeln im Mittelfeld sind Zweifelsfälle, die weder eindeutig als Modalpartikeln noch eindeutig als Antwortpartikeln einzuordnen sind. Im Korpus tritt diesbezüglich ein akzentuiertes *doch*-Vorkommen auf. Dieses Vorkommen steht im Mittelfeld, ist also wie eine Modalpartikel syntaktisch integriert, trägt aber Akzent, was für Modalpartikeln in der Regel nicht angenommen wird. Hier der Beleg aus FR030:

(131)   S1: den goethe nicht zu zi/TIE\ren man braucht sich nur sein /LE\ben irgendwie /AN\zusehen [...] und was war die /Ehe für /IHN und was war die die die gute frau von /STEIN [...] für /IHN nicht wahr und die vielen /MÄDchen [...]

S2: ja /GUT\ aber n /GOEthe ist dann ein ge/NIE und /IHM seien solche /EXtravaganzen /MEInetwegen herzlich ge/STATtet und er durfte für /JEdes ge/DICHT ne /NEUe ge/LIEBte zur inspira/TION\ benutzen ich /WEISS\ es nicht aber der /GUT /BÜRgerliche mensch is nun /KEIN

S1: entschuldige aber das is sagen wir ein ex/TREM\ aber du hast /RICHtig vorher ge/SAGT nicht wahr also an diesen ex/TREmen an diesen extremen kristalli/SIEren sich

S2: /JA GUT\ /SCHÖN\ ja

S1: die also die die /STANDpunkte irgendwie ganz /DEUT\lich // vielleicht is es **DOCH**\ ein bisschen übertrieben [...]

S1 vertritt die Ansicht, dass jeder Mensch zur Polygamie tendiert und versucht seine These als nicht übertrieben darzustellen, indem er als Beispiel Goethes Liebesleben bringt. Den Worten von Sprecherin S2 kann man entnehmen dass sie die These von S1 aber für übertrieben hält. Im Raum steht also der Wahrheitswert der negativen Proposition 'die These von S1 ist nicht übertrieben' zur Debatte. Durch *doch* kehrt Sprecher S1 den Wert von P in nicht-P um d.h. in 'die These von S1 ist nicht nicht übertrieben'. Bei diesem *doch*-Vorkommen geht es also nicht, wie bei der Modalpartikel *doch*, um die Frage, ob eine unstrittige Proposition als Argument vom Adressaten berücksichtigt wird, sondern der Wahrheitswert einer negativen Proposition ist hier strittig. Ein solcher semantischer Kontext kennzeichnet die Verwendung von *doch* als Antwortpartikel. Zusammenfassend verhält sich dieses *doch*-Vorkommen syntaktisch wie eine Modalpartikel. Semantisch hat es die gleiche Funktion einer Antwortpartikel.

Isoliertes fokussiertes *doch* und syntaktisch integriertes fokussiertes *doch* haben also die gleiche Bedeutung. Dies wird dadurch bestätigt, dass syntaktisch integriertes fokussiertes *doch* ohne Bedeutungsveränderung isoliert werden kann:

(132)   {meine These ist nicht übertrieben}
        DOCH\ sie is vielleicht ein bisschen übertrieben

Die These, dass fokussiertes *doch* im Mittelfeld keine Modalpartikel ist, wird dadurch gestützt, dass es unter bestimmten Umständen auch in restriktiven Relativsätzen stehen kann. Restriktive Relativsätze „kodieren nicht-propositionale Sachverhaltsbeschreibungen" (Blühdorn 2007b: 306). Die modale Ebene der Satzsemantik ist in solchen Sätzen nicht vorhanden. Hier ein Beispiel:

(133) Die fliehenden Menschen wurden daran gehindert, ihr Viertel zu verlassen. Diejenigen, die **doch** fliehen konnten, berichteten später, daß sie bei den Soldaten um Hilfe baten.
(http://algeria-watch.de/infomap/infom08/i8bentalha.htm – 12.06.2008)

Hier steht *doch* im Mittelfeld eines restriktiven Relativsatzes und trägt Fokusakzent. Dem Kontext entnimmt man, dass der Sachverhalt S DIE MENSCHEN KONNTEN FLIEHEN nicht-faktisch ist. Das heißt im Raum steht nicht-S. Fokussiertes *doch* negiert nicht-S, sodass sich nicht-nicht-S ergibt. Hierdurch wird die Faktizität von S bejaht und fokussiert.

Anhand dieser Beobachtungen erscheint es mir sinnvoll, hier nicht von einer Modalpartikel zu sprechen, sondern von einer syntaktisch integrierten Antwortpartikel.

4. Stellungsverhalten der Modalpartikeln

In 1.2 und 2.3.2 wurde deutlich, dass durch rein syntaktische Analysewerkzeuge das Stellungsverhalten der Modalpartikeln nicht erklärt werden kann, sondern dass auch Lage und Art der Akzente als Kodierungsmittel der Informationsstruktur miteinbezogen werden müssen. Hierzu wurde im vorigen Kapitel ein akzentbasiertes Modell der Topik-Fokus-Gliederung entwickelt, das nun im vorliegenden Kapitel auf die gesprochen-sprachlichen Korpusdaten angewendet wird. Von der Korpusanalyse erhofft man sich, dass die Aspekte des Stellungsverhaltens der Modalpartikeln, denen man durch die Syntax nicht gerecht werden kann, erklärt werden können.

Das vorliegende Kapitel ist wie folgt aufgebaut. Zunächst wird ein Überblick über das Stellungsverhalten der Modalpartikeln in der linearen Reihenfolge der Stellungsglieder (vgl. Heidolph et al. 1981: 703 ff.) gegeben. Dies soll deutlicher machen, in welchem Maße das Stellungsverhalten der Modalpartikeln syntaktisch gesteuert wird und wo hingegen die Akzentuierung ansetzt. Auf diesen syntaktischen Teil, der auf schriftlichen Daten basiert, folgt die Auswertung der gesprochen-sprachlichen Daten des Freiburger-Korpus. Dabei werden Beispiele für die meistbelegten Stellungsvarianten der Modalpartikeln in der Topik-Fokus-Gliederung (Normalfall) und für die abweichenden Stellungen (Sonderfälle) angeführt und diskutiert.

4.1 Modalpartikeln in der linearen Reihenfolge des Mittelfelds

In vorliegendem Unterkapitel wird die Untersuchung aus Moroni (2005) zu den Reihenfolgebeziehungen zwischen Modalpartikeln und den restlichen Elementen des Mittelfelds zusammengefasst und präzisiert. Dort wird an einem Korpus von 389 Sätzen, die aus der Figurenrede des Kriminalromans *Selbs Justiz* von Bernhard Schlink und Walter Popp (Zürich, Diogenes, 1987) stammen, Folgendes untersucht:

(i) ob Modalpartikeln im Mittelfeld links oder rechts von Subjekt, Objekt, Adverbialbestimmungen, Negation und Prädikativ stehen oder stehen können und
(ii) unter welchen Bedingungen sie links oder rechts dieser Satzglieder stehen können.

Bei Subjekten, Objekten und Adverbialbestimmungen wird zwischen pronominaler und nicht-pronominaler Realisierung unterschieden. Dies ist notwendig,

Kapitel 4

weil definite Pronomina typischerweise thematisch sind, was sich auf ihre Stellung im Satz auswirkt. Außerdem nehmen nicht betonte Pronomina typischerweise die Wackernagel-Position ein und müssen links der Modalpartikel stehen (vgl. Haider 1993: 178-179).

Um die Untersuchung der Reihenfolgebeziehungen zwischen Modalpartikeln und den restlichen Elementen des Mittelfelds durchzuführen, wird als syntaktisches Bezugsmodell die von Heidolph et al. (1981: 703 ff.) erarbeitete Grundreihenfolge der Stellungsglieder im deutschen Satz verwendet. Nach Heidolph et al. (1981: 704) werden die Konstituenten im deutschen Satz in der folgenden Weise angeordnet, wenn keine kommunikativ-pragmatischen Faktoren dagegen sprechen:

Subj.	Fin.	Advb.3	S.negation	Advb.2	Obj.	Advb.1	Präd.	inf.V.
0				5	4	3	2	1

Abb. 1: Das topologische Grundmodell des deutschen Satzes nach Heidolph et al. (1981: 704)

Die obere Zeile der Tabelle zeigt die unmarkierte Reihenfolge der Stellungsglieder. In der unteren Zeile wird durch Nummern von 1 bis 5 der Grad der syntaktischen Bindung an das Prädikat (Finitum) veranschaulicht, wobei 1 für die stärkste und 5 für die schwächste Bindung steht. Das Finitum selbst trägt die Nummer 0.

Adverbialbestimmungen 1 (Advb.1) sind Richtungsbestimmungen, Adverbialbestimmungen 2 (Advb.2) sind Artangaben, Maßangaben, Instrumentale, Komitative und Ortsangaben. Die syntaktische Stellung des Subjekts, der Adverbialbestimmung 3 (Advb.3) und der Satznegation (S.negation) hängt nicht vom Grad der syntaktischen Bindung an das Finitum ab. Die Grundposition von Advb.3 befindet sich rechts des Finitums. Advb.3 sind modaler, temporaler, kausaler oder konzessiver Art. Als Beispiel betrachten wir (1):

(1)　　　Ich will [nächste Woche]$_{Advb.3}$ nicht [mit Hans]$_{Advb.2}$ [in die Pfalz]$_{Advb.1}$ fahren.

Objekte (Substantivgruppen oder Präpositionalgruppen) haben ihre Grundposition zwischen Advb.2 und Advb.1. Dies ist in (2) zu sehen. Das Objekt *das Bier* befindet sich rechts der Advb.2 *mit mir* und links der Advb.1 *aus dem Keller*.

(2)   Peter hat [mit mir]$_{Advb2}$ das Bier [aus dem Keller]$_{Advb.1}$ geholt.

Die Analyse in Moroni (2005) zeigt, dass Modalpartikeln unterschiedlich stellungsfrei in Bezug auf die Satzglieder im Mittelfeld sind. Dies kann in Form einer Skala beschrieben werden:

- Negationspartikel *nicht, man/es*

  Advb.1, Prädikative

  Subjekte, Akkusativ- und Dativobjekte

+ Advb.2, Advb.3, Präpositionalobjekte

Abb. 2: Skala der Stellungsfreiheit der Modalpartikeln in Bezug auf Satzglieder im Mittelfeld.

Die Negationspartikel *nicht* und die nicht betonbaren Pronomina *man* und *es* haben eine feste Position in Bezug auf Modalpartikeln, d.h. in Bezug auf diese Elemente haben Modalpartikeln keine Stellungsfreiheit. Die Negationspartikel *nicht* muss rechts der Modalpartikel stehen. Hier ein Beleg aus *Selbs Justiz*:

(3a)   „Er hat so an sich geglaubt, er wollte noch unbedingt Flamenco dazunehmen und hat sich um ein Stipendium nach Madrid bemüht."
„Aber Hanne, das Stipendium hat [er **doch gerade nicht**]$_{Mittelfeld}$ gekriegt." (Selbs Justiz, S. 265)

Die Reihenfolge Satznegation – MP ist ungrammatisch:

(3b)   *Aber Hanne, das Stipendium hat er **gerade nicht doch** gekriegt. (Selbs Justiz, S. 265)

Die Negation kann nie rechts der Modalpartikel stehen, weil die Modalpartikel nie Skopus über sie haben kann.

Hier ein Beispiel dafür, dass nicht-betonbare Pronomina (wie *es*) links der Modalpartikel stehen müssen:

(4a)   Sie haben ja völlig recht, Herr Danckelmann. Andererseits geht [**es** Ihnen **doch** sicher auch so]$_{Mittelfeld}$, dass das Engagement in Sachen

Kapitel 4

Sicherheit nicht immer an den Grenzen eines Auftrags haltmachen kann. (Selbs Justiz, S. 194)

(4b) *Andererseits geht **doch es/ES** Ihnen sicher auch so, dass ...

(4b) zeigt, dass die Reihenfolge Modalpartikel – *es* ungrammatisch ist. *man* verhält sich genauso wie *es*. Dies zeigt folgende konstruierte Beispielserie:

(5a) Gestern hat **man doch** sofort gemerkt, dass es dir nicht gut ging.
(5b) *Gestern hat **doch man** sofort gemerkt, dass es dir nicht gut ging.
(5c) *Gestern hat **doch MAN** sofort gemerkt, dass es dir nicht gut ging.

Die Tatsache, dass Modalpartikeln im Mittelfeld auf *man* und *es* folgen müssen, hängt damit zusammen, dass Modalpartikeln immer rechts der Wackernagel-Position stehen (vgl. Haider 1993: 178-179). Da *man* und *es* im Mittelfeld wegen ihrer Nicht-Betonbarkeit immer in der Wackernagel-Position stehen, müssen sie der Modalpartikel vorangestellt sein.

Adverbialbestimmungen vom Typ 1 und Prädikative stehen gewöhnlich rechts der Modalpartikel. Sie tendieren dazu, am rechten Rand des Mittelfelds unmittelbar vor der rechten Satzklammer zu stehen. Hier jeweils ein Beispiel:

(6) Ihr kommt [**doch** heute abend zum Leichenschmaus **zu mir**]$_{Mittelfeld}$. (Selbs Justiz, S. 312)
(7) „Und für die Chemie hast du den Kerl ein paar Wochen später umgebracht." „Du bist [**ja wahnsinnig**]$_{Mittelfeld}$. Ich hab doch niemand umgebracht (...)." (Selbs Justiz, S. 202)

Dies kann auf das sogenannte erste Behaghelsche Gesetz (Behaghel 1932: 4) zurückgeführt werden, das besagt, dass was semantisch zusammenhängt, auch eng in der Reihenfolge der Stellungsglieder zusammengestellt wird. Deshalb werden Prädikative und Adverbialbestimmungen des Typs 1 möglichst eng mit dem Verb zusammengestellt und stehen möglichst nah an der rechten Satzklammer. Dadurch stehen sie in der Regel rechts der Modalpartikel. Diese Position ist aber nicht fest wie bei der Negationspartikel *nicht* und den nicht-betonbaren *man* und *es*. Unter bestimmten prosodischen Umständen kann die Modalpartikel einer Advb.1 bzw. einem Prädikativ nachgestellt werden. In diesem Fall muss der infinite Verbteil oder das Finitum den Satzakzent tragen. Eine Beispielserie für die Reihenfolge Advb.1 – Modalpartikel:

Stellungsverhalten der Modalpartikeln

(8a) {U: Hans wird schon in Berlin sein.}
V: Was? So schnell? Ist er nach Berlin **denn** GEFLOGEN?
(8b) {U: Hans wird schon am Flughafen Tegel eingetroffen sein.}
*V: Was? Ist er nach BERLIN **denn** geflogen?

(9a) {U: Maria behauptet, Karl sei nach Berlin GEFLOGEN.}
V: IST er **nach Berlin denn** geflogen?
(9b) {U: Wenn er nach Berlin doch nur GEFLOGEN wäre!}
V: Er IST **nach Berlin doch** geflogen.

Ähnliches gilt für die Reihenfolge Prädikativ – Modalpartikel:

(10a) Er wurde reich, aber ist er reich **denn** GEBLIEBEN?
(10b) *Er wurde reich, aber ist er REICH **denn** geblieben?

(10c) {U: Maria behauptet, REICH sei er GEBLIEBEN.}
V: IST er reich **denn** geblieben?

In Bezug auf Subjekte und Objekte sind Modalpartikeln freier in ihrer Stellung. Modalpartikeln können sowohl rechts als auch links von ihnen stehen (für Beispiele vgl. Moroni 2005). Für pronominale Subjekte und pronominale Objekte gilt allerdings eine Restriktion prosodischer Art: Sie können rechts der Modalpartikel nur dann stehen, wenn sie Träger des Satzakzents sind. Ein Beispiel für die Reihenfolge Modalpartikel – pronominales Subjekt

(11) Gegen Abend ging es mir besser. Das Fieber war runtergegangen, und ich war schwach. (…) „Mein Gott, wie sehen [**denn Sie**]$_{\text{Mittelfeld}}$ aus!" Frau Nägelsbach räumte mir den Sessel und setzte sich auf einen Schemel. (Selbs Justiz, S. 225-226)

In (11) ist die Modalpartikel *denn* dem Subjekt *Sie* vorangestellt. Das Pronomen *Sie* in (11) muss Träger des Satzakzents sein. Die Reihenfolge Modalpartikel – pronominales Subjekt ist nur zulässig, wenn das pronominale Subjekt den Satzakzent trägt wie in (12):

(12) Mein Gott wie sehen **denn** SIE aus!

Dies wird deutlicher, wenn wir folgendes Minimalpaar bilden:

(12a) *Mein Gott wie sehen **denn** Sie AUS!
(12b) Mein Gott wie sehen Sie **denn** AUS!

Wenn die Verbpartikel *aus* anstelle des pronominalen Subjekts *Sie* Träger des Satzakzents ist wie in (12a), kann die Modalpartikel dem pronominalen Subjekt nicht vorangestellt werden. (12a) ist daher ungrammatisch. (12b) ist dagegen grammatisch.

Ein Beispiel für die Reihenfolge Modalpartikel – pronominales Objekt:

{Wäschst du Papas Auto?}
(13a)   Er hat gestern doch DICH darum gebeten!
(13b)   *Er hat GESTERN doch dich darum gebeten!

Satz (13b) ist ungrammatisch. Die Reihenfolge Modalpartikel – pronominales Akkusativobjekt ist nur möglich, wenn das pronominale Akkusativobjekt Träger des Satzakzents ist.

In Bezug auf Präpositionalobjekte und Adverbialbestimmungen der Typen 2 und 3 haben Modalpartikeln die höchste Stellungsfreiheit. Ihnen können sie unbeschränkt voran- und nachgestellt werden (für Beispiele vgl. Moroni 2005).

Die hier zusammengefasste Korpusanalyse aus Moroni (2005) zeigt, dass abgesehen von den Stellungsrestriktionen für *nicht* und die nicht-betonaren Pronomina *man* und *es* alle weiteren Restriktionen prosodischer Art sind. Aus der Analyse der gesprochen-sprachlichen Daten des Freiburger-Korpus werden im Folgenden die prosodischen Stellungsrestriktionen für die Modalpartikeln abgeleitet.

4.2 Modalpartikelvorkommen in der Topik-Fokus-Gliederung

Die folgende Tabelle gibt einen Überblick über die Modalpartikeln, die in den ausgewählten Dialogen des Freiburger-Korpus auftreten:

(14)

Modalpartikel	Vorkommen
aber	2
auch	14
denn	4
doch	48
eben	25
eigentlich	2
einfach	25
halt	3

Stellungsverhalten der Modalpartikeln

Modalpartikel	Vorkommen
ja	62
mal	25
nur	0
schon	3
vielleicht	0
wohl	7
Summe	**220**

Das Hauptergebnis der Korpusanalyse lautet:

Alle Modalpartikeln im Korpus tragen keinen Akzent und sind informationsstrukturell Teil des Hintergrundmaterials. Die größte Mehrheit aller Modalpartikeln grenzt unmittelbar an ein Informationssegment (d.h. an einen Topik- bzw. Fokusbereich) an. Mehr als drei Viertel der Modalpartikeln ist einem Fokusbereich unmittelbar vorangestellt.

Blendet man die Unterscheidung zwischen Topik und Fokus aus und konzentriert man sich auf die Position der Modalpartikeln in Bezug auf Informationssegmente im Allgemeinen, so stellt man fest, dass die meisten Modalpartikeln im Korpus, insgesamt 191 (87%), einem Informationssegment vorangestellt sind. Nur 22 (10%) sind einem Informationssegment nachgestellt:

(15)

Modalpartikeln	220
davon *einem Informationssegment vorangestellt*	191 (87%)
einem Informationssegment nachgestellt	22 (10%)
weder voran- noch nachgestellt	7 (3%)

Von den 191 vorangestellten Modalpartikeln sind 163 (85%) einem Fokus vorangestellt. 28 (15%) sind einem Topik vorangestellt. Von den 22 nachgestellten Modalpartikeln sind jeweils etwa die Hälfte einem Fokus bzw. einem Topik nachgestellt:

(16)

Modalpartikeln	220
davon **einem Informationssegment vorangestellt**	**191**
davon *einem Fokus vorangestellt*	163 (85%)
einem Topik vorangestellt	28 (15%)
einem Informationssegment nachgestellt	**22**
davon *einem Fokus nachgestellt*	12 (55%)
einem Topik nachgestellt	10 (45%)
weder voran- noch nachgestellt	**7**

Kapitel 4

175 (80%) Modalpartikeln grenzen unmittelbar an einen Fokus an, 38 (17%) grenzen unmittelbar an ein Topik an. Die übrigen 7 (3%) grenzen an kein Informationssegment an. Auf diese 7 Fälle wird im Unterkapitel 4.4 eingegangen.

(17)

Modalpartikeln	220
davon *an einen Fokus angrenzend*	175 (80%)
an ein Topik angrenzend	38 (17%)
weder an einen F noch an ein T angrenzend	7 (3%)

Von den 175 Modalpartikeln, die an einen Fokus angrenzen, sind 163, also 93%, dem Fokus vorangestellt. Nur 12 (7%) sind dem Fokus nachgestellt. Die Voranstellung überwiegt auch bei den 38 Modalpartikeln, die an ein Topik angrenzen. Davon sind 28 (74%) dem Topik vorangestellt. Die restlichen 10 (26%) sind dem Topik nachgestellt. Hierzu eine weitere Tabelle als Überblick:

(18)

Modalpartikeln	220
an einen Fokus angrenzende Modalpartikeln	**175**
davon *dem Fokus vorangestellt*	163 (93%)
dem Fokus nachgestellt	12 (7%)
an ein Topik angrenzende Modalpartikeln	**38**
davon *dem Topik vorangestellt*	28 (74%)
dem Topik nachgestellt	10 (26%)
weder an einen Fokus noch an ein Topik angrenzend	**7**

Die folgende Tabelle gibt einen Überblick über das Stellungsverhalten der einzelnen Modalpartikeln in der Topik-Fokus-Struktur:

(19)

MP	MP-F	F-MP	MP-T	T-MP	nicht angrenzend	Summe
aber	2					2
auch	11	2	1			14
denn	2	1			1	4
doch	39	2	2	4	1	48
eben	13		9	2	1	25
eigentlich			2			2
einfach	23		2			25
halt	2				1	3
ja	43	4	9	3	3	62
mal	19	2	3	1		25
schon	3					3
wohl	6	1				7
Summe	**163**	**12**	**28**	**10**	**7**	**220**

4.3 Normalfall: Adjazenzstellung zu einem Informationssegment

Bei der Korpusanalyse konnte festgestellt werden, dass Modalpartikeln in den weitaus meisten Fällen am Rande eines Topik- oder Fokusbereichs, d.h. eines informationsstrukturell definierten Segments einer Äußerung, stehen. Im Folgenden werden Korpusbeispiele für alle vier Stellungsvarianten im Detail beschrieben:

(i)   Modalpartikeln, die einem Fokusbereich unmittelbar vorangestellt sind
(ii) Modalpartikeln, die einem Fokusbereich unmittelbar nachgestellt sind
(iii) Modalpartikeln, die einem Topikbereich unmittelbar vorangestellt sind
(iv) Modalpartikeln, die einem Topikbereich unmittelbar nachgestellt sind

Die Beschreibung der Korpusbeispiele erfolgt in drei Schritten:

(i)   Zunächst wird jeweils der *turn* aus dem Transkript wiedergegeben, in dem die zu analysierende Modalpartikel vorkommt. Wenn ein *turn* allein nicht ausreicht, um den Kontext deutlich zu machen, werden je nach Bedarf auch vorangegangene und/oder nachfolgende *turns* wiedergegeben. Wenn die Wiedergabe eines ganzen *turns* für das Verständnis des Kontexts nicht erforderlich ist, wird nur ein Ausschnitt wiedergegeben.
(ii) Die hierarchische Informationsstruktur wird eingezeichnet.
(iii) Die Stellung der Modalpartikel relativ zur Topik-Fokus-Struktur wird bestimmt.

Nach der Beschreibung der vier Stellungsvarianten werden diese mit Rückgriff auf die in der vorliegenden Arbeit entwickelte Topik-Fokus-Theorie sowie bei Bedarf auf die syntaktische Konstituenten- und Felderstruktur gedeutet. Auf diese Weise wird erläutert, wie Prosodie und Syntax bei der Steuerung der Modalpartikelstellung zusammenarbeiten.

4.3.1 An einen Fokusbereich angrenzende Modalpartikeln

Von den 220 Modalpartikelvorkommen im Korpus stehen 175 (80%) am Rande eines Fokusbereichs. Davon sind 163 (93%) dem Fokusbereich vorangestellt, 12 (7%) sind ihm nachgestellt.

Kapitel 4

4.3.1.1 Einem Fokusbereich vorangestellte Modalpartikeln

Modalpartikeln treten im Korpus links von Fokusbereichen unterschiedlicher Komplexität auf. Im folgenden Beispiel aus dem Dialog FR023 besteht der Fokus lediglich aus dem Wort, das die akzentuierte Silbe enthält. Der Schauspieler Klaus Kammer erzählt, wie der Regisseur Barlog ihn überredete, eine Rolle anzunehmen, für die er sich nicht geeignet fühlte.

(20) [...] und da war /BARlog also /FAbelhaft und hat gesagt ja also /HÖR mal HER\ das kann ich ver/STEhen aber nun /LASS uns **doch mal** pro/BIE\ren wir pro/BIEren acht tage wir /NEHmen uns die /KOCzian dann gehen wir auf die /PRObebühne und probieren eine /SZE\ne /VOR\her und /DANN /SIEHST du ob du das /KANNST oder /NICHT KANNST\ [...]

Das Ende von Intonationsphrasen wird durch einen fallenden Akzent signalisiert. Passage (20) lässt sich demnach in folgende Intonationsphrasen aufteilen[17]:

(21) [und da war /BARlog also /FAbelhaft und hat gesagt ja also /HÖR mal HER\]$_{IP1}$
[das kann ich ver/STEhen aber nun /LASS uns **doch mal** pro/BIE\ren]$_{IP2}$
[wir pro/BIEren acht tage wir /NEHmen uns die /KOCzian dann gehen wir auf die /PRObebühne und probieren eine /SZE\ne]$_{IP3}$
[/VOR\her]$_{IP4}$
[und /DANN /SIEHST du ob du das /KANNST oder /NICHT KANNST\]$_{IP5}$

Treten mehrere steigende Akzente in Folge auf, so kann es zu Verschachtelungen von Intonationsphrasen kommen. Dies ist in der Intonationsphrase IP2 der Fall, in der sich die Modalpartikeln *doch* und *mal* befinden. IP2 weist folgende Topik-Fokus-Struktur auf:

---

17 Die vorliegende Passage ist in zwei Teile gegliedert. Im ersten Teil leitet der Sprecher Klaus Kammer die Worte seines Regisseurs Barlog ein (*und da war Barlog also fabelhaft und hat gesagt*). Im zweiten Teil folgen Barlogs Worte (*ja also hör mal her* usw.). Da aber in der vorliegenden Analyse die Gliederung des Redestroms durch Lage bzw. Art der Akzente und Syntax im Vordergrund steht, wird diese Aufteilung nicht berücksichtigt und die Passage als kontinuierlich betrachtet.

(22)

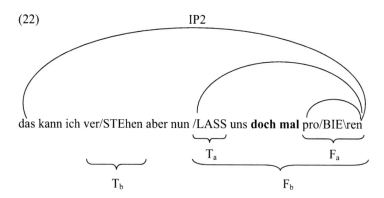

Wegen des steigend-fallenden Akzents kann *probieren* allein bereits als minimale Intonationsphrase interpretiert werden. *Probieren* ist Fokus zum Topik *lass*. F_a und T_a bilden zusammen mit dem Hintergrundmaterial *uns doch mal* eine komplexere Intonationsphrase. Diese bildet den Fokus F_b zum Topik T_b *verstehen*. Die Modalpartikelkombination *doch mal* ist Teil des Hintergrundmaterials zum Fokus *probieren* und ist diesem unmittelbar vorangestellt.

Eine Modalpartikel kann auch einem komplexen Fokusbereich innerhalb einer verschachtelten Topik-Fokus-Struktur vorangestellt sein. Hierzu Beispiel (23) aus FR030:

(23)   S2: du hast vollkommen RECHT\ wir wollen nämlich mal in die ge/SCHICHte zu/RÜCK\denken ich ge/NAU kann ich es belegen von den ger/MAnen von tacitus her und der spricht auch von der genau von der /Ehe und die frau hat bestimmte da ist es sogar /SO dass dass der also bei den ger/MAnen wurde **ja** die /FRAU so unheimlich hoch /EINgeschätzt dass der mann

       S3: ja

       S2: sogar für sie zu be/ZAH\len hatte und /WENN wir mal zu/RÜCK\denken wie war es bei den /RÖ\mern /HAben die eine form der ehe ge/FÜHRT /EIgentlich JA\

Der eingeschobene *turn* von S3 besteht nur aus *ja* und überschneidet sich mit dem von S2. Er wird hier nicht weiter berücksichtigt. Die zwei *turns* von S2

Kapitel 4

werden als Beitrag mit durchgehender Informationsstruktur analysiert. Dieser besteht aus folgenden Intonationsphrasen:
(24)   [du hast vollkommen RECHT\]$_{IP1}$
[wir wollen nämlich mal in die ge/SCHICHte zu/RÜCK\denken]$_{IP2}$
[ich ge/NAU kann ich es belegen von den ger/MAnen von tacitus her und der spricht auch von der genau von der /Ehe und die frau hat bestimmte da ist es sogar /SO dass dass der also bei den ger/MAnen wurde **ja** die /FRAU so unheimlich hoch /EINgeschätzt dass der mann sogar für sie zu be/ZAH\len hatte]$_{IP3}$
[und /WENN wir mal zu/RÜCK\denken]$_{IP4}$
[wie war es bei den /RÖ\mern]$_{IP5}$
[/HAben die eine form der ehe ge/FÜHRT /EIgentlich JA\]$_{IP6}$

Die Modalpartikel *ja* steht innerhalb der langen und komplex strukturierten Intonationsphrase IP3. Diese enthält mehrere Topik-Akzente und wird durch den Fokus-Akzent auf *bezahlen* abgeschlossen.

Aus der Akzentuierung dieser Intonationsphrase ergibt sich eine verschachtelte Topik-Fokus-Struktur, die ich im Folgenden stufenweise nachzeichne. Zunächst folgen mehrere Topik-Akzente aufeinander. Sie markieren die Topikbereiche *genau, von den Germanen von Tacitus her, von der Ehe* und *so* (teilweise mit Topikprojektion):

(25)

ich ge/NAU kann ich es belegen von den ger/MAnen von tacitus her

T_a T_b

und der spricht auch von der genau von der /Ehe und die frau hat bestimmte

T_c

da ist es sogar /SO dass dass der also

T_d

T_a, T_b, T_c und T_d können zusammen mit dem dazwischenliegenden Hintergrundmaterial zu einem größeren Topik zusammengefasst werden, das T_e genannt wird. Es ist plausibel, alle diese Topiks zusammenzufassen, weil durch T_e ein etwas gewundener Gedankengang angeboten wird, auf den nach dem Hintergrundmaterial *dass dass der also* ein gedanklicher Neuansatz folgt. Der zusammengesetzte Topikbereich T_e entspricht im *turn* von S2 offensichtlich einer Phase, in der die Sprecherin ihre Gedanken ordnet und schrittweise aus einer größeren Menge von Möglichkeiten herausfiltert, was genau sie sagen möchte. Genau dies wurde in der vorliegenden Arbeit als die generelle kommunikative Funktion von Topiks beschrieben. Rechts von *also* folgen die Informationen, die die Sprecherin nach der Auswahl der Gedanken in T_e tatsächlich mitteilen möchte. Die Makrostruktur sieht also in Klammerschreibweise folgendermaßen aus:

(26) [ich [ge/NAU]$_{Ta}$ kann ich es belegen [von den ger/MAnen von tacitus her]$_{Tb}$ und der spricht auch von der genau [von der /Ehe]$_{Tc}$ und die frau hat bestimmte da ist es sogar [/SO]$_{Td}$]$_{Te}$ dass dass der also [bei den ger/MAnen wurde **ja** die /FRAU so unheimlich hoch /EINgeschätzt dass der mann sogar für sie zu be/ZAH\len hatte]$_{Fe}$

Der gedankliche Neuansatz in der zweiten Hälfte der Intonationsphrase bildet den Fokus F_e zum Topikbereich T_e. F_e lässt sich intern wiederum als Topik-Fokus-Struktur analysieren (s. nächste Seite).

Die Nominalphase *die Frau* wird durch den steigenden Akzent als Topik ausgewiesen. Dieses Topik nenne ich T_f. Von *eingeschätzt* aus wird das Topik T_g auf *so unheimlich hoch eingeschätzt* projiziert. T_f und T_g bilden zusammen T_h. Fokus zu diesem Topik ist F_h *zu bezahlen hatte*. Wegen des steigend-fallenden Akzents auf *bezahlen* bildet F_h allein die minimale Intonationsphrase IP3c. T_h und F_h bilden mit dem dazwischen stehenden Hintergrundmaterial *dass der Mann sogar für sie* die Intonationsphrase IP3b, die ihrerseits als Fokusbereich F_j zu dem Topik T_j *bei den Germanen* fungiert. T_j und F_j bilden mit dem Hintergrundmaterial *wurde ja* die komplexere IP3a, die als F_e Fokus zu T_e ist. Zusammenfassend ergibt sich die folgende Informationsstruktur:

(28) [ich [ge/NAU]$_{Ta}$ kann ich es belegen [von den ger/MAnen von tacitus her]$_{Tb}$ und der spricht auch von der genau [von der /Ehe]$_{Tc}$ und die frau hat bestimmte da ist es sogar [/SO]$_{Td}$]$_{Te}$

dass dass der also (Hintergrundmaterial)

[[bei den ger/MAnen]$_{Tj}$

[wurde **ja** [[die /FRAU]$_{Tf}$ [so unheimlich hoch /EINgeschätzt]$_{Tg}$]$_{Th}$ dass der mann sogar für sie [zu be/ZAH\len hatte]$_{Fh}$]$_{Fj}$]$_{Fe}$

(27)

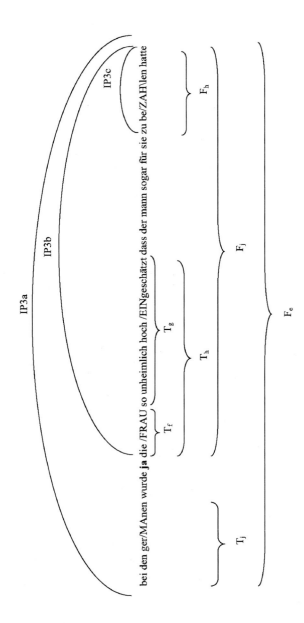

Die gesamte Intonationsphrase IP3, in der die Modalpartikel *ja* steht, lässt sich auch wie in (29) darstellen:

(29)

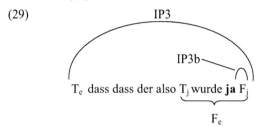

Die Modalpartikel *ja* ist also dem komplexen Fokus F_j vorangestellt, der seinerseits die Intonationsphrase IP3b bildet.

Der Fokusbereich, dem eine Modalpartikel vorangestellt ist, kann auch einen Satzbruch enthalten. Als Beispiel betrachten wir die Stellung von *doch* in folgender Passage aus dem Dialog FR012:

(30) ja aber rolf man /DARF sich doch nich an der /RECHTschreibung der deutschen /SPRA\che darf man sich doch einfach nicht drüber hin/WEG\setzen s is **doch** /VÖLlig für das /DARF\ wir doch

Dieser *turn* besteht aus folgenden Intonationsphrasen:

(31) [ja aber rolf man /DARF sich doch nich an der /RECHTschreibung der deutschen /SPRA\che]$_{IP1}$
[darf man sich doch einfach nicht drüber hin/WEG\setzen]$_{IP2}$
[s is **doch** /VÖLlig für das /DARF\ wir doch]$_{IP3}$

Doch befindet sich in IP3, die folgende Topik-Fokus-Struktur aufweist:

(32)

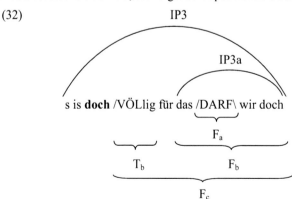

Kapitel 4

Der steigend-fallende Akzent markiert *darf* als Fokus F_a. Dieser bildet mit dem Hintergrundmaterial *das* und *wir doch* die Intonationsphrase IP3a, die ihrerseits den Fokus F_b zum Topik T_b *völlig* bildet. T_b und F_b lassen sich mit dem Hintergrundmaterial *für* zum Fokus F_c zusammenfassen. Die Äußerung enthält hier einen Satzbruch und ist deshalb nur schwer interpretierbar. Der Sprecher beginnt zunächst eine prädikative Struktur mit *es ist doch völlig*, entscheidet sich dann um und setzt seinen Redebeitrag mit einer anderen grammatischen Struktur fort, wobei er mit *darf* offenbar *dürfen* meint. F_b könnte möglicherweise grammatisch korrekt umformuliert werden als *das dürfen wir doch nicht*. Die Modalpartikel *doch* ist also einem Fokusbereich unmittelbar vorangestellt, innerhalb dessen der Sprecher die grammatische Struktur wechselt. Während auf grammatischer Ebene ein Bruch stattfindet, wird die prosodische Struktur ganz regelkonform realisiert.

Modalpartikeln können, wie wir gesehen haben, Fokusbereichen unterschiedlicher Komplexität vorangestellt sein. Der Fokusbereich kann aus nur einem Wort bestehen, wie in (22), kann aus einer verschachtelten Struktur von Topik- und Fokusbereichen bestehen, wie in (27), oder kann sogar aus syntaktisch nicht zusammenhängenden grammatischen Strukturen bestehen, wie in (32).

4.3.1.2 Einem Fokusbereich nachgestellte Modalpartikeln

Im Korpus steht in 12 Fällen eine Modalpartikel rechts eines Fokusbereichs. Im Folgenden werden Beispiele hierfür angeführt.

Betrachten wir das Stellungsverhalten von *doch* im folgenden Abschnitt aus dem Dialog FR012. Hier diskutieren Schüler über sprachliche Abweichungen in den Romanen von Günter Grass:

(33)   S4: und wenn wir eben nun in ein neues /STAdium einer einer andern kultur /EINtreten dann /MUSS die sprache nun auch das /MIT\machen und vielleicht is die /SPRAche das /ERS\te /AN\zeichen

SB: ein schriftsteller is aber nich gleich ne ganze kul/TUR\ das musst du doch /SA\gen /JA\

S4: aber er ist doch ein ver/TRE\ter davon

S7: die kultur trägt ihn aber auch

Stellungsverhalten der Modalpartikeln

S4: /NICH

SB: na ja

S4: /AUßerdem /STEHT er schließlich nich allein /DA\ /NICH

SB: ja aber aber mit ge/WIS\sen eigenheiten **doch** ich mein es gibt doch /VIEle schriftsteller die haben /KEIne /EIgene vorstellung von zeichensetzung die /GIBT s ja /AUCH\

Der *turn*, in dem die Modalpartikel *doch* steht, besteht aus zwei Intonationsphrasen:

(34)   [ja aber aber mit ge/WIS\sen eigenheiten **doch**]_{IP1}
       [ich mein es gibt doch /VIEle schriftsteller die haben /KEIne /EIgene vorstellung von zeichensetzung die /GIBT s ja /AUCH\]_{IP2}

Die Partikel *doch* steht in IP1, die in (35) schematisiert ist:

(35)   IP1

ja aber aber mit ge/WIS\sen eigenheiten **doch**

F_a

Von *gewissen* aus wird der Fokus auf die Präpositionalphrase *mit gewissen Eigenheiten* projiziert. Dieser Fokus mit dem dazugehörigen Hintergrundmaterial *ja aber aber* und *doch* bildet die Intonationsphrase IP1. *Doch* ist dem Fokus F_a unmittelbar nachgestellt.

Die Modalpartikel *doch* ist auch in einem zweiten Beleg einem Fokusbereich nachgestellt. Analysieren wir die betreffende Stelle des Dialogs FR023, in der Klaus Kammer erklärt, dass Schauspieler häufig introvertierte Menschen sind:

(36)   S1: [...] ich HAB\ mir natürlich in/ZWIschen im laufe der jahre ne gewisse kaschierte SI\cherheit angewöhnt die ich ihnen jetzt ja hier auch /BIEte aber im grunde sind sehr sehr /INtrovertierte und und und sehr AB\geschlossene menschen **doch** zu wählen diesen beruf eben um die dinge zu ÄU\ßern

Kapitel 4

Dieser Abschnitt besteht aus folgenden Intonationsphrasen:

(37)   [ich HAB\ mir natürlich]$_{IP1}$
         [in/ZWIschen im laufe der jahre ne gewisse kaschierte SI\cherheit angewöhnt]$_{IP2}$
         [die ich ihnen jetzt ja hier auch /BIEte aber im grunde sind sehr sehr /INtrovertierte und und und sehr AB\geschlossene menschen **doch** zu wählen diesen beruf]$_{IP3}$
         [eben um die dinge zu ÄU\ßern]$_{IP4}$

Die Partikel *doch* befindet sich in der Intonationsphrase IP3. Diese weist folgende Topik-Fokus-Struktur auf:

(38)   die ich ihnen jetzt ja [hier auch /BIEte]$_{Tb}$ aber im grunde sind [sehr sehr [/INtrovertierte]$_{Ta}$ und und und sehr [AB\geschlossene]$_{Fa}$ menschen]$_{Fb}$ **doch** zu wählen diesen beruf

Der steigende Akzent kennzeichnet *introvertierte* als Topik T_a. Dieses ist Topik zum Fokus F_a *abgeschlossene*. T_a und F_a lassen sich mit dem Hintergrundmaterial *sehr sehr, und und und sehr* und *Menschen* zu einer Intonationsphrase zusammenfassen, die ihrerseits den Fokus F_b zu Topik T_b *hier auch biete* bildet. Die Modalpartikel *doch* ist F_b unmittelbar nachgestellt:

(39)   IP3

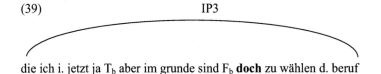

die ich i. jetzt ja T_b aber im grunde sind F_b **doch** zu wählen d. beruf

In einem weiteren Beleg aus FR023 ist die Modalpartikelkombination *ja wohl* einem Fokus nachgestellt:

(40)   [...] und /DAS ist das mys/TE\rium der /KUNST\ **ja wohl** nicht wahr daß es nicht /MESS\bar ist daß man /NICHT also mit ner /ZWEI im /ABgangszeugnis nich wahr werd ich dann wohl auch n guter /SCHAUspieler oder n guter /MAler oder n guter /BILDhauer oder sonst noch einmal ein guter /TÄN\zer nicht wahr

Die Modalpartikelkombination *ja wohl* befindet sich in folgender Intonationsphrase:

(41)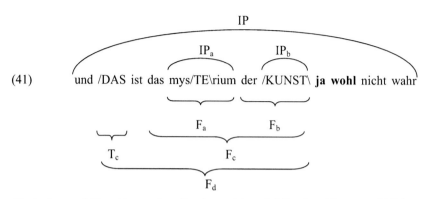

Mysterium und *Kunst* tragen jeweils einen steigend-fallenden Akzent und bilden daher jeweils eine minimale Intonationsphrase. Der Fokus auf *Kunst* wird auf die Nominalphrase *der Kunst* projiziert. Diesen Fokus nenne ich F_b. *Mysterium* bildet den Fokus F_a. F_a, F_b und das Hintergrundmaterial *das* bilden zusammen eine komplexe Nominalphrase und lassen sich daher zu dem Fokus F_c zusammenfassen, der dem Topik T_c *das* zugeordnet ist. Die Modalpartikelkombination *ja wohl* ist F_c unmittelbar nachgestellt. Da T_c und F_c sich mit Hintergrundmaterial wiederum zu einem weiteren Fokus F_d zusammenfassen lassen, ist *ja wohl* auch diesem Fokus unmittelbar nachgestellt.

In Abschnitt 2.3.2.2 wurde darauf hingewiesen, dass Autoren wie Brandt et al. (1992: 74) und Meibauer (1994: 87) die Akzeptabilität von (42) in Frage stellen:

(42)   ich habe gestern gre/NOU\ille **doch** gesehen
                      F_b

Die Tatsache, dass im Korpus Fälle belegt sind, in denen *doch* und andere Modalpartikeln einem Fokus unmittelbar nachgestellt sind, scheint dafür zu sprechen, dass Fokussierungen wie in (42) markiert, aber doch (mindestens in der gesprochenen Sprache) möglich sind. Die Nachstellung der Modalpartikel bewirkt, dass der Fokus nicht weiter nach rechts projizieren kann (vgl. Lerner 1987).

4.3.2 An einen Topikbereich angrenzende Modalpartikeln

Von den 220 Modalpartikeln des Korpus grenzen 38 (17%) an einen Topikbereich an. Davon sind 28 (74%) dem Topikbereich vorangestellt und 10 (26%) dem Topikbereich nachgestellt.

Kapitel 4

4.3.2.1 Einem Topikbereich vorangestellte Modalpartikeln

Als Beispiel für Modalpartikeln, die einem Topik vorangestellt sind, betrachten wir die Position von *eben* in folgendem *turn* aus dem Dialog FR012:

(43) S8: ich /GLAUbe doch herr grass sie haben s **eben**$_1$ sehr /GUT er/KLÄRT\ und /WENN sie **eben**$_2$ damit diese diese kli/SCHEEhaften /AUSdrücke beson auf diese /AUSdrücke be/SONders /HINweisen wollen dann ist das /DURCHaus /GUT dass sie das /MA\chen und vor /ALlen dingen es /IS **eben**$_3$ vielleicht auch mal sehr wichtig dass man ein wort /ZWEI oder /DREI\mal liest und es /NICH gleich beim /ERSten mal ver/STEHT\

Dieser *turn* besteht aus 4 Intonationsphrasen:

(44) [ich /GLAUbe doch herr grass sie haben s **eben**$_1$ sehr /GUT er/KLÄRT\]$_{IP1}$
[und /WENN sie **eben**$_2$ damit diese diese kli/SCHEEhaften /AUSdrücke beson auf diese /AUSdrücke be/SONders /HINweisen wollen dann ist das /DURCHaus /GUT dass sie das /MA\chen]$_{IP2}$
[und vor /ALlen dingen es /IS **eben**$_3$ vielleicht auch mal sehr wichtig dass man ein wort /ZWEI oder /DREI\mal liest]$_{IP3}$
[und es /NICH gleich beim /ERSten mal ver/STEHT\]$_{IP4}$

In diesem *turn* kommt dreimal *eben* vor. Beim ersten Vorkommen kann es sich um das Zeitadverb mit der Bedeutung 'vor einigen Augenblicken', 'gerade jetzt' handeln. Es kann sich aber auch um die Modalpartikel handeln. In diesem Fall zeigt *eben* an, dass die Proposition des Satzes „mit einer vom Sprecher schon früher vertretenen Ansicht übereinstimmt" (Ickler 1994: 392). Da *eben*$_1$ sich im Einklang mit den Stellungsregeln für Modalpartikeln verhält, sind beide Interpretationen möglich. Deswegen wurde *eben*$_1$ als Modalpartikel mitgezählt. *Eben*$_2$ kann kein Adverb sein, weil das Verb des Satzes im Präsens steht. Daher kommt für *eben*$_2$ nur die Modalpartikelinterpretation in Frage. Das gleiche gilt für *eben*$_3$, weil auch hier das Verb im Präsens steht.

Konzentrieren wir uns auf die Stellung von *eben*$_2$. Es befindet sich in der Intonationsphrase IP2, die folgende Topik-Fokus-Struktur aufweist:

Betrachten wir zunächst den *wenn*-Satz. Es liegen 5 Topik-Akzente vor, die die Topikbereiche *wenn, klischeehaften, Ausdrücke, auf diese Ausdrücke, besonders* und *hinweisen* (teilweise mit Topikprojektion) markieren. T_b *klischeehaften* und T_c *Ausdrücke* lassen sich mit dem Hintergrundmaterial *diese* zum Topik T_d zusammenfassen. T_e *besonders* und T_f *hinweisen* vereinigen sich zum Topik T_g. Dieses bildet wiederum mit T_h *auf diese Ausdrücke* und dem Hintergrundmaterial *wollen* das Topik T_j. T_j und T_d werden mit Hintergrundmaterial zum Topikbereich T_k zusammengefasst. Dieser bildet seinerseits mit T_a *wenn* und weiterem Hintergrundmaterial das grosse Topik T_i, das den gesamten *wenn*-Satz umfasst. Fokus zu T_i ist F_i, der aus zwei ineinander verschachtelten Intonationsphrasen $IP2_a$ und $IP2_b$ besteht.

Eben$_2$ steht in dem *wenn*-Satz und ist dem Topikbereich T_k *damit diese diese klischeehaften ausdrücke beson auf diese ausdrücke besonders hinweisen wollen* unmittelbar vorangestellt. In (45, S. nächste Seite) kann man sehen, dass keine Fokusprojektion existiert, zu der die Modalpartikel *eben* adjazent stehen könnte. Das liegt daran, dass *eben* im Mittelfeld eines *wenn*-Satzes steht, in dem nur Topik-Akzente vorkommen. Ferner kann kein Fokus, der rechts des *wenn*-Satzes steht, bis in den *wenn*-Satz hinein projizieren. Auch semantisch ist vom Sprecher der Bezug der Modalpartikel auf eine der Fokusprojektionen offenbar nicht intendiert.

Ein weiteres Beispiel für eine einem Topik vorangestellte Modalpartikel stammt aus dem Dialog FR030 und betrifft die Modalpartikel *mal*:

(46) [...] /JETZT gehn wir **mal** zum guten /GOEthe zurück und zitieren /DEN und wie /HEISST es so /SCHÖN

Dieser *turn* wird vom Sprecher nicht zu Ende geführt. Der Sprecher setzt zahlreiche Topikakzente, ohne die Intonationsphrase mit einem Fokusakzent abzuschließen:

(47)

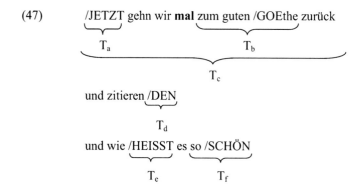

(45)

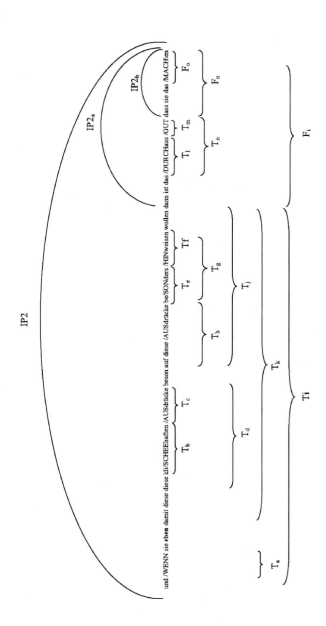

Stellungsverhalten der Modalpartikeln

Die Topiks T_a und T_b lassen sich mit dem Hintergrundmaterial *gehen wir mal* und *zurück* zu T_c zusammenfassen. Die Modalpartikel *mal* ist dem Topik T_b *zum guten Goethe* vorangestellt.

Die zwei analysierten Beispiele zeigen, dass eine Modalpartikel einem Topik vorangestellt sein kann, wenn sie (mit eventuell weiterem Hintergrundmaterial) zwischen zwei Topiks steht, die sich vereinigen lassen. In diesem Fall gehört die Modalpartikel zu einem Teil des Hintergrundmaterials, bis zu dem keine Fokusprojektion reichen kann.

4.3.2.2 Einem Topikbereich nachgestellte Modalpartikeln

Im Korpus sind 10 Modalpartikelvorkommen belegt, die einem Topik nachgestellt sind. Als erstes Beispiel betrachten wir die Modalpartikel *doch* in einem Auszug aus dem Dialog über die Ehe (FR030):

(48)   [...] die /Ehe /IST wie man so /SAgen kann **doch** oder /MEIner /MEInem wissen nach eine /CHRISTliche EIN\richtung

In Abschnitt 4.3.2.1 wurde festgestellt, dass Modalpartikeln typischerweise in Umgebungen einem Topik vorangestellt werden, in denen mehrere Topikakzente aufeinanderfolgen. Auch die hier zu analysierende Passage ist durch zahlreiche Topikakzente gekennzeichnet und bildet eine einzige Intonationsphrase, die durch den Fokusakzent auf *Einrichtung* abgeschlossen wird. Das Topik *christliche* und der Fokus *Einrichtung* lassen sich mit dem Artikel *eine* zu einer Intonationsphrase vereinigen, die auf der nächsthöheren Ebene den Fokus F_b bildet:

(49)   [...] eine /CHRISTliche EIN\richtung

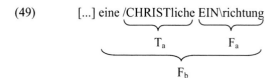

Links von F_b stehen zahlreiche Topiks:

Kapitel 4

(50)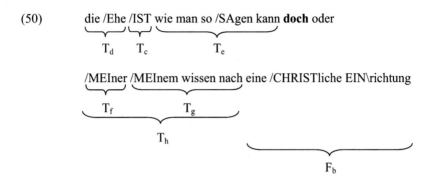

Doch ist dem Topik T_e nachgestellt. Da T_e und T_h beide parenthesenartige Einschübe sind, lassen sie sich zum Topik T_b zusammenfassen. T_b bildet zusammen mit F_b eine Intonationsphrase, die auf der nächsthöheren Ebene als Fokus F_c zum Topik T_c *ist* interpretiert wird. T_c und F_c lassen sich weiter zusammenfassen zu einer Intonationsphrase, die als F_d zu T_d interpretiert wird. Syntaktisch ist F_d Prädikat zum Subjekt *die Ehe* (T_d). Die Topik-Fokus-Struktur der gesamten Intonationsphrase sieht demnach wie folgt aus:

(51)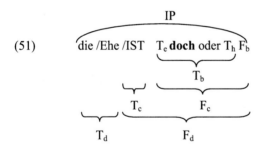

Da T_e und T_h sich zusammenfassen lassen, steht die Modalpartikel *doch* in einem Teil des Hintergrunds, zu dem keine Fokusprojektion reichen kann. Sie ist aber einem Topik unmittelbar nachgestellt.

Betrachten wir als weiteres Beispiel die Modalpartikel *eben* im folgenden Abschnitt aus dem Dialog FR023:

(52) [...] dass ich also und dass die proben nicht noch dass die nicht /VIERundzwanzig /STUN\den dauern sondern dass ich also auf/GRUND **eben** mit von the/Atererfahrung und /WITZ und /SPASS

Stellungsverhalten der Modalpartikeln

und /SO und dieses /STÜCK kommt jetzt also nun /RAUS da ist die pre/MIEre wo ich also nicht so viel /AUF\wand treiben muss [...]

Dieser Abschnitt besteht aus zwei Intonationsphrasen. *Eben* steht in IP2:

(53)   [dass ich also und dass die proben nicht noch dass die nicht /VIERundzwanzig /STUN\den dauern]$_{IP1}$
[sondern dass ich also auf/GRUND **eben** mit von the/Atererfahrung und /WITZ und /SPASS und /SO und dieses /STÜCK kommt jetzt also nun /RAUS da ist die pre/MIEre wo ich also nicht so viel /AUF\wand treiben muss]$_{IP2}$

Die Topik-Fokus-Struktur von IP2 ist durch eine Reihe von Topiks gekennzeichnet, die ich der Reihe nach T_a, T_b usw. nenne. Die Intonationsphrase wird durch den Fokusakzent auf *Aufwand* abgeschlossen:

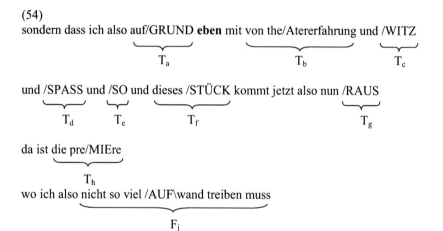

(54)
sondern dass ich also auf/GRUND **eben** mit von the/Atererfahrung und /WITZ
T_a T_b T_c

und /SPASS und /SO und dieses /STÜCK kommt jetzt also nun /RAUS
T_d T_e T_f T_g

da ist die pre/MIEre
T_h
wo ich also nicht so viel /AUF\wand treiben muss
F_j

Sämtliche Topiks können mit Hintergrundmaterial zum komplexen Topik T_j vereinigt werden, das gemeinsam mit dem Fokus F_j die IP2 bildet:

(55)   [sondern dass ich also [auf/GRUND]$_{Ta}$ **eben** mit [von the/Atererfahrung]$_{Tb}$ und [/WITZ]$_{Tc}$ und [/SPASS]$_{Td}$ und [/SO]$_{Te}$ und [dieses /STÜCK]$_{Tf}$ kommt jetzt also nun [/RAUS]$_{Tg}$ da ist [die pre/MIEre]$_{Th}$]$_{Tj}$ wo ich also [nicht so viel /AUF\wand treiben muss]$_{Fj}$

Kapitel 4

Die Modalpartikel *eben* ist dem Topik T$_a$ nachgestellt und befindet sich innerhalb einer Präpositionalphrase:

(56)   auf/GRUND **eben** mit von the/Atererfahrung
         _____/   _____/
            T$_a$ T$_b$

In (56) wird die Präposition *aufgrund* durch den steigenden Akzent als Topik markiert. Auch das Substantiv *Theatererfahrung* ist als Topik ausgewiesen. *Eben* und *mit* sind Hintergrundmaterial. *Eben* ist dem Topik *aufgrund* nachgestellt. Es ist nicht ganz auszuschließen, dass *mit* zu T$_b$ gehört. Da aber der Sprecher nach der Modalpartikel *eben* eine längere, deutlich hörbare Pause und nach *mit* eine weitere Pause macht, habe ich *mit* nicht dem Topik T$_b$ zugeordnet und *eben* zum Topik T$_a$ gerechnet. Ohne die Hinweise der Pausen wäre nicht zu entscheiden gewesen, auf welchen Bereich sich die Modalpartikel *eben* bezieht. Man hätte sie dann auch als T$_b$ vorangestellt deuten können.

Dieses Beispiel zeigt, dass Modalpartikeln sogar innerhalb einer Präpositionalphrase zwischen der Präposition und ihrem Komplement stehen können. Bereits am Anfang dieses Kapitels (Abschnitt 4.1) hatten wir gesehen, wie viele verschiedene Möglichkeiten der Modalpartikelstellung im Satz syntaktisch gegeben sind. Die analysierten Daten zeigen, dass die Modalpartikelstellung durch informationsstrukturelle Beschränkungen geregelt ist. Modalpartikeln stehen typischerweise am Rand eines Topik- oder Fokusbereichs, d.h. adjazent zu einem Informationssegment.

4.3.3 Zusammenfassung

Im Korpus stehen 175 von 220 Modalpartikeln unmittelbar am Rande eines Fokus. Davon sind die meisten dem Fokusbereich vorangestellt. Der Fokus kann eng sein oder aus mehreren ineinander verschachtelten Topik- und Fokusbereichen zusammengesetzt sein. In 12 Fällen sind Modalpartikeln im Korpus einem Fokusbereich unmittelbar nachgestellt. Diese Fälle bestätigen Lerners (1987) These, dass die Nachstellung der Modalpartikel die Projektion des Fokus nach rechts blockiert.

Im Korpus sind auch Fälle belegt, in denen Modalpartikeln einem Topik unmittelbar voran- oder nachgestellt sind. Man konnte beobachten, dass sowohl dem Topik voran- als auch dem Topik nachgestellte Modalpartikeln typischerweise in prosodischen Umgebungen vorkommen, in denen mehrere Topikakzente aufeinanderfolgen. Eine Modalpartikel kann einem Topik voran- oder nachgestellt sein, wenn sie zusammen mit Hintergrundmaterial zwischen zwei (oder mehreren) Topiks steht, die sich zu einem größeren Topikbereich zusammenfassen lassen. In diesem Fall steht die Modalpartikel in einem Teil des Hintergrunds, zu dem keine Fokusprojektion reichen kann. Es konnte ferner gezeigt werden, dass Modalpartikeln u.U. auch innerhalb einer Phrase (in unserem Beleg innerhalb einer Präpositionalphrase) stehen können, und zwar wenn sie an ein Informationssegment angrenzen. Dieses Ergebnis deutet darauf hin, dass in erster Linie die Informationsstruktur und erst in zweiter Linie die Syntax die Modalpartikelstellung steuert.

4.4 Sonderfälle

Lediglich in 7 von 220 Belegen steht die Modalpartikel in Distanzstellung zum Informationssegment. Dabei handelt es sich um folgende Positionen:

(i)   Distanzstellung zu einem Fokus im Vorfeld
(ii)   Distanzstellung zum fokussierten Finitum in der linken Klammer
(iii)   Distanzstellung zum fokussierten Subjunktor

Im Folgenden wird auf jede abweichende Position separat eingegangen.

4.4.1 Distanz zwischen Modalpartikel und Fokus im Vorfeld

In einem Beleg steht die Modalpartikel in Distanzstellung zu einem Fokus im Vorfeld:

(57)   [[/SCHÖne]$_{Ta}$ [FRA\gen]$_{Fa}$]$_{Fb}$ habt ihr **ja**

Es stellt sich die Frage, ob sich auch für Belege dieses Typs die These aufrechterhalten lässt, dass Modalpartikeln adjazent zu einem Informationssegment stehen. Je nach Grammatikmodell kann die Distanzstellung in (57) unterschiedlich erklärt werden. Man kann (57) im Rahmen (i) eines oberflächenorientierten oder (ii) eines generativen Ansatzes analysieren. In einem oberflächenorientierten Modell wäre etwa anzunehmen, dass in (57) zuerst das Vorfeld mit der Konstituente *schöne Fragen* besetzt wird. Das Vorfeld ist eine informationsstrukturell hochprominente Position, die typischerweise mit Konstituenten besetzt wird, die entweder Rahmeninformation oder im Kontext neue Information kodieren (vgl. Lambrecht 1994: 31-32). Der Fokusakzent in (57) kennzeichnet die Vorfeldkonstituente in diesem Fall als Träger von neuer Information. Es folgen dann in der linearen Abfolge die linke Satzklammer, die mit dem Finitum besetzt ist, und das Mittelfeld mit den übrigen Satzkonstituenten. Diese sind allesamt unakzentuiert und dadurch als Träger von Hintergrundinformation ausgewiesen. Wenn man an der Annahme festhält, dass Fokusprojektion aus dem Vorfeld heraus unmöglich ist, führt ein solches Syntaxmodell zu der Schlussfolgerung, dass die Modalpartikel in Sätzen wie (57) nicht an den zugeordneten Fokusbereich angrenzt. Somit wäre die These, dass Modalpartikeln an einen informationsstrukturellen Bereich angrenzen müssen, nicht aufrechtzuerhalten. Man könnte dann allenfalls noch annehmen, dass diese Regel nur für solche Fälle gilt, in denen das zugeordnete Informationssegment im Mittelfeld oder in einer der Satzklammern steht. Zu Informationssegmenten im Vorfeld könnten Modalpartikeln dagegen distant stehen.

Möglicherweise könnte man bei Fällen wie (57) von einer Pseudo-Adjazenz sprechen. Zwischen Fokus im Vorfeld und Modalpartikel scheinen nämlich nur Elemente stehen zu können, die phonologisch leicht und semantisch einfach ableitbar sind. So lassen sich Beispiele, in denen zwischen Fokus im Vorfeld und Modalpartikel phonologisch schweres und semantisch komplexeres Material steht, schlecht bilden:[18]

(57a)   ? [/SCHÖne FRA\gen]$_F$ stellten die Stundenten der 5. Klasse **ja**

Nun zur Interpretation von (57) im Rahmen der generativen Grammatik. Generative Syntaxmodelle nehmen an, dass Oberflächensätze durch syntaktische Bewegungen aus zugrundeliegenden Strukturen abgeleitet werden (vgl. Grewendorf et al. 1987: 223-227). Für das Deutsche wird angenommen, dass die zugrundeliegende Struktur die Form eines Verb-Letzt-Satzes aufweist (vgl. Wöllstein-Leisten et al. 1997: 29-32). Nach dieser Auffassung liegt Beleg (57) die Struktur (58) zugrunde:

(58)   (dass) ihr ja schöne Fragen habt

Aus (58) wird Beleg (57) durch zwei Bewegungen abgeleitet: (i) die Bewegung des finiten Verbs *habt* in die linke Klammer und (ii) die Bewegung der Nominalphrase *schöne Fragen* ins Vorfeld. Die bewegten Konstituenten hinterlassen jeweils eine Spur in ihrer Ausgangsposition (vgl. Grewendorf et al. 1987: 227,

---

18 Die Beobachtung, dass scheinbar zwischen dem Fokus im Vorfeld und der Modalpartikel nur phonologisch und semantisch „leichte" Elemente stehen können, stammt von Vahram Atayan (persönliche Mitteilung). Dafür möchte ich mich bei ihm herzlich bedanken.

247-248). Diese wird durch t (*trace*) angezeigt und trägt den gleichen Index wie die bewegte Konstituente:

(59)   [/SCHÖne FRA\gen]$_2$ habt$_1$ ihr **ja** t$_2$ t$_1$

Meibauer (1994: 82-83) vertritt in Anlehnung an Rosengren (1991: 177) die Ansicht, dass bei der Ableitung eines Aussagesatzes die Bewegung des Finitums in die linke Klammer, die Besetzung des Vorfeldes und gegebenenfalls Scrambling erst nach der Fokuszuweisung stattfinden. Das heißt, zunächst wird der Fokus festgelegt und ggf. projiziert. Erst danach erfolgen die syntaktischen Bewegungen. Nimmt man dies an, so ergibt sich, dass die Modalpartikel *ja* in Beleg (57) adjazent zu der Spur t$_2$ steht, die von der fokussierten Nominalphrase *schöne Fragen* hinterlassen wurde. Diese Spur bildet zusammen mit der koindizierten Konstituente in der Oberflächenstruktur eine sogenannte Kette (vgl. Grewendorf et al. 1987: 227). Durch Meibauers Annahme kann also die Distanzstellung zwischen einer Modalpartikel im Mittelfeld und dem Fokus im Vorfeld als Phänomen der Oberflächenstruktur erklärt werden, dem eine Adjazenzstellung zugrundeliegt.

Meibauers Annahme kann zu der These erweitert werden, dass eine Konstituente, die in der zugrundeliegenden Struktur Teil einer größeren Fokusprojektion ist, nicht aus dieser Projektion herausgelöst und ins Vorfeld versetzt werden kann. Ein Beispiel:

         {was machen die Schüler?}
(60a)   (ich meine,) dass sie [dem schauspieler schöne FRA\gen stellen]$_F$
(60b)   *schöne FRA\gen stellen sie dem schauspieler

Wenn das so ist, konnte *schöne Fragen* in (57) nur deshalb ins Vorfeld bewegt werden, weil es einen engen Fokus bildet.

Meibauers Annahme, dass die Fokuszuweisung vor der Vorfeldbesetzung erfolgt, ist für die Interpretation der Korpusdaten der vorliegenden Arbeit von Vorteil, da sie es erlaubt, Fälle wie (57) zu erklären, ohne die These aufzugeben, dass Modalpartikeln adjazent zu einem Informationssegment stehen müssen. Um Meibauers Annahme plausibler zu machen, müssten weitere Evidenzen gefunden werden, die darauf hindeuten, dass Fokusakzente zugewiesen werden, bevor die syntaktischen Bewegungen stattfinden. Hierzu liegt es nahe, das Stellungsverhalten von Modalpartikeln bei anderen syntaktischen Bewegungen in Betracht zu ziehen. Beispielsweise wäre es willkommen, wenn sich auch beim

Kapitel 4

Scrambling zeigen würde, dass Modalpartikeln adjazent zur Spur des bewegten Informationssegments stehen.

Unter Scrambling werden je nach Ansatz unterschiedliche Wortstellungsvariationen subsumiert (vgl. Grewendorf/Sternefeld 1990). In der Literatur finden sich prototypische und weniger prototypische Beispiele für Scrambling (vgl. Haider/Rosengren 1998: 1-2). Für das Deutsche wird generell angenommen, dass innerhalb des Mittelfeldes die nominalen Argumente des Verbs gescrambelt, d.h. von einer unmarkierten Reihenfolge in eine markierte Reihenfolge versetzt werden können. Verben können unterschiedlichen Klassen zugeordnet werden, je nachdem welche Reihenfolge der nominalen Argumente für sie als unmarkiert gilt. So gehören Verben wie *anvertrauen* und *verbieten* derselben Gruppe. Für sie gilt die Reihenfolge DAT > AKKUSATIV als unmarkiert:

(61) {was gibt's neues von Peter?}
 dass er seiner Tochter das Ausgehen verboten hat

Aus (61) wird durch Scrambling (62):

(62) {wem hat Peter das Ausgehen verboten?}
 (ich meine,) dass er das Ausgehen$_1$ seiner Tochter t$_1$ verboten hat

Das Akkusativobjekt *das Ausgehen* wird innerhalb des Mittelfeldes von seiner Grundposition nach links bewegt. Daraus ergibt sich die markierte Reihenfolge AKK > DAT.

Bei Verben wie *aussetzen* und *unterordnen* gilt die umgekehrte Reihenfolge AKK > DAT als unmarkiert. Ein Beispiel aus Haider/Rosengren (1998: 18):

(63) {was gibt's neues?}
 dass man seine Kinder den Lehrern aussetzen muss

Durch Scrambling ergibt sich (64):

(64) {wen muss man den Lehrern aussetzen?}
 (ich meine,) dass man den Lehrern$_1$ seine Kinder t$_1$ aussetzen muss

Das Dativobjekt *den Lehrern* wurde von seiner Grundposition nach links bewegt.

Stellungsverhalten der Modalpartikeln

In der Literatur werden für Scrambling typischerweise Beispiele angeführt, in denen das Akkusativ- oder Dativobjekt (je nach unmarkierter Reihenfolge) von rechts nach links bewegt werden. In der Forschung noch umstritten ist die Frage, ob Scrambling auch von links nach rechts möglich ist (Haider/Rosengren 1998: 4). Ob Adverbialia und Prädikative ebenfalls gescrambelt werden können, bildet ebenfalls eine offene Frage der Forschung (vgl. Haider/Rosengren 1998: 23-27).

Trotz der Unklarheit, die in der Forschung über den Begriff Scrambling herrscht, wird versucht, der Frage nachzugehen, wie es sich bei Scrambling mit der Modalpartikelstellung verhält. Zu diesem Zweck ziehen wir folgendes Beispiel in Betracht:

(65)   {Peter hat seiner Frau das Ausgehen verboten}
        (nein, ich meine,) dass er **doch** [seiner TOCH\ter]$_F$ das ausgehen verboten hat

In (65) liegt die unmarkierte Abfolge der Objekte DAT > AKK vor. Fokussiert wird die Konstituente *seiner Tochter*. Die Modalpartikel *doch* steht adjazent zum Fokus.

Die Konstituenten in (65) stehen in der Grundreihenfolge. Der Fokusakzent wurde auf das Dativobjekt gesetzt. In (65) kann nun *das Ausgehen* gescrambelt werden. Dabei ergeben sich zwei Möglichkeiten. *Das Ausgehen* kann entweder über die Modalpartikel oder unmittelbar vor das Dativobjekt nach links bewegt werden:

(65a)   {Peter hat seiner Frau das Ausgehen verboten}
        (nein, ich meine,) dass er das ausgehen$_1$ **doch** [seiner TOCH\ter]$_F$ t$_1$ verboten hat

(65a) ist unproblematisch. Die Modalpartikel bleibt adjazent zum Fokus.

Auch Variante (65b) ist aber grammatisch wohlgeformt:

(65b)   {Peter hat seiner Frau das Ausgehen verboten}
        (nein, ich meine,) dass er **doch** das ausgehen [seiner TOCH\ter]$_F$ verboten hat

In (65b) steht die Modalpartikel in Distanzstellung zum Fokus. Die These der Adjazenzstellung der Modalpartikel an den Fokus kann angesichts von (65b) nur dann aufrechtgehalten werden, wenn man annimmt, dass Scrambling auch von links nach rechts stattfinden kann. Demnach käme (65b) durch die Bewegung vom fokussierten *seiner Tochter* von links nach rechts zustande:

(65c) {Peter hat seiner Frau das Ausgehen verboten}
(nein, ich meine,) dass er **doch** t_F das ausgehen [seiner TOCH\ter]$_F$ verboten hat

Um die Adjazenzthese zu retten, müsste man also für (65b) annehmen, (i) dass Scrambling auch von links nach rechts stattfinden kann und (ii) dass fokussierte Konstituenten gescrambelt werden können. Beide Annahmen gelten aber in der Literatur als unplausibel. Haider/Rosengren (1998: 91) zeigen auf überzeugende Weise, dass Foki nie Scrambling durchmachen können. Nach dieser Auffassung dient Scrambling dazu, Hintergrundmaterial nach links zu rücken, damit der Fokus weiter rechts und somit in einer prominenteren Position stehen kann, wie in (65a) der Fall ist. D.h. Scrambling interagiert zusammen mit der Fokus-Hintergrund-Gliederung zur Kodierung der Informationsstruktur.

Das Stellungsverhalten der Modalpartikeln bei Scrambling liefert kein sicheres Argument zugunsten von Meibauers These, dass die syntaktischen Bewegungen erst nach der Fokuszuweisung stattfinden. Plausibel scheint vielmehr, dass syntaktische Bewegungen und Fokuszuweisung sehr eng miteinander bei der Kodierung der Informationsstruktur interagieren und dass nicht immer getestet werden kann, welche Komponente zuerst ins Spiel kommt.

4.4.2 Distanz zwischen Modalpartikel und fokussiertem Finitum

Im Folgenden werden die Korpusbelege analysiert, in denen die Modalpartikel in Distanzstellung zum fokussierten Finitum in der linken Satzklammer steht. Die Belege lassen sich mit Rückgriff auf Meibauers (1994: 82-83) Annahme erklären, dass der Fokus vor der Bewegung des Finitums in die linke Klammer zugewiesen wird. Allerdings können Beispiele gebildet werden, in denen die Modalpartikel in Distanzstellung zum fokussierten Finitum auch in der zugrundeliegenden syntaktischen Struktur steht. Hierauf wird in Abschnitt 4.4.2.2 eingegangen.

Stellungsverhalten der Modalpartikeln

4.4.2.1 Korpusbelege

Es gilt zu klären, warum in den folgenden 4 Belegen die Modalpartikel in Distanzstellung zum fokussierten Finitum in der linken Klammer steht:

(66) ich [ver/QUATSCH\]$_{Fa}$ mich immer ein bisschen dabei **ja** (FR023)
(67) da [SCHLA\fen]$_{Fb}$ sie **ja** (FR023)
(68) woran [/LIEGT\]$_{Fc}$ das **denn** (FR023)
(69) ich [be/WE\ge]$_{Fd}$ mich **halt** immer sehr viel (FR023)

Geht man von einem linearen Syntaxmodell aus, kann bei diesen Belegen die Annahme, dass Modalpartikeln an den Fokus angrenzen, nicht aufrecht erhalten werden. So wie bei der Distanzstellung zwischen Fokus im Vorfeld und Modalpartikel (s.o. Abschnitt 4.4.1) kann allerdings auch in diesem Fall beobachtet werden, dass zwischen Fokus und Modalpartikel lediglich leichtes Material steht. Daher könnte man von einer Pseudo-Adjazenz sprechen. Nur in (66) steht „schweres" Material zwischen Fokus und Modalpartikel. Dieser Beleg scheint aber abweichend zu sein bzw. das *ja* am Ende des Mittelfeldes könnte auch als Gesprächspartikel interpretiert werden.

Analysieren wir nun die Belege (66)-(69) im Rahmen des generativen Syntaxmodells. Man könnte wie bei der Distanzstellung zwischen Modalpartikel und Fokus im Vorfeld mit Meibauer (1994: 82-83) annehmen, dass beim Strukturaufbau zunächst die Akzente ausgewiesen werden und danach die Bewegung des Finitums in die linke Klammer zur Ableitung der Oberflächenstruktur stattfindet. Daraus würde folgen, dass die Distanzstellung der Modalpartikel vom Fokus erst durch die Bewegung des Finitums in die linke Satzklammer zustande kommt. Dann könnte die Distanzstellung der Modalpartikel vom Fokus in den Belegen (66) bis (68) als Oberflächenphänomen gedeutet werden, dem eine Adjazenzstellung zugrundeliegt. Hier die Grundserialisierung der drei Belege:

(66a) (ich meine, dass) ich mich immer ein bisschen dabei **ja** [ver/QUATSCH\]$_{Fa}$
(67a) (ich meine, dass) sie da **ja** [SCHLA\fen]$_{Fb}$
(68a) (ich frage mich,) woran das **denn** [/LIEGT\]$_{Fc}$

Nach dieser Auffassung stünde in (66) bis (68) die Modalpartikel adjazent zur Spur der Fokuskonstituente:

(66b) ich [ver/QUATSCH\]$_{Fa}$ mich immer ein bisschen dabei **ja** t$_{Fa}$
(67b) da [SCHLA\fen]$_{Fb}$ sie **ja** t$_{Fb}$

153

Kapitel 4

(68b) woran [/LIEGT\]_{Fc} das **denn** t_{Fc}

Mit Rückgriff auf Meibauers Annahme erweisen sich die Belege (66) bis (68) als unproblematisch. Anders verhält es sich mit Beleg (69). Hier die Grundserialisierung:

(69a) (ich meine, dass) ich mich **halt** immer sehr viel be/WE\ge

In diesem Fall steht der Fokus in der Grundserialisierung nicht von Haus aus adjazent zur Modalpartikel, sondern es muss geprüft werden, ob eine Projektion von *bewege* aus bis zur Modalpartikel plausibel ist. Zu diesem Zweck muss die Topik-Fokus-Struktur analysiert werden, in die der Beleg eingebettet ist. Schauen wir hierzu die Stelle des Dialogs FR023, in der (69) steht. Hier spricht der Schauspieler Klaus Kammer (Dialog FR023) über sich selbst:

(70) [...] es passiert dann /DAS dass man in eine /RU\helosigkeit kommt dies was sie /JETZT sehen ist keine /RUhelosigkeit sondern pure nervosi/TÄT und allgemeine tempera/MENTSfrage was ich be/WE\ge mich **halt** immer sehr viel [...]

Diese Passage gliedert sich in folgende Intonationsphrasen:

(71) [es passiert dann /DAS dass man in eine /RU\helosigkeit kommt]_{IP1} [dies was sie /JETZT sehen ist keine /RUhelosigkeit sondern pure nervosi/TÄT und allgemeine tempera/MENTSfrage was ich be/WE\ge mich **halt** immer sehr viel]_{IP2}

Uns interessiert die Intonationsphrase IP2, in der die Modalpartikel *halt* in Distanzstellung zum fokussierten Finitum *bewege* steht. Der Sprecher erklärt, dass Schauspieler in eine Ruhelosigkeit kommen können, wenn sie sich zu sehr mit verschiedenen Rollen identifizieren. Die Intonationsphrase IP2 bildet eine Parenthese, in der der Sprecher darauf hinweist, dass sein eigenes Verhalten während des Interviews kein Zeichen einer solchen Ruhelosigkeit ist, sondern zu seinem normalen Temperament gehört. Die Topik-Fokus-Struktur von IP2 sieht wie folgt aus:

Stellungsverhalten der Modalpartikeln

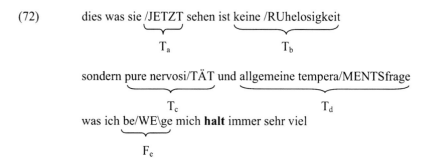

(72) dies was sie /JETZT sehen ist keine /RUhelosigkeit

           T_a T_b

sondern pure nervosi/TÄT und allgemeine tempera/MENTSfrage

        T_c T_d

was ich be/WE\ge mich **halt** immer sehr viel

    F_e

Jetzt bildet das Topik T_a, *keine Ruhelosigkeit* das Topik T_b, *pure Nervosität* und *allgemeine Temperamentsfrage* sind T_c und T_d. Der steigend-fallende Akzent kennzeichnet *bewege* als Fokus.

Durch das Topik T_a wird zunächst die Unterfrage *was ist das, was Sie jetzt sehen?* gebildet. Diese wird durch die folgenden Topiks nicht weiter verengt, sondern bereits provisorisch beantwortet. Man könnte deshalb T_b, T_c und T_d auch als Foki werten und etwa annehmen, dass die zu erwartenden fallenden Akzente bei ihnen mit steigenden Grenztönen verschmelzen, wodurch die für Aufzählungen typische Abfolge steigender Akzente entsteht. Diese Frage ist für die vorliegende Untersuchung nicht zentral und soll deshalb nicht weiter verfolgt werden. Würde man T_b, T_c und T_d als Foki deuten, so müsste man sie zu einem größeren Fokusbereich vereinigen. Nach T_d folgt ein syntaktischer Bruch, der auf jeden Fall eine Vereinigung von T_b, T_c und T_d mit F ausschließt. Nur F_e ist im vorliegenden Beispiel für die Deutung der Modalpartikelstellung relevant. Schema (73) zeigt die Topik-Fokus-Struktur, die sich ergibt, wenn man T_b, T_c und T_d als Foki (der Reihe nach als F_b, F_c und F_d) wertet:

(73)   IP2

dies was sie /JETZT sehen ist F_b sondern F_c und F_d was

           T_a F_a

            IP3

ich be/WE\ge mich **halt** immer sehr viel

   F_e

Kapitel 4

Die zugrundeliegende Struktur der Äußerung, in der *halt* steht, lautet:

(74) (dass) ich mich **halt** immer sehr viel be/WE\ge

Es stellt sich nun die Frage, ob es plausibel ist, dass der Fokusakzent allein das Finitum *bewege* hervorhebt oder ob eine Projektion auf *immer sehr viel bewege* sinnvoller ist. Da irgendeine Bewegung oder Unruhe höchstwahrscheinlich gerade das ist, was die Zuschauer „jetzt sehen", ist das Finitum *bewege* an dieser Stelle eher nicht als der alleinige Träger neuer Information zu betrachten. Entscheidend ist im Kontext vielmehr, dass der Sprecher sich „immer sehr viel" bewegt, um zu erklären, warum er sich auch gerade jetzt bewegt.

Durch die Umstellung des Finitums in die linke Satzklammer kommt es zur Diskontinuität der Fokusprojektion:

(75) ich [be/WE\ge]$_{F...}$ mich **halt** [immer sehr viel]$_{...F}$

Zusammenfassend wird mit Meibauer davon ausgegangen, dass der Fokus vor der Bewegung des Finitums in die linke Satzklammer festgelegt wird. Ist also das Finitum in der linken Satzklammer fokussiert, so muss man prüfen, ob der Fokus von seiner zugrundeliegenden Position in der rechten Satzklammer aus projizieren kann. Dies wurde hier für die betreffenden Belege vorgeführt. Dabei wurde festgestellt, dass in der jeweiligen Topik-Fokus-Struktur eine Projektion vom fokussierten Finitum aus im Rahmen des Frage-Unterfrage-Antwort-Verfahrens plausibel ist. Daraus lässt sich schließen, dass die Distanzstellung zwischen Modalpartikel und fokussiertem Finitum in der linken Satzklammer in unseren Beispielen als Phänomen der Oberflächenstruktur erklärt werden kann. In der zugrundeliegenden Struktur stehen die Modalpartikeln adjazent zu einer Fokusprojektion.

4.4.2.2 Modalpartikelstellung bei Tempus- und Modus-Fokus

Obwohl für die unter 4.4.2.1 diskutierten Belege gezeigt werden konnte, dass in der zugrundeliegenden Struktur die Projektion des Finitums nach links bis zur Modalpartikel plausibel ist, können Fälle gebildet werden, in denen die Modalpartikelstellung unabhängig vom fokussierten Finitum zu sein scheint. Hier eine Beispielserie:

{U: Peter hat vor, heute den Kindern die Bücher zu kaufen}
(76a) V: ich meine, dass **doch** peter den kindern die bücher schon gekauft [/HAT\]$_F$
(76b) V: ich meine, dass peter den kindern **doch** die bücher schon gekauft [/HAT\]$_F$
(76c) V: ich meine, dass peter den kindern die bücher **doch** schon gekauft [/HAT\]$_F$
(76d) *V: ich meine, dass peter den kindern die bücher schon **doch** gekauft [/HAT\]$_F$

Beim gleichen Kontext scheint sich die Modalpartikel *doch* in diesem Beispiel relativ frei im Mittelfeld bewegen zu können (zu (76d) siehe weiter unten in diesem Abschnitt). Es lohnt sich also, der Frage nachzugehen, wie es sich im Allgemeinen mit der Fokussierung des Finitums und dessen Projektion verhält.

Die Annahme, dass der Fokus vom Finitum aus projiziert werden kann, ist angesichts der Fachliteratur durchaus problematisch. In diesem Zusammenhang spielt vor allem das Phänomen des Verum-Fokus eine wichtige Rolle. Unter Verum-Fokus (Höhle 1988, 1992) versteht man eine Fokussierung des Finitums (oder des Komplementierers[19]), durch die die Hervorhebung der Wahrheit der betreffenden Proposition angezeigt wird. In der Literatur (vgl. u.a. Uhmann 1991: 195) wird angenommen, dass bei fokussierten Finita mit Verum-Interpretation keine Fokusprojektion möglich ist. Ein Beispiel für einen Verum-Fokus ist (77) aus Büring (2006: 152):

(77) {U: ich wünschte, du wärst in meiner mannschaft}
V: aber ich BIN\ in deiner mannschaft

Der semantische Effekt, der durch die Fokussierung des Finitums *bin* zustande kommt, kann vorläufig wie folgt beschrieben werden: Durch den Fokusakzent auf *bin* wird die Wahrheit der Proposition 'V ist in der Mannschaft von U' fokussiert. Wir werden im weiteren Verlauf des Kapitels aber sehen, wie diese Beschreibung noch präzisiert werden kann.

Uhmann (1991: 195) schließt Fokusprojektion bei Verum-Fokus ausdrücklich aus, da ihres Erachtens die semantische Verum-Komponente zwar im Finitum

---

19 Da Fälle von fokussiertem Komplementierer im Korpus nicht belegt sind, wird in der vorliegenden Arbeit darauf nicht eingegangen. Die Beobachtungen, die im Folgenden zu Tempus-, Modus- und Subjunktor-Fokus gemacht werden, scheinen auch auf den Komplementierer-Fokus übertragbar zu sein. Hierzu ist weitere Forschung notwendig.

enthalten, aber kleiner als dieses ist. In den Beispielen mit fokussiertem Finitum, die im vorigen Abschnitt 4.4.2.1 untersucht wurden, scheint intuitiv kein Verum-Fokus vorzuliegen. Wir benötigen allerdings genauere Kriterien, um dies sicher beurteilen zu können. Es kann sich aber auch in Sätzen, in denen sicher Verum-Fokus vorliegt, ergeben, dass Modalpartikeln in Distanzstellung zum fokussierten Finitum stehen. Zur Erläuterung wandeln wir Bürings Beispiel leicht ab:

(78)   {U: ich wünsche, du wärst in meiner mannschaft}
        V: aber ich BIN\ jetzt **doch** in deiner mannschaft

In dieser Variante des Beispiels steht das Adverb *jetzt* zwischen dem fokussierten Finitum *bin* und der Modalpartikel *doch*. In der Oberflächenstruktur steht die Modalpartikel also nicht adjazent zur Fokusprojektion. Aber auch in der zugrundeliegenden Struktur steht Material zwischen der Modalpartikel *doch* und dem Fokus *bin*, und zwar *in deiner Mannschaft*:

(78a)   (dass) ich jetzt **doch** in deiner mannschaft [BIN\]_F

Wenn wir mit Uhmann annehmen, dass bei Verum-Interpretation der Fokus nicht vom Finitum aus projiziert werden kann, muss es sich hierbei um Hintergrundmaterial handeln. Dann steht uns in solchen Fällen der an den Korpusbelegen entwickelte Lösungsweg nicht zur Verfügung, um die Generalisierung zu retten, dass Modalpartikeln adjazent zu einem Fokus- bzw. Topikbereich stehen müssen.

Um dieses Problem aufzuklären, müssen wir uns genauer mit fokussierten Finita beschäftigen. Die Fokussierung des Finitums führt nicht immer zu einer Verum-Interpretation. Das Finitum ist semantisch vielschichtig. Während ein Sprecher durch Fokussierung einer Nominalphrase wie *das Buch* eindeutig anzeigt, dass er den Referenten, auf den diese Nominalphrase Bezug nimmt, als Antwort auf eine reale oder hypothetische Frage des Adressaten kennzeichnen möchte, kann der Sprecher durch die Fokussierung des Finitums je nach Kontext unterschiedliche Bedeutungskomponenten hervorheben, die im Finitum kodiert sind (vgl. Bolinger 1986: 101). Die Verum-Komponente ist nur eine davon.

Im Finitum sind Bedeutungskomponenten zu jeder der drei semantischen Ebenen (s.o. 1.4) enthalten. Diese sind (i) im Verblexem, (ii) in der Tempuskategorie und (iii) in der Moduskategorie kodiert, wobei noch zusätzlich zwischen epistemischem und deontischem Modus zu unterscheiden ist. Somit kann auch die Fokussierung des Finitums je nach Kontext zur Hervorhebung (i) des Verblexems, (ii) des Tempus und (iii) des epistemischen oder deontischen Modus führen. Wir sprechen von:

(i) Verb-Fokus,
(ii) Tempus-Fokus und
(iii) Modus-Fokus.

Als Beispiel für den **Verb-Fokus** betrachten wir (79):

(79)   {U: hans will uns sein auto leihen}
        V: aber thomas sagt, dass er es ver/KAUFT\

In Beispiel (79) stehen Tempus (Präsens) und Modus (Indikativ) nicht zur Debatte. Es geht vielmehr um die Konkurrenz zwischen zwei Sachverhaltsbeschreibungen: *Hans leiht uns sein Auto* und *Hans verkauft sein Auto*. Durch die Fokussierung des Verbs *verkauft* wird dessen lexikalische Bedeutung im Gegensatz zur lexikalischen Bedeutung von *leihen* hervorgehoben. Wir sprechen in solchen Fällen von Verb-Fokus.

Es ist nicht plausibel, bei Verb-Fokus Fokusprojektion anzunehmen. Der Verb-Fokus bildet einen engen Fokus, der mit den üblichen engen Foki auf Nominal- oder Präpositionalphrasen vergleichbar ist. Der Verb-Fokus besteht ebenso wie jeder enge Fokus in der Fokussierung einer minimalen Konstituente.

Wenn aus informationsstrukturellen Gründen eine Projektion auf die erweiterte Verbgruppe erwünscht ist, dann muss der Fokusakzent auf das verbnächste Satzglied fallen (vgl. Höhle 1982: 114-115, Uhmann 1991: 206-207, Meibauer 1994: 66). Ist aber in der Verbalphrase kein anderes fokussierbares Satzglied vorhanden, so fällt der Fokusakzent wiederum auf das Verb. Dies kommt vor allem bei Intransitiva häufig vor:

(80)   {was macht hans?}
        (ich meine, dass) er /SCHLÄFT\

Intransitivität ist aber keine notwendige Bedingung für die Fokussierung des Verbs. Es reicht, dass im gegebenen Kontext unter den Elementen, die zur Verbalphrase gehören, keines außer dem Verb den Fokusakzent tragen kann. Dies ist in folgendem Beispiel (81) der Fall:

(81)   {U: was gibt's neues?}
        V: dass ich dich gestern ge/SEH\en habe

Kapitel 4

Das Verb *sehen* ist transitiv. An dem durch die Frage in geschweiften Klammern angedeuteten Kontext wird klar, dass der Fokus über die ganze Äußerung von Sprecher V projiziert wird. Die Konstituenten *ich*, *dich* und *gestern* sind kontextuell gegeben, gehören aber zur Fokusprojektion. *Gesehen* ist die einzige Konstituente, deren Akzentuierung zur maximalen Fokusprojektion führen kann. Die Konstituenten *ich*, *dich* und *gestern* sind nur eng fokussierbar. Verb-Fokus wird also auch dann gewählt, wenn kein anderes Element der Verbalphrase fokussierbar ist.

Verb-Fokus ist insgesamt in folgenden Fällen möglich: (i) wenn nur die lexikalische Bedeutung des Verbs hervorgehoben werden soll, (ii) wenn in der Verbalphrase nur das Verb fokussierbar ist und zwar (a) weil die Verbalphrase keine weiteren Konstituenten außer dem Verb enthält oder (b) weil alle weiteren Konstituenten der Verbalphrase im Kontext schon gegeben sind.

Beziehen wir nun die festgehaltenen Beobachtungen zum Verb-Fokus auf den Korpusbeleg (82) zurück (s.o. 4.4.2.1):

(82)   ich [be/WE\ge]$_F$ mich **halt** immer sehr viel (FR023)

Wir hatten festgestellt, dass es plausibel ist, dass der Fokus in der zugrundeliegenden Struktur nach links bis zur Modalpartikel projiziert wird:

(82a)   dass ich mich **halt** [immer sehr viel be/WE\ge]$_F$

Angesichts des in Abschnitt 4.4.2.1 analysierten Kontexts wird klar, dass es sich um einen Verbalphrasen-Fokus handeln muss. Es wurde gezeigt, dass die Projektion auf *immer sehr viel bewege* im Kontext notwendig ist. Die Akzentuierung von *immer* würde zu einem engen Fokus führen, da *immer sehr viel* keine Konstituente bildet. Außerdem ist *immer* ebenso wie *sehr viel* ein Quantifikator zu *bewege*. Die Akzentuierung von Quantifikatoren führt grundsätzlich zu engem Fokus. Deshalb kann auch *sehr viel* nicht den Fokusakzent erhalten. Als möglicher Akzentträger bleibt nur das Verb übrig.

Bei Beleg (82) handelt es sich also um die Fokussierung der Verbalphrase. Die Modalpartikel grenzt links an die fokussierte Verbalphrase an. Die einzige Besonderheit dieses Beispiels besteht darin, dass das fokussierte Verb aus seiner zugrundeliegenden Position in der rechten Satzklammer herausbewegt wurde, was in der Oberflächenstruktur zur Diskontinuität des Fokusbereichs führt.

Stellungsverhalten der Modalpartikeln

Es wurde gezeigt, dass die Akzentuierung des Verbs den gleichen Prinzipien folgt wie die Akzentuierung anderer Satzkonstituenten. Dagegen haben Tempus- und Modus-Fokus besondere Eigenschaften.

Als Beispiel für den **Tempus-Fokus** betrachten wir (83):

(83) {U: ich habe gehört, dass martin ein auto hat}
V: er /HAT\te ein auto // sie haben es ihm ge/KLAUT\

In der Äußerung von Sprecher V kann der lexikalische Inhalt des Verbs *haben* nicht fokussiert sein, denn er ist im Kontext bereits vorerwähnt. Es kann sich also hier nicht um einen Verb-Fokus handeln. Aus der Äußerung von Sprecher U geht hervor, dass U annimmt, dass der Sachverhalt S MARTIN HAT EIN AUTO sich zeitlich mit dem Sprechereignis überlappt. Sprecher V stellt durch die Fokussierung des Finitums *hatte* in den Vordergrund, dass der Sachverhalt S sich nicht mit dem Sprechereignis überlappt, sondern dass er vielmehr zeitlich früher zu situieren ist. Wir sprechen in solchen Fällen von Tempus-Fokus.

Die Fokussierung der temporalen Bedeutungskomponente des Finitums unterscheidet sich stark von der üblichen Fokussierung von Phrasen und somit auch vom Verb-Fokus. Bei der Fokussierung von Phrasen und bei Verb-Fokus wird durch einen Fokusakzent auf einer Konstituente die von ihr kodierte (Teil-)Beschreibung eines Sachverhaltes fokussiert. Bei Tempus-Fokus hingegen wird eine Bedeutungskomponente fokussiert, die morphosyntaktisch (in der Wortkette) nicht isolierbar ist, sondern zusammen mit anderen Bedeutungskomponenten im Finitum „versteckt" ist. Fokusprojektion ist nur auf Bedeutungen anwendbar, die morphosyntaktisch kodiert und somit isolierbar sind (vgl. Uhmann 1991: 195). Aus diesem Grund muss davon ausgegangen werden, dass der Tempus-Fokus nicht projiziert werden kann.

Die modale (epistemische und deontische) Bedeutungskomponente des Finitums ist ebenso wie die temporale nicht separat in der Morphosyntax kodiert. Auch in diesem Fall ist es also nicht sinnvoll anzunehmen, dass der Modus-Fokus projiziert werden kann.

Schauen wir zunächst folgendes Beispiel für den **Modus-Fokus** an:

(84) {U: was soll ich bloß mit dem auto tun? ob ich es verkaufe?}
V: verKAUF\ es!

Kapitel 4

Der fallende Akzent auf dem Finitum *verkauf* fokussiert den Modus Imperativ. Da der Imperativ weder temporale noch epistemische, sondern nur deontische Information kodiert (vgl. Bredel/Lohnstein 2001: 244-245), wird seine Fokussierung immer deontisch gedeutet. Die Frage, auf die der Fokus in (84) antwortet, ist in diesem Fall von Sprecher U direkt formuliert worden: *Soll ich mein Auto verkaufen*? Die Antwort, die den Fokus bildet, lautet: Ich fordere dich auf, es zu tun. Hervorgehoben wird hier der in der Äußerung von V kodierte Akt. Der Kontext ist unmarkiert und steht hier nicht in Opposition zu einem anderen möglichen Kontext.

Gehen wir nun auf die Fokussierung des Indikativs ein. Da der **Indikativ**, soweit eine modale Deutung in Frage kommt, je nach Kontext epistemisch oder deontisch interpretiert werden kann, wird auch seine Fokussierung je nach Kontext epistemisch oder deontisch interpretiert[20]. Deontisch interpretiert wird z.B. der fokussierte Indikativ in (85):

(85) {U: ich habe keine lust das einmaleins zu üben. ich lerne das sowieso nie}
V: du ÜBST\ das jetzt endlich, verdammt noch mal!

Der Fokus auf *ÜBST* antwortet auf die hypothetische Frage des Adressaten: *Was soll ich tun*? Der Indikativ wird als Beschreibung eines zukünftigen Sachverhaltes verstanden und damit als indirekte Aufforderung, diesen zu realisieren. Fokussiert wird nun in (85) gerade diese deontische Interpretation des Indikativs. Der Rest der Äußerung von Sprecher V einschließlich der temporalen und epistemischen Interpretationsebenen bildet den Hintergrund.

Die Fokussierung des Indikativs mit epistemischer Interpretation wird in der Literatur als **Verum-Fokus** bezeichnet. Betrachten wir das Beispiel (86) aus Büring (2006: 152):

---

20 Die Modi des Deutschen sind auf einer Skala zunehmender Spezialisierung angeordnet. Der Indikativ ist der am wenigsten spezialisierte Modus. Der am stärksten spezialisierte ist der Imperativ. Dazwischen liegt der Konjunktiv. Konjunktiv und Imperativ werden im Vergleich zum Indikativ als markiert betrachtet (vgl. Eisenberg 1994: 114, Zifonun et al. 1997: 1731). Der Indikativ kann gleichzeitig temporal, epistemisch und deontisch interpretiert werden. Er ist die merkmallose Form auf der Skala. Der Konjunktiv kodiert modale Information, die epistemisch oder deontisch interpretiert werden kann. Der Imperativ kodiert ausschließlich deontische Information. Indikativ, Konjunktiv und Imperativ sind also zunehmend spezialisiert und damit zunehmend markiert

Stellungsverhalten der Modalpartikeln

(86) {U: ich wünschte, du wärst in meiner mannschaft}
V: aber ich BIN\ in deiner mannschaft

Der Fokus *BIN* antwortet auf die hypothetische Frage des Adressaten: Für welchen Situations- und Wissenskontext soll die Proposition P 'V ist in der Mannschaft von U' den Wahrheitswert W erhalten? Die Antwort besteht aus der epistemischen Bedeutungskomponente des Indikativs: Es soll der aktuelle Situations- und Wissenskontext des Sprechers (der default-Kontext) gewählt werden. Der Fokusakzent auf dem Finitum *bin* hebt also hervor, dass es nicht notwendig ist, dem Akt V IST IN DER MANNSCHAFT VON U für einen hypothetischen Situationskontext den deontischen Wert E zuzuordnen, sondern dass vielmehr der Proposition P 'V ist in der Mannschaft von U' für den aktuellen epistemischen Kontext der Wahrheitswert W zugeordnet werden kann. Fokussiert wird in der Äußerung von Sprecher V die epistemische Interpretation des Indikativs und zwar die Auswahl des aktuellen Auswertungskontextes. Der Rest der Äußerung von Sprecher V einschließlich der temporalen Bedeutungskomponenten bilden den Hintergrund.

Betrachten wir ein weiteres Beispiel für die Fokussierung des epistemischen Indikativs:

(87) {U: markus meint, peter habe 10 bier getrunken}
V: peter /HAT\ 10 bier getrunken

Der Äußerung von Sprecher U entnimmt man, dass U für die Auswertung der Proposition P 'Peter hat 10 Bier getrunken' den Wissenskontext einer Gewährsperson (von Markus) auswählt. Durch die Fokussierung des Finitums *hat* zeigt Sprecher V hingegen an, dass der Wahrheitswert W der Proposition P nicht im Wissenskontext der Gewährsperson, sondern in seinem eigenen aktuellen Wissenskontext ausgewertet werden soll, dass also er selbst bereit ist, für die Wahrheit der Proposition einzustehen.

In den Beispielen (86) und (87) wird durch die Fokussierung des Indikativs die Auswertungsdomäne verhandelt, für die der Proposition P der Wahrheitswert W zugeordnet wird. In anderen Kontexten kann durch die Fokussierung des Indikativs mit epistemischer Interpretation der zuzuordnende Wahrheitswert verhandelt werden. Hierzu betrachten wir das folgende (leicht veränderte) Beispiel, ebenfalls aus Büring (2006: 152):

(88) {U: karl war nicht auf der party}
V: DOCH\ // ich /MEIne, dass er auf der party WAR\

Kapitel 4

Durch die Fokussierung des Finitums *war* wird hervorgehoben, dass der Wahrheitswert der Proposition P 'Karl war auf der Party', der im aktuellen Situations- und Wissenskontext verifizierbar ist, nicht, wie von Sprecher U behauptet, F, sondern W ist.

In den Beispielen (86)-(88) handelt es sich um die Fokussierung des Indikativs mit epistemischer Interpretation. Der Unterschied zwischen (86)/(87) und (88) kann wie folgt erklärt werden: In den Beispielen (86) und (87) wird der Situations- und Wissenskontext verhandelt, für den der Proposition der Wahrheitswert W zugeordnet wird. Das heißt, der Wahrheitswert W steht hier nicht zur Debatte, sondern nur seine Kontextualisierung. In (88) hingegen wird nicht der Situations- und Wissenskontext verhandelt, sondern es wird hervorgehoben, dass der Proposition entgegen anderslautenden Behauptungen der Wahrheitswert W zugeordnet wird. Fälle wie (86)/(87) und (88) werden in der Literatur oft nicht unterschieden und beide mit dem von Höhle (1988) geprägten Terminus Verum-Fokus bezeichnet. Streng genommen dürfte man aber nur Fälle wie (88) zum Verum-Fokus zählen, da in (86) und (87) nicht der Wahrheitswert, sondern dessen Auswertungskontext zur Debatte steht.

Die Fokussierung der Negation *nicht* führt zu einer Beispiel (88) entgegengesetzten Interpretation:

(89) {U: karl war auf der party}
      V: NEIN\ // ich /MEIne, dass er NICHT\ auf der party war

In solchen Fällen könnte man von Falsum-Fokus sprechen.

Man könnte annehmen, dass die Regel „die Modalpartikel grenzt an ein Informationssegment an", bei Tempus- bzw. Modus-Fokus nicht anwendbar ist, weil Tempus und Modus Bedeutungskomponenten sind, die in der Morphosyntax des Deutschen nicht separat kodiert werden. Sie sind in der Morphologie des finiten Verbs „versteckt". Wonach richtet sich dann bei Tempus- bzw. Modus-Fokus die Modalpartikelstellung? Um diese Frage zu beantworten, betrachten wir zunächst ein Beispiel für den Tempus-Fokus:

(90) {U: Peter hat vor, heute den Kindern die Bücher zu kaufen}
      V: ich meine, dass peter **doch** den kindern die bücher schon gekauft [/HAT\]$_F$

In diesem Beispiel steht die zeitliche Situierung des Sachverhaltes S PETER KAUFT DEN KINDERN DIE BÜCHER zur Debatte. An der Äußerung von Sprecher U wird deutlich, dass U annimmt, dass der Sachverhalt S vom Sprechereignis aus in der Zukunft zu situieren ist. Im Gegensatz dazu hebt Sprecher V durch den Fokusakzent auf *hat* hervor, dass S vom Sprechereignis aus in der Vergangenheit zu situieren ist. Zwischen dem Tempus-Fokus und der Modalpartikel *doch* steht das Hintergrundmaterial *den Kindern die Bücher schon gekauft*.

Wir können nun beobachten, dass sich die Modalpartikel innerhalb des Mittelfeldes eines solchen Satzes relativ frei verschieben lässt, ohne dass sich die Interpretation ändert. Dabei ergeben sich außer (90) die folgenden Varianten, die alle zum gleichen Kontext passen:

(90a) {U: Peter hat vor, heute den Kindern die Bücher zu kaufen}
V: ich meine, dass **doch** peter den kindern die bücher schon gekauft [/HAT\]$_F$

(90b) {U: Peter hat vor, heute den Kindern die Bücher zu kaufen}
V: ich meine, dass peter den kindern **doch** die bücher schon gekauft [/HAT\]$_F$

(90c) {U: Peter hat vor, heute den Kindern die Bücher zu kaufen}
V: ich meine, dass peter den kindern die bücher **doch** schon gekauft [/HAT\]$_F$

Lediglich Variante (90d), in der die Modalpartikel unmittelbar vor dem Verbkomplex am rechten Rand des Mittelfeldes steht, ist nicht möglich:

(90d) {U: Peter hat vor, heute den Kindern die Bücher zu kaufen}
*V: ich meine, dass peter den kindern die bücher schon **doch** gekauft [/HAT\]$_F$

Das liegt wahrscheinlich daran, dass die Modalpartikel *doch* Skopus über das Temporaladverb *schon* haben und deshalb links von *schon* stehen muss. *Schon* operiert auf der temporalen, *doch* auf der modalen Ebene der Satzsemantik. Wenn man in (90d) *schon* weglässt, kann die Modalpartikel unmittelbar links des Verbkomplexes stehen:

(91) {U: Peter hat vor, heute den Kindern die Bücher zu kaufen}
V: ich meine, dass peter den kindern die bücher **doch** gekauft [/HAT\]$_F$

Die Modalpartikel *doch* zeigt an, dass Sprecher U nach Meinung von V eine Information nicht berücksichtigt, die aber nach Meinung von V schon zum Wissenssystem von U gehören sollte (vgl. Ickler 1994: 401). Diese Information ist

Kapitel 4

im vorliegenden Fall im fokussierten Tempus kodiert. Es handelt sich um die Information, dass das Kaufen der Bücher zeitlich vor dem Sprechereignis liegt und zum Zeitpunkt des Sprechereignisses bereits abgeschlossen ist. Die Beispiele (90a)-(90c) und (91) zeigen, dass bei Tempus-Fokus die Modalpartikel eine beliebige Position im Mittelfeld einnehmen kann, ohne dass ihr semantischer Bezugsbereich davon beeinflusst wird. Bei Tempus-Fokus operiert die Modalpartikel immer auf der temporalen Bedeutungskomponente des Finitums, unabhängig von ihrer linearen Position im Satz. Gleiches gilt auch für den Modus-Fokus. Betrachten wir hierzu ein (leicht abgeändertes) Beispiel aus Höhle (1992: 112):

(92) {U: ich habe hanna gefragt, was karl macht, und sie hat die alberne behauptung aufgestellt, dass er ein drehbuch schreibt}
V: (aber ich meine,) dass karl **doch** jetzt fürs fernsehen ein drehbuch [/SCHREIBT\]$_F$

In diesem Kontext steht zur Debatte, ob die Behauptung wahr ist, dass Karl ein Drehbuch schreibt. Sprecher U insinuiert in seinem Redebeitrag, dass dies nicht der Fall ist. Sprecher V hebt durch die Fokussierung des Finitums *schreibt* dagegen hervor, dass der Wahrheitswert der Proposition P in seinem aktuellen Wissenskontext W ist. Es liegt also Verum-Fokus vor.

Die Modalpartikel *doch* kann auch bei Verum-Fokus (sowie bei allen übrigen Varianten des Modus-Fokus) im Mittelfeld verschoben werden, ohne dass sich ihr Skopus verändert. Sie wird semantisch immer auf die modale Bedeutungskomponente des Finitums bezogen:

(92a) {U: ich habe hanna gefragt, was karl macht, und sie hat die alberne behauptung aufgestellt, dass er ein drehbuch schreibt}
V: (aber ich meine,) dass **doch** karl jetzt fürs fernsehen ein drehbuch [/SCHREIBT\]$_F$

(92b) {U: ich habe hanna gefragt, was karl macht, und sie hat die alberne behauptung aufgestellt, dass er ein drehbuch schreibt}
V: (aber ich meine,) dass karl jetzt **doch** fürs fernsehen ein drehbuch [/SCHREIBT\]$_F$

(92c) {U: ich habe hanna gefragt, was karl macht, und sie hat die alberne behauptung aufgestellt, dass er ein drehbuch schreibt}
V: (aber ich meine,) dass karl jetzt fürs fernsehen **doch** ein drehbuch [/SCHREIBT\]$_F$

Stellungsverhalten der Modalpartikeln

Lediglich die Stellung der Modalpartikel unmittelbar vor dem Finitum ist wiederum nicht möglich:

(92d) {U: ich habe hanna gefragt, was karl macht, und sie hat die alberne behauptung aufgestellt, dass er ein drehbuch schreibt}
*V: (aber ich meine,) dass karl jetzt fürs fernsehen ein drehbuch **doch** [/SCHREIBT\]$_F$

In (92d) steht am rechten Rand des Mittelfeldes das indefinite direkte Objekt *ein Drehbuch*. Dieses darf nicht durch die Modalpartikel vom Verbkomplex getrennt werden. Bei definiten direkten Objekten wie in Beispiel (90) kann die Modalpartikel auch unmittelbar vor dem Finitum stehen. Dies gilt auch bei definiten Pronominalobjekten:

(93) {U: Sieht man das Tattoo oder sieht man es nicht?}
V: (ich meine,) dass man es da **doch** [/SIEHT\]$_F$

Wir haben bereits in anderem Zusammenhang gesehen, dass direkte Objekte in der Fokus-Hintergrund-Gliederung eine besondere Rolle spielen. Bei transitiven Verben ziehen sie den Akzent auf sich, wenn Fokussierung der Verbalphrase beabsichtigt ist.[21] Möglicherweise hat die Beschränkung, dass indefinite direkte Objekte bei Verum-Fokus nicht durch Modalpartikeln vom Verb getrennt werden dürfen, einen damit zusammenhängenden Hintergrund. Wir können diese Frage in der vorliegenden Arbeit nicht im Detail weiterverfolgen.

Zusammenfassend ist festzuhalten, dass die Modalpartikelstellung bei Tempus- und Modus-Fokus von der Prosodie abgekoppelt zu sein scheint. Eine mögliche Erklärung hierfür könnte die Folgende sein: Da die Modalpartikel bei diesen Fokusarten nicht an ein Informationssegment angrenzen kann, weil der Fokus in der Morphosyntax nicht separat kodiert ist, kann die Modalpartikel sich im Mittelfeld relativ frei bewegen. Semantisch bezieht sie sich stets auf das fokussierte Tempus bzw. den fokussierten Modus des Verbs.

---

21 Dies trifft nicht nur auf indefinite Objekte zu. Modalpartikeln können im Allgemeinen schlecht zwischen Elemente der Verbvalenz und das Verb treten, wenn diese bei Normalbetonung den Fokusakzent auf sich ziehen. So scheint *doch* in diesem Satz in einer unzulässiger Position zu stehen: *ich meine, dass sie sich anständig **doch** benommen hat*. *Anständig* zieht bei Normaletonung den Fokusakzent auf sich.

Kapitel 4

4.4.3 Distanz zwischen Modalpartikel und fokussiertem Subjunktor

Zuletzt muss nun noch erklärt werden, wie es in Beleg (94)

(94) /WEIL\ man sich **eben** mit sich beschäftigt

dazu kommen kann, dass die Modalpartikel in Distanzstellung zum fokussierten Subjunktor steht.

Subjunktoren leiten Adverbialsätze ein und kodieren die semantische Relation, in der der von ihnen eingeleitete Adverbialsatz zum Matrixsatz steht. Sie sind also Konnektoren. Sie können auf allen drei Ebenen (d.h. temporal, epistemisch und deontisch) der Satzsemantik operieren. Ein Beispiel für einen durch einen Subjunktor eingeleiteten Adverbialsatz ist:

(95) **Bevor** Hans abreiste, schrieb er ihr einen Zettel.

Hier kodiert der Subjunktor *bevor*, dass der Sachverhalt HANS REIST AB zeitlich vor dem Sachverhalt HANS SCHREIBT IHR EINEN ZETTEL zu situieren ist. *Bevor* kodiert also eine Temporalverknüpfung und operiert somit auf der Sachverhaltsebene der Satzsemantik. Subjunktoren können auch semantische Relationen zwischen Propositionen kodieren:

(96) **Wenn** Hans rechtzeitig mit der Arbeit fertig wird, geht er heute abend aus.

In (96) kodiert der Subjunktor *wenn*, dass der Proposition 'Hans geht heute abend aus' der Wahrheitswert W nur in einem epistemischen Kontext zugeordnet werden kann, in dem der Wahrheitswert W der Proposition 'Hans wird rechtzeitig mit der Arbeit fertig' ebenfalls verifizierbar ist. *Wenn* kodiert hier eine Konditionalverknüpfung.

Subjunktoren können auch eine semantische Relation zwischen zwei Akten herstellen:

(97) Du bleibst gefälligst zu Hause, **weil** es so stark regnet.

Der Subjunktor *weil* kodiert, dass der Akt A_1 DU BLEIBST GEFÄLLIGST ZU HAUSE in einem Handlungskontext auszuwerten ist, in dem der Akt A_2 ES REGNET SO STARK als Motiv für A_1 gilt.

Adverbialsätze tragen also dazu bei, die Information des Matrixsatzes zu kontextualisieren. Die Art der Kontextualisierung wird vom Subjunktor bestimmt, wobei diese auf der temporalen oder modalen Ebene der Satzsemantik stattfinden kann. Wird der Subjunktor fokussiert, so führt dies zur Fokussierung der durch ihn kodierten semantischen Relation. Schauen wir folgendes Beispiel an:

(98)   Hans ist nicht nervös, ob/WOHL er nichts zu tun hat, sondern WEIL\ er nichts zu tun hat

Die Fokussierung des Subjunktors *weil* hebt hier hervor, dass der Sachverhalt HANS HAT NICHTS ZU TUN als Ursache für den Sachverhalt HANS IST NERVÖS zu interpretieren ist. Die durch *weil* kodierte Kausalverknüpfung wird der durch *obwohl* kodierten adversativen Verknüpfung gegenübergestellt.

Es stellt sich nun die Frage, ob ein Subjunktor-Fokus projiziert werden kann. Wenn man die gesamte Subjunktorphrase fokussieren möchte, muss man den Fokusakzent auf die Ergänzung des Subjunktors setzen:

(99)   {warum freut sich hans?}
hans freut sich, [weil er am wochenende be/SUCH\ bekommt]$_F$

Durch die Fokussierung von *Besuch* kann der Fokus stufenweise (*Besuch bekommt, am Wochenende Besuch bekommt, er am Wochenende Besuch bekommt*) auf die gesamte Ergänzung des Subjunktors projiziert werden. Von der Ergänzung aus kann der Fokus schließlich auch auf den Subjunktor projiziert werden, sodass die gesamte durch die Subjunktorphrase kodierte Kausalangabe fokussiert wird.

Setzt man den Fokusakzent auf den Subjunktor *weil*, wird lediglich die kausale Art der Verknüpfung zwischen dem Sachverhalt HANS FREUT SICH und dem Sachverhalt HANS BEKOMMT AM WOCHENENDE BESUCH fokussiert:

(100)   {warum freut sich hans?}
*hans freut sich, [/WEIL\]$_F$ er am wochenende besuch bekommt

Die Variante mit dem fokussierten Subjunktor passt also nicht zu einem Kontext, in dem nach der kausalen Kontextualisierung des Sachverhaltes HANS FREUT SICH gefragt wird, sondern nur zu einem Kontext, in dem die Art der Verknüpfung zwischen den zwei Sachverhalten zur Debatte steht:

Kapitel 4

(101) {freut sich hans, obwohl er am wochenende besuch bekommt?}
(nein,) hans freut sich, [/WEIL\]_F er am wochenende besuch bekommt

Wir halten also fest, dass der Fokus vom Subjunktor aus nicht projiziert werden kann.

Es stellt sich nun die Frage nach dem Stellungsverhalten der Modalpartikeln bei fokussiertem Subjunktor. Da Modalpartikeln auf der modalen Ebene der Satzsemantik operieren, ist es zu erwarten, dass bei Subjunktoren, die Sachverhalte verknüpfen, Modalpartikeln schlecht interpretierbar sind. Um dies zu prüfen, wird dem schon besprochenen Beispiel für einen temporalen Subjunktor die Modalpartikel *ja* hinzugefügt:

(102) ***Bevor** Hans **ja** abreiste, schrieb er ihr einen Zettel.

Hier ist die Modalpartikel *ja* schlecht interpretierbar, weil sie eine modale (epistemische) Kontextangabe kodiert. Dies ist aber mit dem Subjunktor *bevor* nicht vereinbar, da dieser lediglich auf der Sachverhaltsebene operiert.

Fügt man eine Modalpartikel einem Adverbialsatz hinzu, dessen Subjunktor auf der modalen Ebene operiert, kann die Modalpartikel problemlos interpretiert werden:

(103) **Wenn** Hans **ja** rechtzeitig mit der Arbeit fertig wird, geht er heute abend aus.
(104) Du bleibst gefälligst zu Hause, **weil** es **ja** so stark regnet

Es kann also festgehalten werden, dass Modalpartikeln in einem Adverbialsatz stehen können, wenn dessen Subjunktor Propositionen oder Akte verknüpft. Es muss nun ermittelt werden, wo in Adverbialsätzen mit fokussiertem Subjunktor die Modalpartikeln stehen können. Hierzu betrachten wir folgendes Beispiel:

(105) {U: die mutter ist nervös, obwohl der nachbar den kindern die bonbons geschenkt hat}
V: aber die mutter ist offensichtlich nervös, /WEIL\ der nachbar den kindern die bonbons geschenkt hat

Der Subjunktor *weil* kann im gegebenen Kontext epistemisch interpretiert werden. Ein eindeutiger Anzeiger der epistemischen Interpretation von *weil* ist das epistemische Adverb *offensichtlich*. Schauen wir, an welchen Stellen die Modalpartikel *eben* im Adverbialsatz stehen kann:

(106) {U: die mutter ist offensichtlich nervös, obwohl der nachbar den kindern die bonbons geschenkt hat}
V: aber die mutter ist offensichtlich nervös, /WEIL\ (**eben**) der nachbar (**eben**) den kindern (**eben**) die bonbons (**eben**) geschenkt hat

Die Modalpartikel kann sich relativ frei im Adverbialsatz bewegen, wobei sie sich semantisch durchgehend auf den fokussierten Subjunktor bezieht. Die Modalpartikel kann auch im Matrixsatz stehen und von dort aus sich ebenfalls auf den fokussierten Subjunktor beziehen:

(107) aber die mutter ist **eben** offensichtlich nervös, /WEIL\ der nachbar den kindern die bonbons geschenkt hat

Am rechten Rand des Mittelfeldes kann die Modalpartikel nicht zwischen dem Verb und dem Objekt stehen, wenn dieses indefinit ist. Dies wird deutlich, wenn wir das definite Objekt *die Bonbons* durch das indefinite *Bonbons* ersetzen:

(108) *aber die mutter ist offensichtlich nervös, /WEIL\ der nachbar den kindern bonbons **eben** geschenkt hat

Adverbialsätze können in ihrer Grundposition im Mittelfeld auftreten:

(109) aber die mutter ist, **eben** /WEIL\ der nachbar den kindern die bonbons geschenkt hat, offensichtlich nervös

Dies bildet den einzigen Fall, in dem die Modalpartikel unmittelbar an den fokussierten Subjunktor angrenzt.

Bei fokussiertem Subjunktor hat die Modalpartikel durchgehend Skopus auf diesen unabhängig von ihrer Position. Bei fokussiertem Subjunktor kann die Modalpartikel zusätzlich diesem unmittelbar vorangestellt werden, wenn die Subjunktorphrase im Mittelfeld steht.

Nachdem das Stellungsverhalten der Modalpartikeln in Bezug auf fokussierte Subjunktoren ermittelt wurde, kann nun der Korpusbeleg analysiert werden:

(110) /WEIL\ man sich **eben** mit sich beschäftigt (FR023)

Kapitel 4

Beispiel (110) steht in einem Redebeitrag des Schauspielers Klaus Kammer in Dialog FR023. Hier spricht er über seine Schwierigkeiten als Schauspieler, sich ständig in unterschiedliche Rollen hineinzuversetzen:

(111) [...] auf der /ANderen seite durch dieses /STÄNdige mit-sich-/SELBST-be/SCHÄFtigen ist genau das das haben sie be/ANTwortet /MUSS man sich /SEHR be/MÜhen halt sich also dauernd nun zu /ORD\nen /WEIL\ man sich **eben** mit sich beschäftigt [...]

Der Abschnitt *ist genau das haben Sie beantwortet* ist eine Parenthese. Der Subjunktor *weil* verknüpft die zwei Sätze *auf der anderen Seite durch dieses ständige Mit-sich-selbst-Beschäftigen muss man sich sehr bemühen, halt sich also dauernd nun zu ordnen* und *man sich eben mit sich beschäftigt*. Jeder Satz bildet auch eine Intonationsphrase. Durch die Fokussierung von *weil* wird hervorgehoben, dass der Sprecher glaubt, dass die Tatsache, dass man (d.h. die Schauspieler) sich mit sich beschäftigt, der Grund dafür ist, dass Schauspieler sich sehr bemühen müssen, sich dauernd zu ordnen. Die separate prosodische Phrasierung der Konnekte (d.h. des Matrixsatzes und Nebensatzes) und die Modalpartikeln, die in beiden Konnekten auftreten, sind Anzeiger dafür, dass die kausale Verknüpfung epistemisch gelesen werden soll (vgl. Blühdorn ersch.).

Auch in unserem Beleg könnte die Modalpartikel *eben* andere Positionen einnehmen, ohne dass ihr Bezugsbereich sich ändert. Sie bezieht sich immer auf den Subjunktor:

(112) /WEIL\ man sich **eben** mit sich beschäftigt
(113) /WEIL\ man sich mit sich **eben** beschäftigt

Die Varianten (114) und (115) dürften nicht möglich sein, weil *man* und *sich* Wackernagelmaterial sind:

(114) ?/WEIL\ **eben** man sich mit sich beschäftigt
(115) ?/WEIL\ man **eben** sich mit sich beschäftigt

Durch die Internet-Suchmaschine Google lassen sich allerdings Belege finden, die analog zu (114)-(115) sind, wobei *weil* keinen Akzent trägt. Hierzu jeweils ein Beispiel:

(116) Eine Datenkopie zu erstellen ist und wird niemals ein Raubdelikt geschweige eine Straftat sein und sein können. Das einzigste was man daraus als Straftat konstruieren könnte wäre wenn diese Kopien kommerziell genutzt werden würden. Wann dann eben doch eine Straftat wäre **weil eben man sich** durch fremdes geistiges Eigentum bereichern würde.
(http://www.shortnews.de/start.cfm?id=593079 – 20.03.2009)

(117) Der Mensch ist schwach (großteils): man isst zu viel, man raucht, man sitzt zu viel vor pc - **weil man eben sich** nicht beherrschen kann. Und wenn die Erwachsene sich nicht beherrschen wollen, wir sollen das die Kinder tun.
(http://kinderfilme.wordpress.com/2008/09/10/ubergewicht-bei-kindern-die-grunde-dafur-und-mogliche-auswege/ – 20.03.2009)

Diese Stellungsfreiheit scheint allerdings nicht für alle Modalpartikeln in gleicher Maße zu gelten. So findet sich für die Reihenfolge *weil doch man sich* in der Internet-Suchmaschine Google kein Beleg. Die Kombination *weil man doch sich* ist ebenfalls kaum belegt. Hierzu kann man die Hypothese aufstellen, dass Modalpartikeln wie *eben* und *halt* viel freier in ihrem Stellungsverhalten sind als *doch*. Auf diese Frage kann allerdings in der vorliegenden Arbeit nicht weiter eingegangen werden.

4.5 Zusammenfassung

Was das Stellungsverhalten der Modalpartikeln in der Topik-Fokus-Struktur betrifft, können zwei Fälle festgehalten werden. Diese sind durch die Art bzw. Semantik des Informationssegmentes bedingt, auf das die Modalpartikel sich bezieht:

(i) Ist das Informationssegment **lexikalisch gefüllt** und somit in der Morphosyntax separat kodiert, so steht die Modalpartikel in Adjazenzstellung zu ihm. Dies trifft in den meisten Fällen des Korpus zu. Es handelt sich hierbei um Phrasen-Foki (bzw. seltener Phrasen-Topiks) jeder Art (Nominal-, Adjektiv-, Präpositional-, Adverb- und Verbalphrasen). Bei einem Fokus im Vorfeld steht die Modalpartikel in der Oberflächenstruktur adjazent zur Spur des Fokus im Mittelfeld. Bei Verbalphrasen-Foki kann es durch die Bewegung des Finitums in die linke Klammer zu einer diskontinuierlichen Fokusprojektion kommen.

Kapitel 4

(ii) Ist das Informationssegment **nicht lexikalisch gefüllt**, so kann sich die Modalpartikel relativ frei bewegen. Nicht lexikalisch gefüllte Informationssegmente sind:

1. Tempus-Fokus
2. Modus-Fokus: Dieser wird je nach Modus und Kontext epistemisch oder deontisch interpretiert. Der Verum-Fokus ist ein spezieller Typ des Modus-Fokus mit epistemischer Interpretation.
3. Subjunktor-Fokus

5. Schlussbemerkungen

Ziel der vorliegenden Arbeit war die Ermittlung der Faktoren, die das Stellungsverhalten der Modalpartikeln im Deutschen steuern.

Ausgangspunkt der vorliegenden Untersuchung bildeten Hinweise aus der Literatur (vor allem Lerner 1987 und Meibauer 1994) darauf, dass bei der Steuerung des Stellungsverhaltens der Modalpartikeln im Mittelfeld über die Syntax hinaus die Akzentuierung als Kodierungsmittel der Informationsstruktur eine wichtige Rolle zu spielen scheint.

Daraufhin wurde ein Modell der Topik-Fokus-Struktur entwickelt, das hauptsächlich auf der Opposition zwischen steigendem und fallendem Akzent und der Theorie der Fokusprojektion basiert. Durch dieses Modell konnte gezeigt werden, dass der Redestrom durch Lage bzw. Art der Akzente und die durch die Akzente ausgelösten syntaktischen Projektionen informationsstrukturell nicht nur linear, sondern auch hierarchisch organisiert wird. Nach dem entwickelten Modell wurde ein Korpus der gesprochenen Sprache annotiert.

Die Korpusanalyse ergab, dass Modalpartikeln sich in der Topik-Fokus-Struktur regelhaft verhalten, und zwar grenzen sie in 97% der Fälle an ein Informationssegment (d.h. an einen Fokus- bzw. Topikbereich) an. Meistens stehen Modalpartikeln unmittelbar vor einem Fokusbereich; Voranstellung zu einem Topikbereich ist aber auch möglich. Ebenfalls möglich ist die Nachstellung der Modalpartikel relativ zu einem Informationssegment. Nur in 3% der Fälle grenzen die Modalpartikeln nicht an ein Informationssegment an und stehen dabei mitten im Hintergrundmaterial.

Blendet man vorläufig die abweichenden Fälle aus, kann man behaupten, dass die wichtigste prosodisch bedingte Stellungsbeschränkung der Modalpartikeln darin besteht, dass diese an ein Informationssegment (d.h. ein einen Topik- bzw. Fokusbereich) angrenzen müssen. Die Korpusdaten zeigen, dass diese prosodische Beschränkung so stark ist, dass sie u.U. sogar eine Position der Modalpartikel innerhalb einer Nominal- oder Präpositionalphrase erlaubt. Solche Fälle unterstützen die These, dass (zumindest in der gesprochenen Sprache) die Prosodie im Vergleich zur Syntax einen größeren Einfluss auf die Steuerung der Modalpartikelstellung haben kann.

Die Modalpartikelvorkommen, die nicht an ein Informationssegment angrenzen, treten im Korpus in drei Kontexten auf:

Kapitel 5

(i) wenn das Informationssegment im Vorfeld steht,
(ii) wenn es sich in Form eines Finitums in der linken Satzklammer befindet und
(iii) wenn es in Form eines Subjunktors in der linken Satzklammer befindet.

Der erste Sonderfall konnte mit Rückgriff auf Meibauers (1994: 82-83) Annahme erklärt werden, dass bei der Strukturerzeugung die Fokuszuweisung vor den syntaktischen Bewegungen (Bewegung des Finitums in die linke Klammer und Vorfeldbesetzung) stattfindet. So wird die Distanzstellung der Modalpartikel zum Informationssegment als reines Phänomen der Oberflächenstruktur interpretiert, dem aber eine Adjazenzstellung zugrunde liegt.

Im Gegensatz dazu konnte die Distanzstellung der Modalpartikel vom fokussiertem Finitum und fokussiertem Subjunktor nicht mit Rückgriff auf Meibauers Annahme erklärt werden. Es wurde nämlich gezeigt, dass Modalpartikeln auch in der zugrundeliegenden Struktur in Distanzstellung zu einem fokussiertem Finitum bzw. einem fokussiertem Subjunktor stehen können. Es stellte sich nun die Frage, warum Modalpartikeln gerade nur bei fokussierten Finita und Subjunktoren von ihrem allgemeinen Stellungsverhalten abweichen.

Um diese Frage zu beantworten, wurde zunächst auf die Semantik dieser fokussierten Elemente eingegangen. Diese Analyse hat gezeigt, dass je nach Kontext die Akzentuierung des Finitums zur Fokussierung unterschiedlicher Bedeutungskomponenten führen kann. Man kann demnach von Verb-, Tempus- und Modus-Fokus sprechen. Aus der Untersuchung der verschiedenen Fokussierungen des Finitums ergab sich ferner, dass die in der Literatur als Verum-Fokus bekannte Fokussierung als ein Spezialfall des Modus-Fokus betrachtet werden kann. Bei Tempus- und Modus-Fokus werden semantische Komponenten (d.h. im Drei-Ebenen-Modell der Satzsemantik Auswertungskontexte bzw. Werte) fokussiert, die im Gegensatz zu den üblichen Foki (z.B. Nominalphrasen-Foki) nicht separat in der Morphosyntax kodiert sind. Entsprechendes ergab sich aus der Analyse des Subjunktors.

Das Ergebnis der Korpusuntersuchung und der theoretischen Analyse der Foki in der linken Satzklammer lautet: Das Stellungsverhalten der Modalpartikeln in der Topik-Fokus-Struktur hängt mit der Art des fokussierten Informationssegments zusammen. Ist das fokussierte Informationssegment separat in der Morphosyntax kodiert, also lexikalisch gefüllt, grenzt die Modalpartikel unmittelbar an dieses an. Dies bildet in den untersuchten Daten den Normalfall. Lexikalisch gefüllte Informationssegmente sind etwa Nominalphrasen- und Verbalphrasen-

Schlussbemerkungen

Foki. Bei Tempus-, Modus- und Subjunktor-Fokus ist das fokussierte Informationssegment nicht separat in der Morphosyntax kodiert, so dass die Modalpartikel an dieses nicht angrenzen kann. In diesem Fall kann sie sich in der Äußerung ohne Bedeutungsänderung frei bewegen.

Unabhängig davon, ob das Informationssegment lexikalisch gefüllt ist oder nicht, gelten folgende syntaktische Beschränkungen:

(i) Modalpartikeln können im Mittelfeld nicht links der Wackernagelposition stehen.
(ii) Modalpartikeln können nicht zwischen einem indefiniten direkten Objekt und dem Verb stehen.
(iii) Modalpartikeln können nicht zwischen der Richtungsbestimmung und dem Verb stehen, es sei denn das Verb bildet einen engen Fokus.

Die am Anfang von Kapitel 4 anhand von Korpusdaten aus der geschriebenen Sprache skizzierte Skala der Stellungsfreiheit in Bezug auf die Position der Modalpartikeln kann nun anhand der Ergebnisse der Analyse gesprochen-sprachlicher Korpusdaten gedeutet und präzisiert werden:

Skala der Stellungsfreiheit in Bezug auf die Position der Modalpartikel

−   Negationspartikel *nicht, man/es*

   Advb.1, Prädikative

   Subjekte und Dativobjekte

   Akkusativobjekte

+   Advb.2, Advb.3, Präpositionalobjekte

Die Positionen der Negationspartikel *nicht* und der nicht betonbaren Pronomen *man* und *es* in Bezug auf die Modalpartikel sind rein syntaktisch bestimmt: Die Negationspartikel *nicht* muss immer rechts der Modalpartikel stehen. Die Wackernagel-Elemente *man* und *es* stehen immer links der Modalpartikel. Die übrigen Stellungsglieder des Mittelfeldes lassen sich auf unterschiedlichen Stufen der Stellungsfreiheit anordnen. Diese Stellungsfreiheit wird allerdings durch die

Kapitel 5

prosodische Regel relativiert, derzufolge die Modalpartikel unmittelbar an ein Informationssegment angrenzen muss.

Im Detail werden folgende Stellungsregeln festgehalten:

(i) Adverbialbestimmung vom Typ 1: Da Adverbialbestimmungen vom Typ 1 besonders eng an das Prädikat gebunden sind, stehen Modalpartikeln in der Regel links von ihnen. Steht die Modalpartikel rechts von einer solchen Adverbialbestimmung, so muss entweder die rechte oder die linke Satzklammer den Fokus bilden. In beiden Fällen zeigt die Modalpartikel an, dass die Konstituente, die rechts von ihr in der Grundserialisierung steht, den Fokus bildet und dass die Adverbialbestimmung vom Typ 1 nicht zur Fokusprojektion gehört.

(ii) Für Prädikative gilt Ähnliches. In der Regel werden Modalpartikeln nicht-pronominalen Prädikativen vorangestellt. Nicht-pronominalen Prädikativen können Modalpartikeln dann nachgestellt werden, wenn auf die Modalpartikel eine akzentuierte Konstituente folgt. Diese kann ein infiniter oder finiter Verbteil sein. Dem pronominalen Prädikativ *es* ist die Modalpartikel immer nachgestellt, da dieses im Mittelfeld in der Wackernagel-Position stehen muss.

(iii) Sind ein pronominales Subjekt oder Dativobjekt einer Modalpartikel nachgestellt, so müssen sie einen Topik- oder Fokus-Akzent tragen. In beiden Fällen signalisiert die Modalpartikel, dass unmittelbar rechts von ihr ein Informationssegment beginnt, das aus dem pronominalen Subjekt bzw. Dativobjekt besteht.

(iv) Ist die Modalpartikel einem pronominalen Akkusativobjekt vorangestellt, so muss dieses im Gegensatz zum pronominalen Subjekt bzw. Dativobjekt nicht unbedingt Träger eines Topik- oder Fokus-Akzentes sein. Es kann sich nämlich auch um einen Verbalphrasen-Fokus handeln, bei dem der Fokus vom Verb aus auf das pronominale Akkusativobjekt projiziert wird.

(v) Ist die Modalpartikel einer Adverbialbestimmung vom Typ 2 oder 3 oder einem Präpositionalobjekt vorangestellt, so müssen diese Konstituenten nicht unbedingt Träger eines Topik- bzw. Fokus-Akzentes sein. Sie müssen aber Teil einer Topik- oder Fokusprojektion sein.

Diese Stellungsregeln gelten für die gesprochene sowie für die geschriebene Sprache und zeigen, dass die Modalpartikeln durch ihre Position als informationsstrukturelle Anzeiger dienen. In der geschriebenen Sprache tragen sie dazu

Schlussbemerkungen

bei, die „leise Prosodie" (Féry 2006) zu kodieren, indem sie darauf hinweisen, dass i.d.R. unmittelbar rechts von ihnen eine fokussierte Konstituente folgt.

Im Rahmen der vorliegenden Studie konnte lediglich ein kleines Korpus untersucht werden. Dies lag hauptsächlich an zwei Gründen: (i) an dem hohen Aufwand des in Kapitel 3 beschriebenen Annotationsverfahrens und (ii) an dem ebenfalls aufwendigen Verfahren zur Herausfilterung der Modalpartikeln aus allen Modalpartikelkandidaten. Obwohl die Ergebnisse zum Stellungsverhalten der Modalpartikeln in der Topik-Fokus-Struktur recht eindeutig sind, wäre es wünschenswert, sie an einem größeren Korpus zu überprüfen und eventuell zu präzisieren.

Unter anderem könnte man durch die Untersuchung eines größeren Korpus zu differenzierteren Erkenntnissen zu den einzelnen Partikeln gelangen. Da jedes Modalpartikellexem einen eigenen Grammatikalisierungsprozess durchgemacht hat, ist es plausibel anzunehmen, dass nicht alle Modalpartikeln sich auf dem gleichen Grammatikalisierungsstadium befinden, so dass es auch Unterschiede in Bezug auf ihr Verhalten im Sprachsystem geben dürfte. Es wäre insbesondere der Frage nachzugehen, ob und inwieweit Unterschiede zwischen den stark phonologisch abgenutzten Modalpartikeln wie *ja* und *denn* und den phonologisch noch relativ schweren wie *eigentlich* und *vielleicht* bestehen.

An einem größeren und auf akzentuierte Partikeln zugeschnittenen Korpus ließe sich ferner die in der vorliegenden Arbeit formulierte Hypothese genauer überprüfen, dass die Akzentuierung eines Elementes, das als Modalpartikel fungieren kann, dazu führt, dass dieses nicht auf der modalen Ebene der Satzsemantik operieren und somit nicht als Modalpartikel fungieren kann.

Obwohl die Korpusanalyse ergab, dass Modalpartikeln grundsätzlich dazu tendieren an ein Informationssegment anzugrenzen, weisen Modalpartikeln wie *eben* und *halt* eine größere Stellungsfreiheit auf als Modalpartikeln wie *doch* und *ja* (s.o. Unterkapitel 4.4.3). Dies deutet darauf hin, dass Untersuchungen zur weiteren Ausdifferenzierung bei der Erforschung der einzelnen Modalpartikeln notwendig wären.

6. Bibliographie

Abraham, Werner (1991a): „Discourse particles in German". In: Abraham, Werner (Hg.): *Discourse particles*. Amsterdam/Philadelphia, Benjamins, S. 203-252.

Abraham, Werner (1991b): „The Grammaticalization of the German modal particles". In: Traugott, Elizabeth C./Heine, Bernd (Hg.): *Approaches to grammaticalization II*, Amsterdam, Benjamins, S. 331-380.

Altmann, Hans (1976): *Die Gradpartikeln im Deutschen. Untersuchungen zu ihrer Syntax, Semantik und Pragmatik*. Tübingen, Niemeyer.

Ammann, Hermann (1928): *Die menschliche Rede. Sprachphilosophische Untersuchungen*. Teil II. Lahr, Schauenburg.

Autenrieth, Tanja (2002): *Heterosemie und Grammatikalisierung bei Modalpartikeln*. Tübingen. Niemeyer.

Behaghel, Otto (1932): *Deutsche Syntax. Eine geschichtliche Darstellung*. Bd. 4. Heidelberg, Carl Winters Universitätsbuchhandlung.

Blühdorn, Hardarik/Breindl, Eva/Waßner, Ulrich Hermann (2004) (Hg.): *Brücken schlagen*. Berlin/New York, de Gruyter.

Blühdorn, Hardarik (2005): „Zur Semantik kausaler Satzverbindungen: Integration, Fokussierung, Definitheit und modale Umgebung". In: *Studi Linguistici e Filologici Online* 3.2/2005, S. 311-338.
http://www.humnet.unipi.it/slifo/2005vol2/Bluhdorn3.2.pdf

Blühdorn, Hardarik (2007a): „Verum-Fokus und Negation". Vortragsmanuskript. Kolloquium am Institut für Deutsche Sprache, Verum-Fokus zwischen Syntax, Semantik und Prosodie, 6. Juli 2007.

Blühdorn, Hardarik (2007b): „Zur Struktur und Interpretation von Relativsätzen". In: *Deutsche Sprache* 4/07, S. 287-314.

Blühdorn, Hardarik (2008): „Subordination and coordination in syntax, semantics and discourse. Evidence form the study of connectives". In: Fabricius-Hansen, Cathrine/Ramm, Wiebke (Hg.): *'Subordination' versus 'Coordination' in Sentence and Text. A cross-linguistic perspective*. Amsterdam, Benjamins, S. 59-85.

Blühdorn, Hardarik (ersch.): *Negation im Deutschen: Syntax, Prosodie, Semantik*. Tübingen, Narr.

Bibliographie

Boersma, Paul & Weenink, David (2005) Praat: doing phonetics by computer (Version 4.3.12) [Computer program]. Retrieved May 11, 2005, from http://www.praat.org/.

Bolinger, Dwight L. (1958): „A Theory of Pitch Accent in English". In: *Word* 14 (2,3), S. 109-149.

Bolinger, Dwight (1986): *Intonation and its Parts. Melody in spoken English.* London, Arnold.

Borst, Dieter (1985): *Die affirmativen Modalpartikeln* doch, ja, *und* schon. *Ihre Bedeutung, Funktion, Stellung und ihr Vorkommen.* Tübingen, Niemeyer.

Brandt, Margareta/Rosengren, Inger/Zimmermann, Ilse (1989): „Satzmodus, Modalität und Performativität". In: *Sprache und Pragmatik* 13, S.1-42.

Brandt, Margareta/Reis, Marga/Rosengren, Inger/Zimmermann, Ilse (1992): „Satztyp, Satzmodus und Illokution". In: Rosengren, Inger (Hg.): *Satz und Illokution.* Band 1. Tübingen, Niemeyer, S. 1-90.

Bredel, Ursula/Lohnstein, Horst (2001): „Zur Ableitung von Tempus und Modus in der deutschen Verbflexion". In: Zeitschrift für Sprachwissenschaft 20.2, S. 218-250.

Bublitz, Wolfram (1977): „Deutsch *aber* als Konjunktion und als Modalpartikel". In: Sprengel, Konrad et al. (Hg.): *Semantik und Pragmatik.* Band 2. Tübingen, Niemeyer, S. 199-209.

Bublitz, Wolfram (1978): *Ausdrucksweisen der Sprechereinstellung im Deutschen und Englischen.* Tübingen, Niemeyer.

Büring, Daniel (1997): *The Meaning of Topic and Focus. The 59th Street Bridge Accent.* London, Routledge.

Büring, Daniel (2006): „Intonation und Informationsstruktur". In: Blühdorn, Hardarik/Breindl, Eva/Waßner, Ulrich Hermann (Hg.): *Text – Verstehen. Grammatik und darüber hinaus.* Berlin/New York, de Gruyter, S. 144-163.

Chafe, Wallace (1987): „Cognitive constraints on information flow". In: Tomlin, Russell (Hg.): *Coherence and Grounding in Discourse.* Amsterdam/Philadelphia, John Benjamins, S. 21-51.

Chomsky, Noam/Halle, Morris (1968): *The Sound Pattern of English.* New York, Harper and Row.

Diewald, Gabriele (1997): *Grammatikalisierung: eine Einführung in Sein und Werden grammatischer Formen.* Tübingen, Niemeyer.

Bibliographie

Diewald, Gabriele (2006): „Discourse Particles and modal particles as grammatical elements". In: Fischer, Kerstin (Hg.): *Approaches to Discourse Particles*. Amsterdam, Elsevier, S. 403-425.

Diewald, Gabriele/Ferraresi, Gisella (2008): „Semantic, syntactic and constructional restrictions in the diacronic rise of modal particles in German: A corpus-based study on the formation of a grammaticalisation channel". In: Seoane, Elena/López-Couso, María-José (Hg.): Theoretical and Empirical Issues in Grammaticalization. Amsterdam/Philadelphia, John Benjamins, S. 77-110.

Dimroth, Christine (2004): *Fokuspartikeln und Informationsgliederung im Deutschen*. Tübingen, Stauffenburg.

Duden. Die Grammatik. (2005). Mannheim/Leipzig/Wien/Zürich, Dudenverlag.

Edwards, Jane A. (1993): „Principles and Contrasting Systems of Discourse Transcription". In: Edwards, Jane A./Lampert Martin. D. (Hg.): *Talking Data. Transcription and coding in discourse research*. Hillsdale, Erlbaum, S. 3-31.

Ehlich, Konrad (1993): „HIAT: A transcription system for discourse data": In: Edwards, Jane A./Lampert Martin. D. (Hg.): *Talking Data. Transcription and coding in discourse research*. Hillsdale, Erlbaum, S. 123-148.

Ehlich, Konrad/Rehbein, Jochen (1976): „Halbinterpretative Arbeitstranskriptionen (HIAT)". In: *Linguistische Berichte* 45, 21-41.

Ehlich, Konrad/Rehbein, Jochen (1979): „Erweiterte halbinterpretative Arbeitstranskriptionen (HIAT 2): Intonation". In: *Linguistische Berichte* 59, 51-75.

Eisenberg, Peter (2004): *Grundriss der deutschen Grammatik. Band 2: Der Satz*. Stuttgart/Weimar, Metzler.

Essen, Otto von (1964): *Grundzüge der hochdeutschen Satzintonation*. Ratingen, Henn.

Féry, Caroline (1993): *German Intonational Patterns*. Tübingen, Niemeyer.

Féry, Caroline (2006): „Laute und leise Prosodie". In: Blühdorn, Hardarik/ Breindl, Eva/Waßner, Ulrich Hermann (Hg.) Text – Verstehen. Grammatik und darüber hinaus. Berlin/New York, de Gruyter, S. 164-183.

Fiehler, Reinhard/Wagener, Peter (2005): „Die Datenbank Gesprochenes Deutsch (DGD) – Sammlung, Dokumentation, Archivierung und Untersuchung gesprochener Sprache als Aufgaben der Sprachwissenschaft". In: *Gesprächsforschung* 6, S. 136-147. http://www.gespraechsforschung-ozs.de

Bibliographie

Gabelentz, Georg von der (1868): „Ideen zu einer vergleichenden Syntax – Wort- und Satzstellung". In: *Zeitschrift für Völkerpsychologie und Sprachwissenschaft* 6, S. 376-384.

Goldsmith, John, A. (1976a): „An Overview of Autosegmental Phonology". In: *Linguistic Analysis* 2/1, S. 23-68.

Goldsmith, John, A. (1976b): *Autosegmental Phonology*. Cambridge, Mass., MIT press.

Grewendorf, Günther/Hamm, Fritz/Sternefeld, Wolfgang (1987): *Sprachliches Wissen*. Frankfurt am Main, Suhrkamp.

Grewendorf, Günther/Sternefeld, Wolfgang (1990): „Scrambling Theories". In: Grewendorf, Günther/Sternefeld, Wolfgang (Hg.): *Scrambling and Barriers*. Amsterdam/Philadelphia, John Benjamins Publishing Company, S. 3-37.

Gumperz, John/Berenz, Norine (1993): „Transcribing conversational exchanges". In: Edwards, Jane A./Lampert Martin D. (Hg.): *Talking Data. Transcription and coding in discourse research*. Hillsdale, Lawrence Erlbaum, S. 91-121.

Haider, Hubert (1993): *Deutsche Syntax – generativ*. Tübingen, Narr.

Haider, Hubert/Rosengren, Inger (1998): *Scrambling*. Universität Lund. (= Sprache und Pragmatik 49).

Halliday, M.A.K (1967): „Notes on transitivity and theme in English, Part 2". In: *Journal of Linguistics* 3, S. 199-244.

Heidolph, Karl Erich/Flämig, Walter/Motsch, Wolfgang (Hg.) (1981): *Grundzüge einer deutschen Grammatik*. Berlin, Akademie Verlag.

Heinrichs, Werner (1981): *Die Modalpartikeln des Deutschen und Schwedischen. Eine kontrastive Analyse*. Tübingen, Niemeyer.

Helbig, Gerhard (1988): *Lexikon deutscher Partikeln*. Leipzig, Verlag Enzyklopädie.

Helbig, Gerhard/Kötz, Werner (1981): *Die Partikeln*. Leipzig, Verlag Enzyklopädie.

Hentschel, Elke (1986): *Funktion und Geschichte deutscher Partikeln*. Tübingen, Niemeyer.

Höhle, Tilman (1982): „Explikationen für "normale Betonung" und "normale Wortstellung"". In: Abraham, Werner (Hg.): *Satzglieder im Deutschen*. Tübingen, Gunter Narr, S. 75-153.

Höhle, Tilman (1988): „VERUM-Fokus". In: *Sprache und Pragmatik* 5, S. 1-7.

Bibliographie

Höhle, Tilman (1992): „Über Verum-Fokus im Deutschen". In: Jacobs, Joachim (Hg.): *Informationsstruktur und Grammatik*. Opladen, Westdeutscher Verlag, S. 112-141.

Ickler, Theodor (1994): „Zur Bedeutung der sogenannten Modalpartikeln". In: *Sprachwissenschaft* 19, S. 374-404.

Ikoma, Miki (2007): *Prosodische Eigenschaften der Modalpartikeln*. Hamburg, Dr. Kovač.

Ikoma, Miki/Werner, Angelika (2007): „Prosodie der Modalpartikel *schon*: Wahrnehmung verschiedener Interpretationen". In: Thüne, Eva Maria/Ortu, Franca (Hg.): *Gesprochene Sprache/Partikeln*. Frankfurt am Main, Peter Lang, S. 129-139.

Isačenko, Alexander V./Schädlich, Hans-Joachim (1966): „Untersuchungen über die deutsche Satzintonation". In: Bierwisch, Manfred (Hg.): *Untersuchungen über Akzent und Intonation im Deutschen*. Berlin, Akademie Verlag, S. 7-67.

Jacobs, Joachim (1984): „Funktionale Satzperspektive und Illokutionssemantik". In: *Linguistische Berichte* 91, S. 25-58.

Jacobs, Joachim (1988): „Fokus-Hintergrund-Gliederung und Grammatik". In: Altmann, Hans (Hg.) *Intonationsforschungen*. Tübingen, Niemeyer (= Linguistische Arbeiten 200) S. 89-134.

Jacobs, Joachim (2001): „The dimensions of topic-comment". In: *Linguistics* 39/4, S. 641-681.

Jakobson, Roman/Fant, Gunnar/Halle, Morris (1951): *Preliminaries to speech analysis: The distinctive features and their correlates*. 7. Aufl. MIT Press, Cambridge MA.

Kallmeyer, Werner (Hg.) (1996): *Gesprächsrhetorik*. Berlin, de Gruyter.

Klein, Wolfgang/von Stutterheim, Christiane (1991): „Text structure and referential movement". In: *Sprache und Pragmatik* 22, S. 1-32.

Kohrt, Manfred (1988): „Eigentlich, das "Eigentliche" und das "Nicht-Eigentliche". Zum Gebrauch einer sogenannten "Abtönungspartikel". In: *Deutsche Sprache* 16, 103-130.

König, Ekkehard (1991): *The Meaning of Focus Particles*. London, Routledge.

Krifka, Manfred (1999): „Additive particles under stress". In: Strolovitch, Devon/ Lawson, Aaron (Hg.): *Proceedings of SALT 8*. Cornell, CLC Publications, S. 111-128.

Kriwonossow, Alexej (1977): *Die modalen Partikeln in der deutschen Gegenwartssprache*. Göppingen, Kümmerle.

Bibliographie

Lambrecht, Knud (1994): *Information structure and sentence form.* Cambridge, Cambridge University Press.

Leben, William, R. (1976): „The tones in English intonation". In: *Linguistic analysis* 2, S. 69-107.

Lehmann, Christian (1995): *Thoughts on Grammaticalization.* München/New Castle, Lincom Europa.

Lenerz, Jürgen (1984): *Syntaktischer Wandel und Grammatiktheorie.* Tübingen, Niemeyer.

Lerner, Jean-Yves (1987): „Bedeutung und Struktursensitivität der Modalpartikel *doch*". In: *Linguistische Berichte* 109, S. 203-229.

Meibauer, Jörg (1994): *Modaler Kontrast und konzeptuelle Verschiebung. Studien zur Syntax und Semantik deutscher Modalpartikeln.* Tübingen, Niemeyer.

Meillet, Antoine (1912): *Linguistique historique et linguistique générale.* Paris, Champion.

Meireles, Selma/Blühdorn, Hardarik (1997): „O campo inicial de frase e a estrutura informacional do texto". In: *Pandaemonium Germanicum* 1, S. 121-162.

Molnár, Anna (2002): *Die Grammatikalisierung deutscher Modalpartikeln.* Frankfurt am Main, Lang.

Moroni, Manuela (2005): „Zur syntaktischen Stellung der Modalpartikeln im Deutschen". In: *Linguistica e Filologia* 20, S. 7-30.

Musan, Renate (2002): „Informationsstrukturelle Dimensionen im Deutschen. Zur Variation der Wortstellung im Mittelfeld". In: *Zeitschrift für germanistische Linguistik* 30, S. 198-221.

Nederstigt, Ulrike (2001): „Prosody: A clue for the interpretation of the additive focus particles *auch* and *noch*". In: *Linguistische Berichte* 188/2001, S. 415-440.

Oppenrieder, Wilhelm/Thurmair, Maria (1989): „Kategorie und Funktion einer Partikel. Oder: Was ist eigentlich 'eigentlich' EIGENTLICH? Eine Replik auf M. Kohrt". In: *Deutsche Sprache* 17, S. 26-39.

Pasch, Renate/Brauße, Ursula/Breindl, Eva/Waßner, Ulrich Hermann (2003): *Handbuch der deutschen Konnektoren.* Berlin/New York, de Gruyter.

Paul, Hermann (1920): *Prinzipien der Sprachgeschichte.* Tübingen, Niemeyer.

Pfeifer, Wolfgang (1993): *Etymologisches Wörterbuch des Deutschen.* 2. Aufl. Berlin, Akademie Verlag.

Bibliographie

Pierrehumbert, Janet B. (1980/1987): *The Phonology and Phonetics of English Intonation*. Cambridge, Mass., MIT Press.

Posner, Roland (1980): „Semantics and Pragmatics of Sentence Connectives in Natural Language". In: Searle, John R./Kiefer, Ferenc/Bierwisch, Manfred (Hg.): *Speech Act Theory and Pragmatics*. Dordrecht/Boston/London, D. Reidel Publishing Company, S. 169-203.

Prince, Ellen F. (1981): „Toward a Taxonomy of Given-New Information". In: Cole, Peter (Hg.): *Radical Pragmatics*. New York, Academic Press, S. 223-255.

Rabanus, Stefan (2001): *Intonatorische Verfahren im Deutschen und Italienischen*. Tübingen, Niemeyer.

Reichmann, Tinka (2005): *Satzspaltung und Informationsstruktur im Portugiesischen und Deutschen*. Frankfurt am Main, Peter Lang.

Rosengren, Inger (1991): „Zur Fokus-Hintergrund-Gliederung im Deklarativsatz und im w-Interrogativsatz". In: Reis, Marga/Rosengren, Inger (Hg.): *Fragesätze und Fragen*. Tübingen, Niemeyer. S. 175-200.

Sasse, Hans-Jürgen (1987): „The thetic/categorical distinction revisited". In: *Linguistics* 25, S. 511-580.

Schnotz, Wolfgang (2006): „Was geschieht im Kopf des Lesers? Mentale Konstruktionsprozesse beim Textverstehen aus der Sicht der Psychologie und der kognitiven Linguistik". In: Blühdorn, Hardarik/Breindl, Eva/Waßner, Ulrich Hermann (Hg.) *Text – Verstehen. Grammatik und darüber hinaus*. Berlin/New York, de Gruyter, S. 222-238.

Selting, Margret (1995): *Prosodie im Gespräch*. Tübingen, Niemeyer.

Selting, Margret/Auer, Peter/Barden, Birgit/Bergmann, Jörg/Couper-Kuhlen, Elizabeth/Günthner, Susanne/Quasthoff, Uta/Meier, Christhoph/Schlobinski, Peter/Uhmann, Susanne (1998): „Gesprächsanalytisches Transkriptionssystem (GAT)". In: *Linguistische Berichte* 173, S. 91-122.

Stechow, Arnim von/Sternefeld, Wolfgang (1988): *Bausteine syntaktischen Wissens*. Westdeutscher Verlag, Opladen.

Stutterheim von, Christiane (1997): *Einige Prinzipien des Textausbaus. Empirische Untersuchungen zur Produktion mündlicher Texte*. Tübingen, Niemeyer.

Sudhoff, Stefan/Lenertová, Denisa (2004): „Prosody and Information Structure of German Sentences Containing the Stressed Focus Particle auch". http://www.ling.ed.ac.uk/~pgc/archive/2004/proceedings/sudhoff2004.pdf.

Bibliographie

Sweetser, Eve (1990): *From Etymology to Pragmatics. Metaphorical and cultural aspects of semantic structure*. Cambridge/London, Cambridge University Press.

Thiel, Rudolf (1962): „Würzwörter". In: *Sprachpflege* 4, S. 71-73.

Thurmair, Maria (1989): *Modalpartikeln und ihre Kombinationen*. Tübingen, Niemeyer.

Tomaselli, Alessandra (2003): *Introduzione alla sintassi del tedesco*. Bari, B.A. Graphis.

Truckenbrodt, Hubert (2006): „On the semantic motivation of syntactic verb movement to C". In: *Theoretical Linguistics* 32/3, S. 257-306.

Uhmann, Susanne (1991): *Fokusphonologie*. Tübingen, Niemeyer.

Vallduví, Enric (1992): *The Informational Component*. New York, Garland.

Wegener, Heide (1998): „Zur Grammatikalisierung von Modalpartikeln". In: Barz, Irmhild/Öhlschläger, Günther (Hg.): *Zwischen Grammatik und Lexikon, Forschungen zu einem Grenzbereich*. Tübingen, Niemeyer, S. 37-55.

Weil, Henri (1844): *De l'ordre des mots dans les langues anciennes comparées aux langues modernes*. Paris, Imprimerie de Crappelet.

Weydt, Harald (1969): *Abtönungspartikel*. Bad Homburg v.d.H., Gehlen.

Weydt, Harald (Hg.) (1977): *Aspekte der Modalpartikeln*. Tübingen, Niemeyer.

Weydt, Harald (Hg.) (1979): *Die Partikeln der deutschen Sprache*. Berlin/New York, de Gruyter.

Wienen, Ursula (2006): *Zur Übersetzbarkeit markierter Kohäsionsformen*. Frankfurt am Main, Peter Lang.

Wöllstein-Leisten, Angelika/Heilmann, Axel/Stepan, Peter/Vikner, Sten (1997): *Deutsche Satzstruktur*. Tübingen, Stauffenburg.

Zaefferer, Dietmar (1979): „Sprechakttypen in einer Montague-Grammatik". In: Grewendorf, Günther (Hg.): *Sprechakttheorie und Semantik*. Frankfurt am Main, Suhrkamp, S. 386-417.

Zifonun, Gisela/Hoffmann, Ludger/Strecker, Bruno et al. (1997): *Grammatik der deutschen Sprache*. 3 Bde. Berlin/New York, de Gruyter.

7. Anhang: Transkripte der Korpustexte[22]

7.1 Transkript des Dialogs FR012

S1: meine damen und /HERren /WER möchte das gespräch er/ÖFFnen BIT\te

S2: herr grass sie /LAsen **eben** aus katz und /MAUS VOR\ unter /ANderem haben sie in diesem stück wirliebendie/STÜR\me und mehrere andere worte zu/SAM\mengeschrieben hat das einen besonderen /ZWECK soll darauf besonders /HIN\gewiesen werden oder

S3: /**JA** das sind das ist also als /STILmittel mein ich damit das sind so be/GRIF\fe

S2: /**JA**

S3: s sind **ja** eigentlich /SCHLAGworte kli/SCHEES die ich die **auch** so gespielt es /WUR\de gesagt wir /SIN\gen jetzt wirliebendieSTÜR\me und es is pho/NEtisch **auch** überNOM\men und da/ZU kommt dass dieses wir/LIEbendie/STÜRme ein /ZEIT\kolorit ist s wurde zu einer be/STIMMten zeit zu be/STIMMten /AN\lässen gesungen deswegen läßt es sich so zu/SAM\menfassen

S2: na ja /AUßerdem war hier noch in dem /GLEIchen stück vom /DIRunddeinem/TUNal/LEIN\ also ich

S3: ja

S2: /FINde es is irgendwie sagen wir mal viel /UNverständlicher zu /LE\sen also sagen wir mal es is /SCHLECHter das den ge/DAN\ken zu bekommen **ja** ich /MEIne man /MUSS öfter /HINsehen um das den /SINN erst mal da /RAUS\ zu bekommen

S4: /**JA**\ ich finde /**AUCH**\

S3: gut **ja**

S4: man kann es /SCHLECHT über/BLICK\en

S2: /**JA**\

S4: im moment /**DENN** /MANche dinge fassen sie zusammen wie das /EIne heißt ich dieses ich/WEISS\nichtwas sie be/SCHREIben einmal diesen /ORden sehr /GUT /OHne das wort /OR\den zu be/NUT\zen und /FINden da recht viel /AUSdrücke /DIE sie **auch** zu/SAM\mengefasst haben ich /GLAUbe **aber** dass die /WORte oder diese be/GRIF\fe nicht /IM\mer so be/GRIFfe /SIND\ dass man ein /RECHT dazu hat die **einfach** zu/SAM\menzufassen ganz kurz

---

22 Alle Partikeln sind fett gedruckt. Modalpartikeln sind zusätzlich unterstrichen.

Anhang

S5: ich /GLAUbe vom /RECHT kann man hier nicht /SPRE\chen **denn** der /SCHRIFTsteller /HAT **ja** die traditionelle dichterische /FREIheit von der er natürlich ohne weiteres ge/BRAUCH\ machen kann

S6: **ja aber** rolf man /DARF sich **doch** nich an der /RECHTschreibung der deutschen /SPRA\che darf man sich **doch einfach** nicht drüber hin/WEG\setzen s is **doch** /VÖLlig für das /DARF\ wir **doch**

S5: das is **vielleicht**

S6: wenn /DU es nun im /DEUTSCHaufsatz schreibst wird es dir **doch** als ver/KEHRT\ angestrichen

S5: **ja** /MIR\ im /DEUTSCH\aufsatz ich bin **ja auch** nur /SCHÜ\ler /NICH

S8: ich /GLAUbe **doch** herr grass sie haben s **eben** sehr /GUT er/KLÄRT\ und /WENN sie **eben** damit diese diese kli/SCHEEhaften /AUSdrücke beson auf diese /AUSdrücke be/SONders /HINweisen wollen das ist /DURCHaus /GUT dass sie das /MA\chen und vor /ALlen dingen es /IS **eben vielleicht auch mal** sehr wichtig dass man ein wort /ZWEI oder /DREI\mal liest und es /NICH gleich beim /ERSten mal ver/STEHT\

S3: **ja** zu/ERST noch mal zu zu zu zu den zu/SAMmengeschriebenen /PHRAsen /DAS ist natürlich kein be/LIEbiges /STILmittel sondern be/WUSST ge/SETZT /TEILweise werden kli/SCHEES über/NOMmen /TEILweise werden formu/LIErungen also vom /AU\tor her oder vom er/ZÄH\ler her vom fiktiven er/ZÄH\ler her zum beispiel bei der be/SCHREIbung des /ORdens /**AUCH** zu/SAMmengefasst und zu eim zu eim be/GRIFF geFORMT\ und /BEIdes fasst zu/SAMmen /GIBT ein ein /ZEITkolorit und /ZWINGT /GLEICHzeitig den /LEser zu /STUTzen innezu/HALten eine se/KUNde lang noch mal zu über/FLIEgen und /JETZT sind wir **schon** bei bei diesen pas/SAgen es /STEHT natürlich sehr viel /WICHtiges und und /OFTmals die dinge die die handlung vor/ANtreiben die stehen nicht als /HAUPT\sätze unbedingt da sondern /KÜN\den sich in /NE\bensätzen an in /EIN\geschobenen hauptsätzen s is oft **nur** ein /EINzelnes /WORT das eine /WENdung be/SCHREIBT und das mit be/WUSSTsein das is also das ist dieses dieses unter/HALten den leser unter/HALten **aber** /GLEICHzeitig ihn dabei ak/TIV\ halten dass er sich /NICHT von der prosa /WEG\tragen lässt und und und die seiten /FRISST als handlungsfördenden /STOFF sondern /WACH\ bleibt dabei /Oder er/MÜ\det wird dann /IN\nehalten muss und einen neuen /AN\lauf nehmen muss

S1: hier sind /MEHrere hände hochgegangen bitte

S9: der /STIL ist soweit ich weiß in der form /NEU\ es würde mich nun interes/SIE\ren so wie sie die wörter zu/SAM\menschreiben das **ja** nun **mal** die /EI\genart ihres stiles /AUS\macht und **auch** AN\dere komponenten is es /IHNnen ein /INneres beDÜRF\nis so zu /SCHREIben oder haben sie sich /LANge überlegt wie /BRING\ ich meinen /STIL damit der etwas /NEUes /DARstellt und **viel/LEICHT** auf diese art /AN\kommt

Transkripte der Korpustexte

SA: **ja** also der /STIL ist durchaus nich /NEU\ würde ich sagen /NICH und es /GIBT soundsoviel /ANdre dichter die s ge/NAUso machen ich weis auf ein da hin /JOHN\son da haben wir kürzlich **mal** n /BEIspiel draus gelesen und zwar macht der genau das gleiche wie /SIE er be/SCHREIBT /DINge völlig im de/TAIL und er fasst **auch** /WORte zuSAM\men also s **ja** /DURCHaus nich exzel/LENT /**JA**

SB: sie haben **auch** /EIgene /VORstellungen von der /ZEI\chensetzung und ich per/SÖNlich bin der /MEInung dass s **eigentlich** n bisschen proble/MAtisch is wenn man immer von /DICHterischer /FREIheit /LIEST wat is überhaupt dichterische /FREIheit und /WENN man zum beispiel /SAGT der /DICHter der /KANN mit der sprache praktisch machen was er /WILL\ also ich /GLAUbe die sprache is /NICHT wie **vielleicht** für den für /SIE als /BILDhauer **vielleicht** ein stück /GIPS oder so das sie an die /WAND werfen können oder mit dem sie schöne fi/GU\ren machen können die sprache is eher ne /FOR\melsprache so muss man sich **auch** n gewissen ge/SETzen meiner meinung nach /FÜgen und /KANN nich je nach sozusagen die sache /WILLkürlich ver/ÄNdern nach eigenen /VORstellungen nach eigenen ge/FÜH\len

S1: bitte sie wollen sie ihm /ANTworten **ja**

S4: dem möchte ich entgegnen die /SPRAche is immer ein /AUSdruck der kul/TUR\ und des des /VOL\kes in einer bestimmten /ZEIT\ und deshalb kann sich die sprache **doch aber auch** /WAN\deln

SB: also

S4: und wenn wir **eben** nun in ein neues /STAdium einer einer andern kultur /EINtreten dann /MUSS die sprache nun **auch** das /MIT\machen und **vielleicht** is die /SPRAche das /ERS\te /AN\zeichen

SB: ein schriftsteller is **aber** nich gleich ne ganze kul/TUR\ das musst du **doch** /SA\gen /**JA**\

S4: **aber** er ist **doch** ein ver/TRE\ter davon

S7: die kul/TUR trägt ihn **aber AUCH**\

S4: /NICH

SB: na **ja**

S4: /AUßerdem /STEHT er schließlich nich allein /DA\ /NICH

SB: **ja aber aber** mit ge/WIS\sen eigenheiten **doch** ich mein es gibt **doch** /VIEle schriftsteller die haben /KEIne /EIgene vorstellung von zeichensetzung die /GIBT s **ja** /**AUCH**\

S1: bitte

S9: **ja aber** sie sollten uns /JETZT **mal** die frage be/ANTworten

Anhang

S1: wollen sie da /ANschließen

S9: /JA\ wa/RUM\ sie den stil geändert haben /WEIL der alte /SCHLECHT war oder weil sie glauben dass ihr neuer ne neue e/POche einleiten soll oder warum ich glaube das würde hier zur /KLÄ\rung beitragen

S1: herr grass bitte

S3: JA\ ich hab also also eine /MENge /EINwände ge/HÖRT ich geh /ERST m mal davon aus dass die deutsche sprache zum beispiel verglichen mit dem französischen /SEHR WEICH\ ist und /EINflüssen unter/WORfen ist und /NICHT immer den /BES\ten einflüssen unterworfen ist zum beispiel das deutsch das /HEUte gesprochen wird ist /SEHR stark vom /WIRT\schaftsdeutsch geprägt vom /AMTsdeutsch geprägt im ge/DANKlichen von HEI\degger geprägt die substanti/VIErung nimmt also immer /GRÖßere /AUSmaße an und mit /DIEsem material muss ich **ja** als /SCHRIFTsteller AR\beiten es ist also /NICHT **nur** mit dem /KONjunktiv und **auch** nicht eine eine sache der /KOMmata sondern zum beispiel gibt es sätze in denen das VER\bum weggelassen wird die satz/AUSsage fehlt weil ich dem /LE\ser beim /AN\gefangenen satz /DANN und /WANN über/LAS\sen kann die satz/AUSsage /SEL\ber auszufüllen weil sie auf der /HAND\ liegt und **vielleicht** habe ich nebenbei den kleinen /EHRgeiz die /DEUTsche /SPRAche etwas zu ver/KÜR\zen sie ist /FURCHTbar UM\ständlich ich /GLAUbe ein ein ein nor/MAL also im nor/MA\len **vielleicht** im kor/REKten /DEUTSCH geschriebenes /BUCH /WIRD in der /ENglischen über/SETzung bis zu zwölf prozent /KÜR\zer und ich ver/SU\che etwa /NICH etwas von der von der von nich etwa von der /ENglischen satzstellung etwas zu über/NEHmen sondern ich /GLAUbe dass /INnerhalb der deutschen satzstellung sich /EIniges ohne jetzt als /SPRACH\reformer /VOR\dergründig /AUF\treten zu wollen /**NUR** von /DEM was ich /SAgen will und be/SCHREIben will sich eine /SATZverkürzung AN\bietet ein redu/ZIE\ren der sprache auf die /DING\lichkeit hin und /DANN entstehen die /DINge die /SIE was UN\korrektheiten betrachten jetzt noch /EIne sache vorhin wurde davon gesprochen dass es also nichts NEU\es sei na/TÜR\lich ist das nichts neues das hat es also das gibt es **schon** bei dö/BLIN also in vor /ALlen dingen der expressio/NIStischen prosa und bei bei james /JOYce zum beispiel /**AUCH** /NICH und und /HEUte bei bei bei arno /SCHMIDT und **eben auch** bei JOHN\son s is also ein ein eine /STIL\gebärde wenn sie wollen die also /WEIT verbreitet ist und da /KANN natürlich **nur** /JE\der autor ein be/STIMM\ten /AN\teil haben und zwar der anteil /DER zu seinem /STOFF passt zu dem was er /SA\gen will **aber** /INSgesamt /MACHT das wahrscheinlich dann also eine ver/ÄN\dert das die deutsche sprache und ich glaube /NICHT zum SCHLECH\ten

SC: sie /SPRAchen **eben** von ver/KÜR\zung der sprache ich bin bei /IHrem text den sie **eben** /VORgelesen haben über eine /STELle geSTOL\pert da da /SCHREIben sie bekam **aber** weder noch /ANT\wort /WÄR **doch** /KÜRzer zu schreiben ich bekam keine ich bekam keine /ANT\wort

S3: weder weder noch antwort bezieht sich **ja** auf die beiden /MÄD\chennamen bekam /WEder von vera plötz noch von jülchen maTULL\ antwort

SC: **ja** s is **aber**

192

Transkripte der Korpustexte

S3: und /WEder /NOCH sind die beiden /NA\men ausgelassen

SH: keine antwort von beiden wäre

S1: bitte

SH: keine /ANTwort von /BEIden wäre **doch** noch /KÜR\zer gewesen

S3: **aber** /WEder /NOCH ist /WEder noch ist dra/MA\tischer in diesem fall und zwar und zwar also **auch** ent/TÄU\schender für für den der den /BRIEF\ geschrieben hat

SD: herr /GRASS bei ihrem /INhalt da kommen /DREI sachen vor und das /EIne ist die beschreibung von /Ekelhaften dingen die beschreibung von sexu/ELlen dingen /UND das ist ein alter /HUT\ und jetzt kommt **mal vielleicht** was /NEUeres sie /BRINgen **auch** /SEHR viel blasphe/MIE\ rein und da /HAB ich jetzt ein /BEIspiel da be/SCHREIben sie wie ein paar /JUNGS auf eim /SCHIFF sitzen und /MÖ\wenmist kauen und dazu /SCHREIben /SIE das zeug schmeckte nach /NICHTS oder nach /GIPS oder nach /FISCHmehl oder nach /ALlem was er sich /VORstellte nach /GLÜCK /MÄDchen und nach dem lieben GOTT\ und diese stelle nach dem /LIE\ben gott möcht ich hier besonders be/TO\nen also nach /MÄDchen und /GLÜCK könnte man sich eventuell noch drüber /STREIten **aber aber** hier seit /WANN /KANN wie wie/SO /KANN /MÖwenmist nach dem lieben /GOTT SCHMECK\en

SA: ja ich /FINde das is **doch wohl** ganz einfach zu inter/PRE\tieren ich /GLAUbe sie wollen damit /SAgen der /MÖwenmist kann nach /AL\lem schmecken man /KANN es **einfach** nicht ganau defi/NIE\ren wo/NACH\ er schmeckt man /KANN seinen ge/DANken /FREI\en lauf lassen man /KANN sich dabei /AUS\malen was er will genau/SO diese /VIEL und /OFT zitierte stelle in den /HUN\dejahren wo sie vom /WIT\wenschwarz und /SCHUTZ\staffelschwarz letztlich zum /SCHNEE\schwarz kommen

SD: es /GIBT immerhin leute die /GLAUben also am lieben /GOTT die /HÄNgen da dran und die /MÜSS\ten sich also wenn sie gute /CHRISten wären müssen /MÜSSte ihnen entweder herr grass sehr leid /TUN /Oder sie /MÜSSten sich /AN\gegriffen fühlen und ich /GLAUbe **doch** dass **auch** ein /SCHRIFT\steller der **ja** offi/ZIELL\ wird indem er /BÜ\cher schreibt eine ge/WISse /FORM zu /WAHren hat eine gewisse /HÖF\lichkeit zu wahren hat

S4: wenn ein /DICH\ter auf /JE\den /RÜCK\sicht nehmen würde dann /DÜRFte er über/HAUPT nich erst anfangen zu SCHREI\ben

S1: **ja** bitte

S8: vor allen dingen ich /GLAUbe wenn sie da von /MÄDchen und /GLÜCK oder von dem lieben /GOTT /SCHREIben s hängt **eben** von der per/SON ab die im moment den möwenmist /KAUT\ die /EIne denkt an /MÄDchen s andere an /GLÜCK und der nächste an den lieben /GOTT\
S3: **ja** also /ERST mal möcht ich einen /UN\terschied machen zwischen dieser /MÖwenmistepisode und dem /HAR\rasschwarz bis /SCHNEE\schwarz bei der /MÖwenmistepisode da /GEHT es **ja** /DArum dass /VIEle /JUNgens /GLEICH\zeitig

Anhang

/MÖwenmist KAU\en und /JEder hat einen andern ge/SCHMACK\ und ich ver/SUche das /UN\präzise das /UN\genaue das ver/SCHIE\denartige des geschmacks und der /AS\soziation zum geschmack in dieser reihung /AUF\zuzählen und außerdem mach ich darauf aufmerksam dass es nicht heißt /GOTT sondern /LIE\ben gott lieben das is **ja** ein /UN\terschied es gibt zum beispiel in den /HUN\dejahren eine passage wo der /AMsel seine /ZÄH\ne im /SCHNEE\ sucht nachdem sie ihm /AUS\geschlagen wurden vorher wird gefragt was /SUCHT\ er sucht er das /GLÜCK im /SCHNEE oder /SUCHT er /GOTT\ im schnee da heißt es /NICHT LIE\ber gott und /HIER ist also /LIEber gott das is **ja schon** eine ver/NIED\lichungsform im allgemeinen und hat etwas /SÜ\ßes im ganzen im ganzen zusammenhang **aber** das is s /KÖNNte /OHne WEI\teres ne /KIND\liche /VOR\stellung vom /LIE\ben gott sich mit dem geschmack von /MÖwenmist /DECK\en

SB: ich /NEHM ihnen das ehrlich gesagt gar nicht AB\ ich hab den ver/DACHT\ ich meine na/TÜR\lich wird ich mich wahrscheinlich sogar /IR\ren **aber** dass sie die /SAche /SO geschrieben haben dass /SIE **eben** /SAgen na /SCHÖN dann haben sie sich das über/LEGT und dann haben sie die stelle ge/LEsen und haben sich gesagt ne /DONnerwetter das wird **aber** /ZIE\hen die werden **aber** /STAU\nen was ich mich so was ich mir so alles /TRAU\e

S3: **ja ja** wenn für /MICH als /AUtor der be/GRIFF lieber /GOTT etwas genau so ba/NAles und /LIEbenswertes und /UN\bestimmtes ist wie der begriff /MÄD\chen dann kann ich das ohne weiteres in einer /REIhe /NEN\nen **aber** dass sie den lieben /GOTT für /SO /LEICHT zu be/LEIdigen halten also das WUN\dert mich

S7: **ja**

S8: ich wollte noch mal auf das /REgenschwarz /REgenschirmschwarz

S3: **ja**

S8: und so /WEIter zuRÜCK\kommen ich /WEISS nich ich habe die /VORstellung sie /WOLLten **doch** damit dem /LEser /WIRKlich /SAgen dass der hund /SCHWARZ\ war

S3: **ja**

S8: und da /KANN man **doch aber** ich /WEISS\ nich wenn sie /RE\genschirm /REgenschirm kann ich mir noch schwarz /VOR\stellen s is n /HER\renregenschirm **aber** ne zi/TRO\ne is nie /SCHWARZ\ wenn man /WIRKlich /SA\gen will /KANN man **doch** mit /MEHreren /FORmen das **auch** sagen dass der hund /SCHWARZ\ is **aber** man /BRAUCHT **doch** nich so ein ext/REM\ bringen /SCHNEE\schwarz

S4: /SCHWARZ is **doch nur** n WORT\ ich /GLAUbe als /SIE /ANfingen mit der beSCHREI\bung da /WURden sie also da /HAben sie **eben** für den /HARras sagen wir mal n /SCHUTZ\staffelschwarz genommen und das /FINde ich is **auch** sehr be/ZUGS\reich und /DANN fangen sie an bisschen /AB\zuschweifen und über das wort /SCHWARZ\ zu reden da /KOMmen sie vom /HUND /WEG und ich meine das /MUSS man einem /DICHter **einfach** /ZUbilligen dass er dann **mal** über das /WORT\ oder die farbe /SCHWARZ\ diskutiert /AUßerdem glaube ich is da noch n bisschen spiele/REI\ dabei /NICH

194

Transkripte der Korpustexte

S3: der er/ZÄH\ler in diesem fall harry /LIE\benau /SOHN\ des /TISCH\lermeisters dem der /HUND\ ge/HÖRT be/SCHREIBT\ das /SCHWARZ\ dieses hundes er hat mit dem /HUND also seine /KIND\heit verbracht und /WILL dem /LEser /KLARmachen /WIE SCHWARZ\ der hund war und weil /HAR\ras /SO SCHWARZ\ ist /REIchen ihm die /HER\kömmlichen ausdrücke nicht AUS\ und er /STEIgert sich /HYMnisch hinEIN\ und er er/ZIELT ZWEI\erlei damit auf der /EInen seite macht er das wort schwarz /GE\genstandslos bis er beim /SCHNEE\schwarz endet und auf der /ANderen seite /STELLT sich für /MEIN\ gefühl etwas merkwürdiges dabei heraus dass das schwarz dann /DEUT\lich wird aus dem /GE\gensatz heraus aus dem /SCHNEE\schwarz als /LETZ\tes wort und /DAmit ist dann **eigentlich** das er/REICHT was über den /AUtor harry /LIEbenau ver/SUCHT dem /LEser /KLARzumachen dass es sich bei dem /SCHÄ\ferhund /HARras um einen /PECH\schwarzen **einfach** um einen /SCHWAR\zen hund handelte das is das is der /ZWECK\ der sache /NICH sie /NEHmen wir **mal** ein anderes /BEIspiel ein ein ein /CE\lan-gedicht /SCHWAR\ze /MILCH\ der /FRÜ\he /NICH es /GIBT es das ist natürlich also /AUCH das ist kein /NEU\es stilmittel dass man aus der /UM\kehrung heraus jemandem etwas /WEIßes SCHWARZ\ machen will

7.2 Transkript des Dialogs FR023

S3: herr /KAM\mer wie /STEhen sie sich mit ihren regis/SEU\ren sind das ihre /VORgesetzten /Oder /KÖNnen sie sich ihren /ANweisungen /FÜ\gen wenn sie /WOL\len

S1: ja

S2: ein kluger ge/DANke dazu /BITte

S3: der regis/SEUR im the/Ater is **ja** schließlich so etwas /ÄHNliches wie der diri/GENT bei dem or/CHES\ter

S1: ja

S3: und da hat /**AUCH** der diri/GENT\ zu sagen

S1: hmm

SA: in /DIEsem zu/SAMmenhang /WOLLT ich **mal** fragen ob sie eine rolle /AB\lehnen können die ihnen ein ein regisseur /ZU\gedacht hat

S1: **ja** ich /GLAUbe wir wollen jetzt erst mal

S2: jetzt zu/SAM\mennehmen

S1: /DAbei /BLEIben würd ich /SAgen s **ja** /SCHÖne /FRA\gen habt ihr **ja** hatte n bisschen /ANGST nich wahr dass ihr mich nach /HOBbys fragt oder sowas JA\ also ich würde sagen es ist na/TÜR\lich so der regis das /WE\sentliche ist /DA\ran **ja** dass der regis/SEUR sitzt UN\ten und /SIEHT mich von /KOPF bis ZEH\ infolgedessen /VIEle dinge die ich /GLAUbe /AUS\zudrücken kommen /NICHT /SO AN\ wie man im theA\terjargon sagt nud nu ist es bei

195

Anhang

jedem ver/SCHIEden also bei mir ich bin ein sehr be/WUSST wenn ich **auch** in der /HAUPTsache vom ge/FÜHL\ her the/Ater spiele **aber** ich bin /SEHR es läuft also wie ein /FILMstreifen läuft mein be/WUSSTsein /NE\ben da/NEben **aber** ich kann /LETZten endes /NICHT be/URteilen zum beispiel wie /SIEHT s in der achtundzwanzigsten /REI\he aus was ich mache /AUsserdem /STEH ich **ja** nicht al/LEIN auf der /BÜHne sondern es /STEHen **ja** immer noch /ZEHN zwanzig /LEUte um mich he/RUM oder ich steh um /SIE he/RUM oder es is eine dekora/TION da und dieser ge/SAMte zu/SAMmen/KLANG eines or/CHESters nicht /WAHR wie sie mit der diri/GENT ist sehr /GUT **auch** /DAS bedeutet **ja** ein eine the/A\teraufführung /NICH und das is das interes/SANte dieses be/RUfes dass /JEde arbeit /IM\mer wieder anders ist be/DINGT /DURCH\ die rolle /UND die ver/SCHIEdenartigen /MENschen die man in dieser berufssparte /FIN\det das geht also na **ja** von der s wie ein riesen/ZOO\ von der /SUMPFschildkröte bis zum ele/FAN\ten da is alles ver/TRE\ten

S2: /NEUe FRA\ge bitte /SIE\ dahinten

SA: ich hätt gern **mal** ge/WUSST ob ein /SCHAUspieler eine rolle /AB\lehnen kann die **vielleicht** vom regisseur /ZU\gestimmt wurde

S1: **ja ja** das ist so eine das ist so eine ge/WIS\sensfrage /JA\ das /KANN\ er **aber** es ge/SCHIEHT **eigentlich** SEL\ten weil bei einer ge/SCHICKten bei einer /GUten inten/DANZ also be/SETzen tut tut der inten/DANT\ nicht der regis/SEUR\ der regisseur /WÜNSCHT sich jemanden quasi eine besetzung nich /WAHR **aber** ent/SCHEIden tut der inten/DANT der also er/ZÄHLT der darf /DA und /DER muss der der /AR\beitseinteiler /JA oder wie wie /NENNT da gibt s **ja** irgendein /AN\deres wort für der bes/TIM\mer hat **mal** einer gesagt ich /MÖCHT was wollen /SIE **denn** /WER\den **ja** ich möcht **mal** /WERden ein be/STIM\mer wie herr /BAR\log hat ein mal ein /JUN\ge gesagt /JA\ /JA\ also das das /WÜRD ich sagen ist sache des inte/DAN\ten und na/TÜR\lich /KANN\ ein /SCHAU\spieler /AB\lehnen **aber** bei einem /GUten inten/DANten wird das selten ge/SCHE\hen weil er seine schauspieler **einfach** nicht über/FOR\dert ich habe das also er/LEBT und das ist also /SEHR taktvoll und /SEHR gut ge/LÖST worden mit /BARlog und zwar war das anne /FRANK da sollte ich das hab ich dann **auch** ge/SPIELT den /PE\ter diesen /JUN\gen da und da bin ich zu /BARlog gegangen und hab gesagt nun /HÖR also ich bin also nun inzwischen fa/MIlienvater ich kann nun /WIRKlich /KEInen unge/KÜSSten sechzehnjährigen /JUN\gen mehr spielen dieses das /KANN ich nich glaube /NICHT mehr dass ich das noch er/ZEU\gen kann nicht /WAHR dieses /DIEses /LE\bensgefühl obwohl mir das /SEHR ver/TRAUT\ war und so nun /SEH ich natürlich immer noch /AUS\ ein bisschen wie oliver grimm nicht /WAHR also man glaubt mir das so nicht /WAHR also /SI\cher /**Aber** und da war /BARlog also /FAbelhaft und hat gesagt **ja** also /HÖR **mal** HER\ das kann ich ver/STEhen **aber** nun /LASS uns **doch mal** pro/BIE\ren wir pro/BIEren acht tage wir /NEHmen uns die /KOCzian dann gehen wir auf die /PROBebühne und probieren eine /SZE\ne /VOR\her und /DANN /SIEHST du ob du das /KANNST oder /NICHT KANNST\ ob es noch ob das MÖG\lich ist ich meine /DAS ist also er /HÄT\te sagen /KÖN\nen na/TÜR\lich das /KANN /JEder intendant ich be/STEhe darauf ich be/STEhe auf meinem /SCHEIN sie sind enga/GIERT sie kriegen eine /MOnatsgage infolgedessen haben sie AN\zutanzen /DAmit handelt sich natürlich /JEder intendant ein dass jemand /UNwillig probiert und sagt hm hm hm und rei /RUMmosert und so /GEHTS\ **ja** nicht ich meine es sind **ja** /NICHT /HAND\griffe zu er/LE\digen in dieser arbeit nicht /WAHR er er/FORdert **ja halt** nun **mal** den den den ge/SAMTeinsatz einer per/SÖN\lichkeit na und das

Transkripte der Korpustexte

wurde also ge/MACHT und siehe da es funktio/NIER\te also es und es war dann so dass es eine meiner rollen ist die ich also am /LIEB\sten ge/SPIELT\ habe **aber** /WENN /BARlog sich von /VORNherein gesagt hätte /GUT ja/WOHL ich verstehe das bitte schön geh nach /HAUS und /PFLEG dich wäre mir das ent/GAN\gen nicht /WAHR

S2: dazu noch /UNmittelbar /ABlehnung einer rolle etwas sonst daZU\

S3: sie hatten ge/SAGT dass /SIE um eine /ROLle /WIRKlich ide/AL verkörpern zu können sich /JEweils in /DIE per/SON hin/EIN\versetzen müssen be/STEHT da für sie nicht die ge/FAHR dass sie mit der /ZEIT wenn sie sehr /VIE\le rollen gespielt haben da ihren /WERT als indi/VI\duum sagen wir mal ver/LIEren

S1: **ja**

S2: /SEHR\ interessante frage

S1: das ist /FA\belhaft

S2: bitte

S1: /JA\ das ist **ja** /GROSS\artig

S2: da/ZU STEL\lungnahmen jetzt

SA: durch den /WECH\sel der dieser rollen wird man sich **doch** seiner persönlichkeit /VIEL mehr be/WUSST\

S4: ich per/SÖNlich kann mir /VORstellen dass der /SCHAUspieler durch die /VIEL\gestaltigkeit der /ROL\len /ERST sein /EIgentlichen /WERT /NICHT nur als /SCHAU\spieler sondern /HAUPTsächlich **auch** als /MENSCH\ erkennen könnte

S1: die /CHANce HAT\ er /JA\ **aber** /GLEICHzeitig bedeutet das natürlich eine dieser beruf ist eine ge/FÄHR\dung eine ge/FÄHRdung der der der individuali/TÄT und **auch** des charAK\ters nicht /WAHR\ es ist na/TÜRlich schauen sie /JETZT zum beispiel also nach /DIEsem ich habe nun /HIN\tereinander /SEHR viele /ROLlen gespielt die also einen unerhörten /SEElischen /AUF\wand er/FOR\derten und ich bin jetzt also /HÄNderingend nun /HINgegangen und hab ge/SAGT /KINder nun /LASST mich jetzt **mal** etwas dass ich **mal** /SCHLA\fen kann während der /PRO\ben nicht /WAHR dass ich also und dass die proben nicht noch dass die nicht /VIERundzwanzig /STUN\den dauern sondern dass ich also auf/GRUND **eben** mit von the/Atererfahrung und /WITZ und /SPASS und /SO und dieses /STÜCK kommt jetzt also nun /RAUS da ist die pre/MIEre wo ich also nicht so viel /AUF\wand treiben muss wo ich nun nicht dauernd meine inne/REI\en her/AUSholen /MUSS und die auf der /BÜHne he/RUMzu und sie haben völlig /RECHT es passiert dann /DAS dass man in eine /RU\helosigkeit kommt dies was sie /JETZT sehen ist keine /RUhelosigkeit

Anhang

sondern pure nervosi/TÄT und allgemeine tempera/MENTSfrage was ich be/WE\ge mich **halt** immer sehr viel dass man **einfach** ein bisschen in eine eine gewisse kon/TUR\losigkeit bekommt /**JA** weil man also /ALlen leuten es /RECHT machen /KANN und /MUSS und /WILL **AUCH**\ innerhalb der der /AR\beit /NICHT auf der /ANderen seite durch dieses /STÄNdige mit-sich-/SELBST-be/SCHÄFtigen ist genau das das haben sie be/ANTwortet /MUSS man sich /SEHR be/MÜhen **halt** sich also dauernd nun zu /ORD\nen /WEIL\ man sich **eben** mit sich beschäftigt /DEShalb /DAraus kann /DANN **aber** wieder etwas entstehen **eben** eine ge/SICHTSlosigkeit oder noch /NEgativer gesagt eine /EItelkeit durch eine /DAUernde /SELBSTbespiegelung eine ein /DAUerndes /SICH-kontrol/LIEren /SICH in dinge dann zu ver/LIEren sie dann /FAbelhaft zu finden ich habe also viel wie alt war ich da da war ich ein- /ZWEIundzwanzig da spielte ich in /HAMburg in einem /ZIMmertheater ein **auch** ein dramatisierten dosto/JEWski die er/NIEdrigten und beLEI\digten **ja** was bei und das /SPIELte das /DURCH\ /**JA** meine **einfach** nun war das nun **auch** ein bisschen durch das /ALter be/DINGT **aber** /NUN\ /WOLlen wir **mal** /RAN\ nun **mal** ich meine dass man sich in ein ge/FÜHL\ ver/LIERT\ oder **auch** an einen /ZU\stand ver/LIERT\ den man dann an sich /FA\belhaft findet so ein gewisser maso/CHIS\mus der dann **auch** entSTEH\en kann /NICHT na **ja** da /KANN man /VIEL zu /SA\gen

S2: bitte wollen sie

SC: /GLAUben sie dass /DERjenige der bessere /SCHAUspieler ist der auf der /BÜHne äh in ek/STAse gerät oder /DERjenige der die /ROLlenverwandlung vom intel/LEKT\ her durchführt

S1: **JA**\ das /SIND nun zwei /SA\chen äh also ek/STA\se herrliches WORT\ /WAS ach das hab ich **doch mal** /SEHR geLIEBT\ **ja** also also /WENN es darum /GEHT ek/STAse /DAR\zustellen **ja** darf ich /NICHT ekstatisch /SEIN\ würd ich sagen das /ERste problem ist **ja** also /IMmer ich muss ver/STAnden werden also /SIE müssen mich ver/STE\hen /A/KUS/TISCH /VERSTE\hen und wenn sie einen einen /MENschen erleben der in ek/STAse ist den ver /STE\hen sie kaum noch /**JA** oder der ver/STE\hen sie es /WIRD **einfach** /WIRD ge/RÄT aus der /FORM\ und /DANN wie gesagt was /SIE sagen das ist eine per/SÖN\liche angelegenheit es /GIBT /SCHAUspieler wie gesagt das is keine quali/TÄTS\frage weit ge/FEHLT\ das möcht ich immer wieder /SA\gen die /SEHR be/WUSST\ **eben** vom intel/LEKT vom /GEIstigen /HER /ARbeiten und **auch** /SO den /WEG /GEhen und **auch** so in ihrer ausstrahlung /WIRken /UND /ANdere wieder die sehr intui/TIV\ arbeiten die gar nicht sehr intelli/GENT\ sind manchmal sogar /SCHREI\end /DUMM\ sind **aber** die eine /UNerhörte /LEbenskraft eine /UNerhörte vitali/TÄT tempera/MENT /WÄRme des ge/FÜHLS und na was es alles noch für /WUNdervolle er/SATZdinge /GIBT für n schwachen KOPF\ nicht wahr und /DIEse /DINge /SPIELen ich mein das is das das /SCHÖne dran obwohl also ich ich bin bin ein /ANhänger der des ollen /GOEthe dass der der ge/SAGT hat also dass der /DENkende schauspieler ihm noch /EINS\ so lieb ist /**JA** /**Aber** nein die frage hab ich die frage nun **eigentlich** richtig be/ANTwortet
S2: **JA**\ ich /GLAUbe **DOCH**\

S1: NE\

S2: ich /GLAUbe **DOCH**\ **JA**\

Transkripte der Korpustexte

S1: hab ich sie be/ANTwortet oder wenn ich sie nich

S2: **DOCH** ich glaube **JA**

S1: ich ver/QUATSCH\ mich immer ein bißchen dabei **ja** ich will hier keine apho/RIS\men von mir geben /**JA** ich mein das sind **ja auch** /DINge

S2: /DAzu noch etwas NEU\es

S1: die ich das erste mal also die ich jetzt quasi hier **auch** im im mo/MENT formu/LIE\re das sind **ja** keine /LEHR\sätze nicht wahr um gottes WIL\len

S2: /DAzu noch etwas zu /DEM pro/BLEM /**Eben**

S3: sie /SAGten es gibt **auch** /SCHREIend /DUM\me schauspieler kann so n schreiend /DUMmer schauspieler **vielleicht auch** noch n /ÄUßerst intelligenten /MEN\schen darstellen

S1: **ja ja ja ja ja ja** das is **ja** das /HERR\liche das das das is das mys/TE\rium der der der /KUNST **ja wohl** über/HAUPT\ nicht /WAHR ich meine das betrifft **ja** /NICHT **nur** den SCHAU\spieler das betrifft **ja** /MAler also den /BILdenden künstler **ja** /**AUCH**\ nicht wahr und /DAS ist das mys/TE\rium der /KUNST\ **ja wohl** nicht wahr daß es nicht /MESS\bar ist daß man /NICHT also mit ner /ZWEI im /ABgangszeugnis nich wahr werd ich dann **wohl auch** n guter /SCHAUspieler oder n guter /MAler oder n guter /BILDhauer oder sonst noch einmal ein guter /TÄN\zer nicht wahr

S3: ver/SU\chen sie als /SCHAU\spieler ihre /EI\gene meinung über ein /STÜCK in der /DAR\stellung AUS\zudrücken beziehungsweise das /PUB\likum von /IHrer ansicht zu beEIN\flussen

S1: klar s is ne persönliche SCHWÄ\che von mir **ja** s verSUCH\ ich **ja ja ja** ich hab ich /BIN immer also **ja** ich mö ich /MÖCHte immer noch n bißchen gegen den den /STROM der /SELBSTdarstellung /SCHWIMmen und /MEIne immer ich WILL\ immer noch und das sag ich /GANZ leise weil viele kollegen in /BRÜL\lendes gelächter ausbrechen werden nich /WAHR **aber** das wird **ja** morgens ge/SENdet da SCHLA\fen sie **ja JA** ich will /IMmer noch n bißchen MEHR\ mit meinem beruf ich will /IMmer ich /HAB mir das noch nich AB\gewöhnt bei /ALlen kompro/MISsen die man MA\chen muß ich hab immer noch die /VORstellung man /KÖNnte /ETwas beWIR\ken und **auch** eine per/SÖNliche /MEInung eine per/SÖNliche /HALtung zur WELT\ zu den DIN\gen äh und ich /GLAUbe n bißchen kommt das dann **auch** durch die HAUT\

S3: mich interes/SIERT was sie ganz per/SÖNlich in ihrer /FREI\zeit machen /GEHN sie in ihrer freizeit **auch** einmal ins the/A\ter und /WELche /SCHAUspieler be/VOR\zugen sie

S1: **ja ja** ach was ich in meiner /FREI\zeit mach ach jetzt muss ich aus meinem fa/MI\lienleben erzählen also na **ja** ich hab /HAB eine fa/MIlie die ich sehr /LIEbe und die ist quasi das is meine batteRIE\ nich wahr das is meine da na **ja** das is also da /ROLL ich dann so /REIN zur gene/RAL\überholung und sie be/SCHÄFtigt meine fa/MIlie be/SCHÄFtigt mich

199

Anhang

eigentlich in der HAUPT\sache und /ICH beschäftige meine fa/MI\lie und ich na/TÜR\lich geh ich gern also sie wollen also wissen welche schauspieler ich be/VOR\zuge **ja** /GOTTseidank haben wir **ja** in ber/LIN ne /MEN\ge guter und ich wüsste **eigentlich** /NICHT wen ich /NICHT\ bevorzug das ist jetzt keine diplo/MA\tische antwort das können sie mir GLAU\ben es können den einen /MEHR oder WE\niger ver/STE\hen sie **aber** das is **ja doch** /KUNST is je/SCHMACKS\frage kinder also ich meine det mir /EIner liegt mir /MEHR der andere liegt mir /WE\niger /EIner geht gern zum /FUSSball der andere sieht lieber also /SCHLITT\schuhlaufen nicht wahr es gibt bei /JE\dem etwa an jedenfalls bei /JE\dem schauspieler gibt es /IR\gend/EI\nen /PUNKT oder /EI\ne /SEIte die ich be/WUNdere und die mich faszi/NIERT\

S3: wie /SITZen sie als /SCHAUspieler im theA\ter /SEhen sie das /SCHAU\spiel /REIN vom äs/THE\tischen oder /SEhen sie s mehr vom /TECH\nischen vom be/RU\flichen

S1: ich /HAB mir gottseidank also da ne ziemlich naiviTÄT\ beWAHRT\ die ich /PFLEge und /HÄTschele wie ein kleines HÜND\chen und ich /SEhe das also das läuft **eigentlich** neben/BEI\ mein mein sogenanntes FACH\wissen ich lass mich noch /IMmer /SEHR leicht beEIN\drucken also das theatererlebnis an SICH\ /OB ich NUN\ dies er/LEbnis durch die /FORM durch die ästhetische /FORM bekomme liegt an der insze/NIErung /AM schauspieler am /STÜCK oder ob er es also durch /ANdere is WURSCHT\ **aber** ich lass mich **einfach** beEIN\drucken und das is **ja** das SCHÖ\ne dran

S2: /NEUe FRA\ge bitte

S3: /KÖNnten sie beispielsweise im /LE\ben oder /SEI es wo es /SEI ebenfalls SPIE\len oder trifft es bei ihnen /**AUCH** zu dass man was man von /VIElen /SCHAUspielern behauptet dass sie zwar auf der /BÜHne spielen können **aber** im /LEben wenn sie spielen /MÜSSten schmählich verSA\gen

S1: **ja** ich glaub ich gehör daZU\ ich ich meine /WENN sie mich bei einer /UNwahrheit hier er/TAPPT /HAben ich glaube dann hätten sie s **schon** geMERKT\ oder hat /IRgend jemand das gefühl dass ich über /IRgend dass ich ge/KOHLT habe übert/RIEben habe oder WAS\ es /IST mir also im /LEben bin ich recht UN\sicher und bin GAR\ kein guter schauspieler und trete **auch** /UNgern in also in dem sinne in in in in SZE\ne das haben sie **wohl** geMERKT\ als ich hier REIN\kam das war so /ÄHNlich wie auf m /FLUGhafen wenn da durch da im restaurant plötzlich er lautsprecher geht klaus /KAMmer /FLUGgast der panamerican wird ge/BEten zum /SCHALter der der informa/TION\ zu kommen das is für mich SPIESS\rutenlaufen oder in ner ho/TELhalle herr kammer zum TE\lefon und ich /STEH dann auf und alle sehen ach /DER is das der geht **ja** jetzt zum TE\lefon das is mir /SCHRECK\lich das is mir /GRU\selig s is mir /GRU\selig ich /MEI\ne /DAS is **ja auch** /EIner der /WEge dass gerade also sehr /IN\trovertierte menschen und kon/TAKT\arme membe ich HAB\ mir natürlich in/ZWIschen im laufe der jahre ne gewisse kaschierte SI\cherheit angewöhnt die ich ihnen jetzt **ja** hier **auch** /BIEte **aber** im grunde sind sehr sehr /INtrovertierte und und und sehr AB\geschlossene menschen **doch** zu wählen diesen beruf **eben** um die dinge zu ÄU\ßern

S3: ver/LIEren sie ihre UN\sicherheit beim /SPIElen auf der /BÜH\ne oder be/TRACHten sie das /PUBlikum **einfach** als eine als eine le/BENdige /MASse die sie ver/SUchen /MÜSsen

200

Transkripte der Korpustexte

AN\zusprechen /VIEle schauspieler habe ich ge/HÖRT nehmen das publikum ob/WOHL sie über/ZEU\gend darstellen gar nicht für VOLL\

S1: NEIN\ ich /GLAUbe das /WISsen sie das das is n SPRUCH\ dies es is mir /WURSCHT ob die /LEUte /DRIN sind oder NICHT\ das /GIBT\ s nicht es ist also ich ich mach mich da /ANheischig mit ver/BUNdenen /AUgen wie diese leute die da den /SALto im da vom /Ein trapez zum /ANdern machen auf eine /BÜH\ne zu kommen und wenn man das erZEU\gen kann dass unten sich /NICHT /EIner MUCKST\ das theater ist VOLL\ und ich spreche den ER\sten satz dann /WEISS ich OB\ **ja** das is **ja** das das is **ja** dann **auch** wieder das faszi/NIE\rende und und /HERR\liche dieses berufes und **ja** das ge/FÄHR\liche und na **ja** und das is so ein mySTE\rium dieses berufes und das das diese die /UNerhörte der unerhörte magne/TIS\mus die elektrizi/TÄT\ die /SPAN\nung die /AUSgeht von einem audiTO\rium nicht wahr A\ber ich kann mir /NICHT wie ein /PAStor oder wie ein universi/TÄTSprofessor nun leisten es /DIrekt AN\zusprechen sondern ich er/HALte **nur** einen /KRAFTstrom noch ZU\sätzlich und der macht mich dann /SEHR /FREI und /SI\cher in /DIEsen drei stunden abends auf der /BÜHne /BIN\ ich sehr sicher so/WEIT das verSTE\hen sie also **ja**

S3: danke

S1: da fühl ich mich /WOHL\

S3: is das /PUBlikum **eigentlich** /JEden abend /ANders /Oder ist

S1: **JA**

S3: es immer so ungefähr dasSEL\be

S1: **ja** ne nein nein oh **ja** menschen sind ver/SCHIE\den **ja** und das merkt man /SELBST wenn s selbst bei einer sogenannten /MAS\se /MAS\se

S3: und /KOMmt es da **auch** /OFT vor dass sie im /STICH\ gelassen werden also dass

S1: oh **ja**

S3: /MEInetwegen an den /UNmöglichsten stellen geLACHT\ wird

S1: /OH **JA** /OH **JA** /OH **JA** das is **ja** s is **ja** es is **ja** /GLEI es is **ja** also **doch** s ist mitunter /SEHR /SEHR /SEHR SCHRECK\lich und /DE\mütigend theater zu spielen /WISsen sie es ist /MANCHmal entSETZ\lich was da also ich will nicht sentimenTAL\ werden **aber** es ist manchmal **schon** SCHRECK\lich E\ben wie sie /SA\gen im /STICH\ man wird im STICH\ gelassen

S3: wie ver/HALten sie sich wenn sie /MERken an eim /Abend dass sie das /PUBlikum nicht /AN\sprechen können /HAben sie da /IRgendwie welche /HILFSmittel die oder

S1: s wär SCHÖN\ **JA** wenn man da ne PIL\le nimmt /NICH **ja ja ja** da /NEHM ich mich zu/SAM\men da ver/SUCH ich mi /SO so konzentriert zu sein wie **nur** MÖ\glich

Anhang

S3: so herr kammer /SIND\ sie hier mit mit /UNS SCHÜ\lern also besonders wenn wir zu vorstellungen ins theater für SCHU\len gehen /WAren sie da mit uns zu/FRIEden oder haben sie **vielleicht**

S1: sie wollen jetzt n kompliMENT\ und das weiss

S3: ne ne ne ne

S1: jede WELT\ ich /MEIne **ja** das weiss dass dass /SIE also ich meine das is **ja doch** also bereits also das /WEISS man dass sie das ideale /PUB\likum sind nich weil sie **eben** /WIRKLich konzen/TRIERT\ sind weil sie /ZU\hören und /SCHNELL\ sind weil sie **auch** diesen /SCHNELlen UM\bruch vom einer /HEIteren situation in eine eine /ERN\ste situation /MIT\machen weil sie **einfach** wie man sagt schnell /SCHAL\ten

S3: woran /LIEGT\ das **denn**

S2: AUFS\ mikro bitte richten

S3: ach so woran /LIEGT\ es dass gerade /WIR\ diese diese fähigkeit haben sollen und nicht die er/WACH\senen die uns **doch eigentlich** /DArin n bisschen vorAUS\ sind

S1: na **ja** die haben **schon** n bisschen /LÄNger ge/LEBT und sind alle **schon** n bisschen /MÜ\der /AUsserdem /SITzen sie sind sie mehr /ABgelenkt abends **DOCH\ WOHL\ SCHON** sie sind **ja** sie kommen **ja** ins the/Ater /UM /DIEse /VORstellung /ZU SE\hen nicht wahr und wenn sie vor allem wenn sie ge/SCHLOS\sen kommen ist /DANN **einfach** glaube ich **auch** spielt /DANN **auch** immer eine ge/WISSe /ROLle die diszi/PLIN /DIE nun **mal** /ÜBlich und /NÖtig ist die /HERRSCHT wie sie jetzt **ja** hier /**AUCH** herrscht dass also wenn einer redet hören die andern ZU\ es ist **einfach** dass sie diese gesetze der /HÖFlichkeit dass sie die /TÄGlich von /MORgens um neun bis /MITtags um eins Ü\ben nicht wahr und dieses diese dieses gesetz der /HÖFlichkeit er LACHT\ nich /WAHR sie /RE\den **auch** ab und zu **mal** dazwischen na **ja** ich /MEIne **aber** dass /IMmerhin dass sie das **ja auch** dann A\bends praktizieren

7.3 Transkript des Dialogs FR030

S2: **ja denn** und /DAS ist nämlich ein für /UNS ein /WIRKliches proBLEM\ die /Ehe /IST wie man so /SAgen kann **doch** oder /MEIner /MEInem wissen nach eine /CHRISTliche EIN\richtung oder NICHT\

S3: nein die /Ehe ist eine ge/SELL\schaftliche einrichtung

S2: /**JA**\
S3: nicht /CHRIST\lich

S2: /HAT sie /NICHT hat sie nicht ne /TIEfe /WURzel **auch** im /CHRIStentum

Transkripte der Korpustexte

S3: das /CHRIS\tentum oder vor allen dingen die /BI\bel nimmt /STEL\lung zu der ehe und sie nimmt /STELlung zu zu den pro/BLE\men der ehe

S2: /JA\ aber

S3: aber die ehe /SELBST ist /MEIner ansicht nach also das na/TÜRlichste und das /URsprünglichste einer ge/SELL\schaft **denn** aus der /Ehe ist

S2: das oh /NEIN\ das das möcht ich noch möchte /WÜRdest du das /WIRK\lich sagen das ur/SPRÜNG\lichste das na/TÜR\lichste

S3: ja

S2: s /KANN <u>doch</u> ge/NAU\ so gut sein erst mal man /SPRICHT davon dass die männer polyGAM\ veranlagt sind genau so die /FRAUen und es es /GIBT man /MÜSSte /JETZT /WIRKlich unter/SU\chungen anstellen über die ver/SCHIE\denen /RAS\sen in den ver/SCHIE\denen /ERD\teilen ob da /Überhaupt die /E\he als /DAS /URsprünglichste und na/TÜRlichste der welt die /Ehe ge/FÜHRT\ wird das das /MÖCHT ich unheimlich be/ZWEI\feln **denn** /DENK /DENK /DENK <u>doch</u> an die mohamme/DA\ner die hatten /ALle MEH\rere frauen oh ich mein

S3: /SI\cher **aber** sie haben schließlich <u>auch</u> eine /E\he gehabt /**JA** sie hatten be/STIMMT\ unter den /VIElen /FRAUen /EIne

S2: ja

S3: die /IHnen besonders /ZU\getan ist /**JA** also ich meine

S2: /JA\ aber /DAS ist <u>doch</u> noch nich das ist <u>doch</u> noch nicht /E\he ich meine unter /Ehe verstehen wir <u>doch</u> nicht nicht nur eine /LIE\be so eine be/SON\dere /LIE\be zu einer /FRAU\ sondern /E\he ist eine /GAN\ze instituti/ON\ mit mit /SAgenhaft /VIElen ver/PFLICH\tungen die /BEIde /PART\ner gegen/Ü\ber haben und also ich /WEISS\ nicht ich /MÜSS\te wir /KÖN\nen das gar nicht /SO schrecklich schnell /AB\tun und /MEIne these **vielleicht** ist sie /FALSCH ist <u>doch</u> /DIE dass /UNsere VOR\stellung der /Abendländische begriff der E\he /WEsentlich gePRÄGT\ ist durch das /CHRIS\tentum oder durch durch /CHRISTliche /VOR\stellungen und /DASS da /WIR\ im /AU\genblick eine /GRO\ße /WAND\lung sich vollzieht und ich meine von säkulari/SIErung ist das ist **schon** ein ver/AL\teter be/GRIFF\ /**JA** also das /CHRIStentum

S3: ja

S2: verliert immer mehr an be/DEU\tung oder ver/LIERT /SEInen /SINN\ und es ist /VIEL viel /SCHWE\rer noch noch den /CHRIST\lichen glauben /AUF\rechtzuerhalten weil /WELTraumforschung und bei /ALlen grade /BIochemischen erkenntnissen und man man ist fähig irgendwie /PLAS\ma zu zeugen /WAS /WEISS ich und in /DIEsem in /DIEsem /**JA**\ /GRO\ßen /WAN\del der sich im /AU\genblick vollzieht zu /DEM gehört **auch** dass dass sich die /VOR\stellung **vielleicht** der /E\he neue /**JA**\ neue ge/STALT AN\nimmt und dass dass

Anhang

also also **eigentlich** aus aus /DIEser sicht heraus man sich die vielen pro/BLE\me auftun **denn** /WIE /ANders könnten sonst die chi/NEsen plötzlich quasi die ehe /AB\schaffen /NEIN nein du hast RECHT\ die die chi/NEsen waren nicht /CHRISTlich und haben **doch** eine form der /E\he die haben sogar ein unheimliches patriar/CHAT geFÜHRT\ **ja** das is **doch**

S1: WAS\ **denn**

S3: die /Ehe ist wie ich **schon** SAG\te /Überhaupt die die /KEIMzelle des menschlichen LE\bens und überhaupt die ent/STE\hungszelle eines /VOL\kes

S2: ach das

S3: wenn du /SAGST

S2: **ja** /PASS AUF\ dann /MÜSsen wir wenn du das /SO defi/NIERST dann /WAS verstehst du /DANN unter /E\he

S3: **ja** die /Ehe

S2: also dann /SIND /MEIne /MEIne vorstellungen von ehe noch /VIEL viel /MEHR\ ich /MEIne die die die die /KEIM\zelle
S3: ich meine ursprünglich

S2: des /LE\bens da brauchen **nur** zwei menschen zu/SAMmenzukommen /JA und und und dann ist **auch** wieder /LEben ge/SCHAF\fen dazu /BRAUchen sie überhaupt nicht ver/HEI\ratet zu sein **ja** oder nicht ver/HEI\ratet in /UN\serem /SIN\ne

S3: /JA\ na/TÜR\lich ich /MEIne wenn sie zu/SAMmen sind haben sie **auch** die ver/PFLICHtung die /KINder die sie erzeugen zu er/ZIE\hen **ja** das ge/HÖRT meiner ansicht nun **auch** mit zur zur /E\he und und zu der ver/PFLICH\tung der beiden partner

S2: ich find das so **ja** ich weiss nicht irgendwann muss

S3: **aber** ich /MEIne du du kannst nicht sagen dass die /Ehe der /URsprung der /Ehe das /CHRIS\tentum ist

S2: nee /NEIN\ /GUT dann dann /WILL ich also nun wieder mich davon distan/ZIEren und will **aber** /SAgen dass das /CHRIStentum /WEsentlich jedenfalls die die /Ehe **doch doch** be/EIN\flusst hat man /SPRICHT vom vom /HEI\ligen sakrament der /E\he jedenfalls bin /ICH\ wiederum so er/ZO\gen worden /UN\lösbar /NICHTS\ ist nicht eine /SCHEI\dung ist nicht /MÖ\glich wird das wird heute noch ver/WIRK\licht jedenfalls in der katholischen /KIR\che vor dem al/TAR geSCHLOS\sen und dass /ALL diese zum beispiel der be/GRIFF die /Ehe ist vor dem al/TAR vor /GOTT ge/SCHLOSsen und ich weiss nicht wie heißt die formel bis dass der /TOD euch SCHEI\det **ja**

S3: /JA\

Transkripte der Korpustexte

S2: dass /DIE /JA\ in /VIElen MEN\schen des /WESTlichen A\bendlandes oder /JETZT **mal** auf UN\seren bereich bezogen deutschlands **doch** noch /DRIN\stecken dass die die überhaupt die /VORstellung /SO be/HERRscht dass sie sich sagen nun /GUT wie /SIND jetzt verheiratet **vielleicht** /PASsen wir nicht zusammen **aber** an eine /SCHEIdung ist es /NICHT zu DEN\ken und dass dass dieses /UNlösbare

S3: das ist das ver/SCHIEBT das proBLEM\ etwas /JA wir /WOLlen du du /GEHST gleich auf einen auf einen präze/DENZ\fall hin /JA die /SCHEI\dung ich meine /GRUND\sätzlich die /Ehe also das /CHRIStentum oder die /BIbel können wir sagen gibt einen kommen/TAR\ wie die ehe /SEIN\ soll /JA der der /MANN soll soll /TREU\ sein oder so /JA das ist **aber** im grunde genommen **ja** nicht erst vom von der /BIbel und vom /CHRIS\tentum erfunden

S2: **ja** du du hast recht

S3: das ist eine ge/GEbenheit die sich im laufe der menschlichen gesellschaft her/AUS\gebildet hat

S2: du hast vollkommen RECHT\ wir wollen nämlich **mal** in die ge/SCHICHte zu/RÜCK\denken ich ge/NAU kann ich es belegen von den ger/MAnen von tacitus her und der spricht **auch** von der genau von der /Ehe und die frau hat bestimmte da ist es sogar /SO dass dass der also bei den ger/MAnen wurde **ja** die /FRAU so unheimlich hoch /EINgeschätzt dass der mann

S3: **ja**

S2: sogar für sie zu be/ZAH\len hatte und /WENN wir **mal** zu/RÜCK\denken wie war es bei den /RÖ\mern /HAben die eine form der ehe ge/FÜHRT /EIgentlich JA\ /NICHT

S3: /DOCH\ /JA\

S2: /JA\ na/TÜR\lich

S3: sie hatten **doch auch nur** ein ein eine die /RÖmer haben **ja auch nur** eine /FRAU\ gehabt
S2: /JA\ /JA\ die /GRIE\chische an/TI\ke oder überhaupt die /GRIE\chische mytholo/GIE\ denk **doch** /ZEUS und seine /HE\ra /DENK an

S3: /E\ben /E\ben

S2: /JA\ also ich muss meine /EIgene these unheimlich wider/LE\gen **aber** ich /WEIche nicht davon /AB dass die /CHRISTlichen vorstellungen oder die /CHRISTlichen begriffe /UN\sere ehe bis heute prägen und und dass sich /DA ein wandel vollzieht und dass wir /DAmit FER\tig werden müssen **denn** ich /WEISS es von meiner /EI\genen mutter her dass sie diese dies vor vor dem al/TAR\ gelobt hat bis dass der /TOD\ euch scheidet ein un/HEIMliches BAND\ noch bietet und dass **vielleicht** die heutige /JUgend oder überhaupt /DIE /MENschen für die die das /CHRIStentum nicht mehr so viel be/DEUtet **einfach** etwas /NEU\es /FIN\den müssen was eine /UN\lösbarkeit dieses eine dieses ganze verhältnis **doch** /UN\lösbar zu machen und /DArin /GIBST du mir **doch** RECHT\ dass na/TÜRlich ist eine schlechte ehe auf

Anhang

die dauer /FURCHT\bar **aber** dieses /LEICHT\fertige sich-von-einander-/LÖ\sen wie es /HEUT immer mehr ge/SCHIEHT\ /SCHEIdung man über/LEGT sich kostet zweitausend /MARK nun /GUT **vielleicht** /TRAgen s beide hälften zu/SAMmen und **schon** ist man wieder ausein/AN\der dass /DIE für die /KIN\der das FURCHT\bar ist

S3: da geb ich dir /RECHT\ für die /KINder ist das /FURCHT\bar **aber** das sind das sind **ja nur** nun wieder die /GRENZ\fälle die /E\he

S2: **ja** gut

S3: **ja** und über/HAUPT die die /VOR\stellung wie eine ehe sein soll ist /NICHT\ im christentum über be/GRÜNdet worden sondern ist vom /CHRIStentum über/NOM\men worden

S2: hm ahh das WÄ\ren jetzt nn das /WÄRen ich glaube wir be/WEgen uns auf einem gebiet in dem wir beide überhaupt nicht mehr kompeTENT\ sind und überhaupt keine /VOR\stellungen mehr haben **denn** äh ich das das /KANN ich **einfach** nicht /SA\gen **auch** ob das /CHRIStentum oder es ist **auch** wieder ne haar zwiespälte/REI\ ich sage es hat wesentlich /MITbestimmt und du sagst es ist **nur** über/NOM\men worden ich /WEISS\ es nicht **aber** ich /WEISS /NUR dass dass für die ka/THOlische kirche die ehe ein sakraMENT\ ist /UNLÖS\bar
vor /GOTT vorm altar geSCHLOS\sen

S3: **JA** das ist RI\chtig

S2: /UND und dass die evan/GElische kirche na gut sie lässt ne scheidung /ZU **aber** dieses äh dieses un/LÖS\bare dieses **eigentlich** für /IMmer zuSAM\mengehören sollen dass es noch sehr viel be/DEU\tet und /ICH zum beispiel ich /ICH /FINde finde es /SCHRECKlich wenn ich ge/HÖRT habe **ja** /GUT in in /RUSSland da hat man natürlich keine trauung vor m al/TAR mehr da geht man in einen schönen /HEIratspalast da be/ZAHLT man na ich weiß nicht wieviel /GELD dafür dann hat man bißchen bißchen mu/SIK und dann hält irgend n be/ZIRKSleiter noch ne /ANsprache und dann /WERden pro /TAG vierzig /E\hen geschlossen alles /KÜHL und SACH\lich
S3: **ja** das ge/NÜGT\ **ja auch**

S2: /JA /MIR NICH\

S3: also /MIR ge/NÜGT die formali/TÄT daß es auf m pa/PIER steht SCHÖN\ also ge/HÖRT\ mir nun endlich /JA das ge/NÜGT\ mir

S2: /JA JA\ viel/LEICHT\ **aber** /MEIner

S3: ich /BRAUCH da nich noch /GROSSartig eine eine eine be/STÄ\tigung von vom pa/STOR\ und so

S2: /NEIN\ /PASS **mal** AUF\ /GUT\

Transkripte der Korpustexte

S3: daß sie daß sie mir ge/HÖRT\ **ja** das das /DAzu brauch

S2: **ja** /**JA**\ also die frau gehört /DIR\ das is über/HAUPT\ **mal** die frage also nach deiner /VOrigen definition darf die /DIR die frau gar nich ge/HÖ\ren

S3: **ja** ich /MEIne nein nein also ver/STEH das nich

S2: ihr ge/HÖRT zuSAM\men **ja**

S3: also daß wir zu/SAM\mengehören das /WIRD durch eine formali/TÄT beSTÄ\tigt **ja**

S2: und das is für dich **nur** ne formaliTÄT\

S3: **JA**\

S2: /GUT\ ich gesteh dir das /ZU es is eine formali/TÄT /**A\ber**

S3: oder es sollte /**NUR** eine formaliTÄT\ sein

S2: es sollte **nur** eine formali/TÄT sein wenn der /MENSCH /STARK genug /IST mit solcher formalität /AUS\zukommen /ICH **aber** /GLAUbe daß die /MENschen viel zu SCHWACH\ sind und daß sie ge/WIS\ser sym/BO\le be/DÜR\fen um sich zuweilen dran /FEST\zuklammern und daß ich also zum beispiel den das sym/BOL\ des /RIN\ges von dem ich sehr /VIEL\ halte und das zum beispiel es /UN\verständlich finde wenn manche männer /SAgen ich /BRAU\che keinen ring ich /MEIne das ist natürlich **nur** n symBOL\ **aber**

S3: **JA**\

S2: /DIEses sym/BOL kann in ge/WISsen /LEbenssituationen dem menschen **einfach** /HEL\fen /WIEder sich zu /FES\tigen /WENN er in /ZWEIfel gerät wenn er in einer /KRI\se ist

S1: ich habe eine FRA\ge und das ist die frage der moRAL\ nicht wahr
S3: **ja**

S1: der /INneren mo/RAL /JEdes MEN\schen so was /IST sagen wir was ent/SPRICHT mehr der moRAL\ also /SAgen wir /EI\ne /Ehe /WEIterzuführen die sagen wir un/GLÜCKlich ist und wo man wo die /BEIden /EINsehen daß es /NICHT also daß es ein /FEHL (lange Pause) /SCHLAG war und so /WEIter und /TROTZ/DEM auf dieser ehe be/STEhen /WEIL sie also vor /GOTT un/TRENNbar ist /Oder ent/SPRICHT /MEHR der mo/RAL also der /ALLgemeinen mo/RAL des menschen daß man so eine E\he /AUFlöst und daß man /ENTweder über/HAUPT /KEIne /Ehe /MEHR /SCHLIESST /Oder eventuell eine eine /GLÜCKlichere also /WEnigstens mit der /HOF\fnung eine glücklichere also /WO ist JETZT\ ein kri/TErium sagen wir da/FÜR also was ist es wo wo also /WAS IST\ die moral also auf /WELcher SEI\te steht /JETZT die moRAL\

Anhang

S2: hm **JA**\ da ich /MÜSSte würde das /SO be/ANTworten daß die /HER\kömmliche moral auf /DER seite steht die /Ehe muß auf jeden fall be/WAHRT werden <u>einfach</u> vor der ge/SELLschaft /NOCH /VOR /FÜNFzig jahren galt als eine ge/SCHIEdene frau als fast skandalös und nicht mehr ge/SELLschaftsfähig ich /MEIne /GRA\de noch im /VOrigen jahr/HUNdert waren **vielleicht** ehen /NOCH mehr ge/FÄHRdet da die /MENschen <u>doch</u> sich zu/SAMmenfanden weil **vielleicht** die /HÖfe zusammen /PASSten oder die fab/RIken gut sich gegenseitig ge/BRAUchen konnten und daß das /INnen noch mehr /KRI\selte **aber** man das /VOR\ der gesellschaft <u>einfach</u> die ehe /HIELT und daß /DIEses /DENken na jetzt langsam AB\nimmt daß **aber** die die /KIR\che und /GRAde die ka/THO\lische kirche das noch /BEI\behält **denn** /DIE /STÖSST\ **ja** /DEN /MENschen /DER na sich hat /SCHEIden lassen fast aus der kirche /AUS\ und wer wirklich streng /GLÄUbig is für den is das das s s /SCHLIM\mste der kommt **ja** nich mehr nich mehr in /HIM\mel und /DA **aber** die /FORT\schrittlich also /FORTschrittlich /DENkenden MEN\schen /UN\sere generation möchte sagen es is na/TÜR\lich besser wenn es /WIRK\lich un also /UNTRAG\bar ist das zusammenleben wenn die /KIN\der darunter leiden /AL\les dann soll man es /LÖ\sen und ich meine der meinung bin ich /**AUCH**\ **aber** /JETZT beGINNT\ es nämlich das pro/BLEM\ jetzt sagt man sich /GUT\ wir wollen die ehe LÖ\sen **aber** /WO be/GINNT\ man jetzt **ja denn** in /VIE\len fällen ich meine man /LIEST\ in zeitschriften es is immer wieder disku/TIERT\ die scheidung wird /LEICHter **ja** und dann /SAgen sich die /LEUte wir /WOL\len uns gar nich mehr groß bemühen /IS\ es **denn** /IM\mer so daß es /WIRK\lich über/HAUPT nichts mehr zu /RET\ten is in /VIElen fällen is es <u>doch einfach</u> n /MISS\verständnis und mit mit /GEgenseitigem be/MÜhen /KÖN\nen sie wieder sich zusammenfinden **aber** /WENN jetzt die /MÖglichkeit der /SCHEIdung **eben** so nah /ANgeboten wird na **ja** /GUT dann nimmt man das /NÄCHST/LIEgendste und läßt sich SCHEI\den und /WAS geschieht dann mit den KIN\dern

S3: also für mich per/SÖN\lich

S2: /ICH mö **ja** GUT\ ich /DARF noch /EINS da /HINzuFÜ\gen entSCHUL\dige bitte

S3: /KÖNnt ich **JA**\ bitte

S2: wenn /DU mich /JETZT um /MEIne perSÖN\liche ansicht fragst dann würd ich **eben** /SAgen man sollte na **JA**\ GUT\ die die die die /GREN\ze äußerst **ja** /ENG\ ziehen oder jedenfalls /SAgen /WO is es moralisch vertretbar oder /NICH\ das is /SO schrecklich schwer zu ent/SCHEIden und man sollte also das /ÄU\ßerste noch /ATMen /IM\mer wieder versuchen noch die /Ehe <u>doch</u> zu RET\ten als als so dies /LEICHT\fertige /LÖ\senkönnen **denn** /WEISST du in dem /AU\genblick wo eine ehe leichtfertig ge/LÖST\ wird wird sie **auch** /NOCH viel leichtfertiger ge/SCHLOS\sen man sagt sich **ja** /GUT das macht **ja** /GAR nichts wir /HEIraten und und wenn s **eben** /SCHIEF geht na gut dann gehen wir wieder auseinAN\der

S3: **ja** ich /MEIne das is das is

S2: und irgendwie /GRAde **auch** ich meine daß die ehe **vielleicht auch** vor dem al/TAR\ geschlossen wird und ihr /DIEse be/DEUtung BEI\gelegt wird das /HILFT **ja** wieder den

Transkripte der Korpustexte

/MENschen sich **auch** /GANZ darüber klarzumachen was es /HEISST\ nun einen menschen für ein /LE\ben lang /HEI\raten zu wollen

S1: das be/DEUtete **aber** dann nichts /ANderes daß der /MENSCH sagen wir so eine /KRÜcke braucht an an die er sich auf die er sich STÜT\zen kann

S2: **JA** und das

S3: ich möchte diese /KRÜ\cke als

S1: wenn ich **schon** to/TAL sagen wir er/LEdigt bin dann erinnere ich mich noch an den lieben /GOTT oben vor dem ich ge/SCHWOren hab habe nicht wahr und so WEI\ter **aber** das ist **doch**

S3: ja diese /KRÜcke möcht ich als als sehr /FRAG\würdig hinstellen ob das ob das /RICH\tig is dass man sich /GRAde dann an das sym/BOL des /RIN\ges oder

S2: dass es ne /HIL\fe is in manchen situationen

S3: nein nein also da da bin ich ganz anderer /AN\sicht

S2: ja denn denn /PASS **mal** AUF\ dann dann dann kommt es /DAher dass /ICH den menschen über/HAUPT\ nich so viel ZU\traue /NICHT dass sie sich in als letzte krücke an den lieben /GOTT\ erinnert **aber** dass ihnen das **einfach** ne /HILfe is /NICHT zu /LEICHTfertig mit der /Ehe UM\zugehen ach ich WEISS\ nich nee /JETZT gehn wir **mal** zum guten /GOEthe zurück und zitieren /DEN und wie /HEISST es so /SCHÖN die

S1: nun /BRAUCHT man /BRAUCHT /NICHT entschuldige

S2: ja

S1: den goethe nicht zu zi/TIE\ren man braucht sich **nur** sein /LE\ben irgendwie /AN\zusehen oder sagen wir sein sich mit seinem /LE\ben irgendwie be/KANNT\ zu machen und was war die /Ehe für /IHN und was war die die die gute frau von /STEIN

S3: **JA**

S1: für /IHN nicht wahr und die vielen /MÄDchen die ich weiss nicht von seinem /SIEBzehnten bis zu seinem vierund/ACHTzigsten jahr da vor/HANden waren und s und was wäre ein /GUter /GOEthe ohne sagen wir eine frau von /STEIN das kann man sich schwer /VOR\stellen

S3: und ohne eine friede/RIke

S1: ja

Anhang

S2: ja /GUT\ **aber** n /GOEthe ist dann ein ge/NIE und /IHM seien solche /EXtravaganzen /MEInetwegen herzlich ge/STATtet und er durfte für /JEdes ge/DICHT ne /NEUe ge/LIEBte zur inspira/TION\ benutzen ich /WEISS\ es nicht **aber** der /GUT /BÜRgerliche mensch is nun /KEIN

S1: entschuldige **aber** das is sagen wir ein ex/TREM\ **aber** du hast /RICHtig vorher ge/SAGT nicht wahr also an diesen ex/TREmen an diesen extremen kristalli/SIEren sich

S2: /**JA** GUT\ /SCHÖN\ **ja**

S1: die also die die /STANDpunkte irgendwie ganz /DEUT\lich **vielleicht** is es **DOCH**\ ein bisschen übertrieben **aber** /TROTZdem

S2: es ist ein asPEKT\

S1: **JA**\

S2: GUT\ das geb ich ZU\ **aber** müsst ich jetzt wieder drüber /NACH\denken wie weit /JETZT ich /MEIne wir wir wir müssen **doch eigentlich** n bisschen /WEnigstens konseQUEN\ter vorgehen **denn** in/ZWIschen wirst du bald langsam über/HAUPT\ die ehe als /SOL\che in /ZWEI\fel ziehen oder bist du dabei über/HAUPT\ die ehe als institu/TION\ überhaupt /AN\zuzuweifeln

S1: **ja ja ja** /AUF\zuheben **ja**

S2: /AUF\zuheben GUT\

S3: **ja**

S2: also ich ich WEISS\ nicht dann möcht ich kaum noch /MIT\sprechen **denn** das is für mich ich /MEIN ich /MUSS mich /NEIN\ das is /SO\ wenn ich jetzt darüber disku/TIE\re dann muss ich mich /SO von /ALlem **ja** dann muss ich ver/SUchen /GANZ /STRENG /LOgisch einen /SCHRITT nach dem /ANdern zu voll/ZIE\hen weil das also /SO mir /SO /FREMD\ wäre

S1: **ja**
S2: wenn ich /JETZT diskutiere dann kann ich sprechen ohne /SEHR sehr viel zu über/LE\gen **aber** das wäre **einfach** also die /Ehe über/HAUPT /AUFzuheben

S1: **ja** also diesen for/MAlen AKT\ /WEISST du

S2: ach nee

S3: **ja**

S1: /SEI es ich WEISS\ nicht vor /GOTT /SEI es in einem einem /HEIratspalast oder das ist eGAL\

Transkripte der Korpustexte

S3: /DEN würd ich **AUCH**\ aufheben

S1: also wenn zwei /MENschen

S2: nee gut die ehe/SCHLIE\ßung **JA**\ ich hab jetzt dich SO\

S1: die ehe/SCHLIE\ßung **ja ja** also **ja ja**
S2: **ja ja** dann dann hab ich dich MISS\verstanden **denn** ich meinte du wolltest die ehe als institu/TION\ direkt aufheben nein du /MEINtest den for/MAlen /AKT /DER\ eheschließung das sym/BOL\ und so weiter

S1: **ja ja denn** das ist das ist voll/KOMmen irrele das ist voll/KOMmen irreleVANT\ für die ehe die die /Ehe kann im /STANdesamt und noch dazu in der /KIRche geschlossen werden und es kann eine eine /GANZ /SCHLECHte E\he werden

S2: **ja** das is /RICH\tig

S1: und es können zwei /LEUte mitein/ANder leben die überhaupt /NICHT vor vom vom al/TAR vor s vor den al/TAR gekommen sind und die führen ein ein glückliches /LE\ben miteinander haben **vielleicht** drei vier /KINder und die /KÖNnen **JA**\ ich ver/STEH\ das da da gibt s wieder konven/TIO\nen nicht wahr

S2: /NEIN\ /NICHT **nur** konven/TIO\nen ich ich /MEIne ich ver/TREte meinen standpunkt /NICHT bezüglich der konven/TIO\nen weil ich **einfach** /MEIne der /MENSCH kommt in is **einfach** zu SCHWACH\ oder manchmal ist der mensch zu SCHLECHT\ oder er /SCHAFFT\ es nicht er /LIEBT seine /FRAU **aber** es gibt mo/MENte wo die /FRAU oder wo der /MANN **einfach** dessen ÜBER\drüssig is und /MEINT sie WOL\le nicht mehr und dass in /SOLchen mo/MEnten **einfach** die die /KON\vention oder dieses be/WUSSTsein VOR\ der gesellschaft **einfach** wieder eine /HIL\fe ist und dass /KEIner /SO stark ist das so ein leben lang /AUS\zuführen **denn** in n /MEI\sten fällen is **ja** so n bisschen /MÜ\desein von der ehe wird in /JE\dem fall auftreten und /WENN die jetzt nich /SO stark **schon** von /AUS\sen her zu/SAM\mengekettet sind so sind sie **ja** /VIEL eher be/REIT in einem solchen /AUgenblick nun /ALles /AUF\zugeben und /DAS halt ich für zu geFÄHR\lich

S3: und /DA /MEIne ich dass es **eben** bei intellektu/EL\len menschen be/SON\ders **ja** die das ge/SPRÄCH ist wo man die /MISSverständnisse oder dieses /MÜdesein /KLÄ\ren kann und zum /ANdern nicht **nur** /KLÄ\ren kann sondern zum /ANdern **auch** /FESTstellen kann /SCHÖN\ ihre /KÖRperlichen und ihre /ÄUßerlichen /REIze die sprechen mich nicht mehr /AN **aber** sie hat immerhin **schon**

S2: /DAS /SAG **mal** deiner FRAU\ da is se intellektu/ELL oder /NICHT du da biste für die immer erLE\digt ich glaub du ver/STEHST\ überhaupt nichts davon

S3: nein du du du missver/STEHST\ mich

S2: na **ja**

211

Anhang

S3: du missver/STEHST\ mich ich /MEIne dass es **eben** dass es **eben** für /SOL\che momente **eben** /WICH\tig ist dass **eben** /NICHT allein auf /SOL\cher basis die ehe ge/GRÜN\det ist

S2: na /GUT **aber**

S3: dass **auch auch** ge/WISse ge/WISse /GEIstigen inte/RES\sen

S2: **ja**

S3: /NOT\wendig sind um dann in der /KRIse die ehe zu über/BRÜ\cken

S2: ach

S3: und die /KRI\se überhaupt die /KRI\senzeit zu überbrücken

S2: oh nein also ich weiss nicht ich bin immer so al/LER\gisch dagegen wenn /WIR auf den intellektu/EL\len und und der /GEIstigen überlegenheit da he/RUMpochen und meinen damit /WEISS was erLANGT\ zu haben also ich glaube dass einfache leute sich /**AUCH** ihre /WORte finden um sich /AUS zusprechen und dass das überhaupt nicht intellektu/ELL\ zu sein braucht ich ich /HAB mich mit herrn vobolz heute /WUN\derbar über menschliche probleme unterhalten und der wird nich als intellektu/EL\ler bezeichnet also ich weiß nich /DAgegen muss ich mich /UN\heimlich /WEN\den weißt du das is so die /ART die wir stu/DENten EIN\nehmen nich der intellektu/EL\le nich der /EINblick hat weißt du so zu /WISsen was die /WELT im /INnersten zu/SAMmenhält **ja**

S3: nein nein so /MEIN ich das GAR\ nich

S2: na **ja aber**

S3: das is **vielleicht** falsch ge/SAGT\

S2: na /GUT\ dann dann /DARFST du nicht vom intellektu/EL\len sprechen also das bringt mich immer n bisschen HOCH\ **ja** es is ich /WEISS\ es nich mirek /KANNST du das ver/STEhen oder möchtest du /**AUCH**

S1: **ja ja** also nicht wahr die die /LIEbe oder das existiert auf /AL\len

S2: auf allen ge/BIEten und /Überall finden /MENschen

S3: **ja**

S2: /WORte **auch** zur AUS\sprache

S1: **ja** manchmal finden sie **auch** /FÄUste dazu ne und so weiter

S2: na **ja** /GUT je nach ihrem tempera/MENT der /RUSsische mann ver/HAUT seine frau nich und

212

Transkripte der Korpustexte

S1: ich glaube nicht **nur** ein RUS\se

S2: **JA**\ wir KEN\nen dieses beispiel **nur** von dem all STAR\eislaufpaar dass die also

S1: von

S2: dem diesem /EIS\laufpaar die die also /GOLD\medaille gewonnen haben dass er sie **mal** ver/HAU\en hat

S1: nn und

S2: **ja ja** ich KANN\

S3: **ja**

S2: es nich richtig aussprechen

S1: /**JA**

S2: **JA**\

S2: /WEISST du davon nichts

S3: nee

S2: /DESwegen also hab ich n bisschen ANGST\ vor m russischen mann

S1: /**JA**

S2: **JA**\

S1: wie /WAR\ es

S2: /**JA**\ ich /WEISS\ **nur** /IRgendwie nach ich /GLAUbe als se als se die die /WELTmeisterschaft haben se nich geSCHAFFT\ /DIE haben also das DEU\tsche paar kilius baeumler haben die weltmeisterschaft er/RUNgen und danach hat er sie **wohl** irgendwie ver/HAUen oder furchtbar AUS\geschimpft und und dass sie sich nicht genug /AN\gestrengt hat **aber** /DAS jetzt **nur** NE\benbei wir sprechen über die /Ehe und und das is also ich /GLAUbe wir sind so an einem /PUNKT angelangt wo unsere /MEInungen /SO stark auseinAN\dergehen **aber** ich /WEISS\ nich wir haben glaub ich glaub ich **auch** n bisschen den /FA\den verloren wie /IST\ das

S3: ich nehme /**AUCH**\ an

S1: **ja** also ich glaube ich hab das erfahren was ich erfahren /WOL\lte also die die sagen wir die /ALLgemeine VOR\stellung ich /KÖNnte jetzt selbstverständlich über die vorstellungen bei /UNS sprechen **aber** das wäre nich

213

Anhang

S2: **ja ja** nee /GUCK\ **mal** vor /ALlen dingen möcht ich **mal** hier drauf /HINweisen dass das was ich sage nich so sehr /MEI\ne vorstellung is dass ich so /INstink/TIV /DAS /VON mir gebe was

S1: **ja**

S2: in mich durch die er/ZIEhung hinEIN\

S1: **ja ja ja** und /WAS so ein ein /ALLgemeines flu/I\dum ist nicht wahr

S2: **JA\ JA** und

S3: dann muss ich /FESTstellen also wie /WEnig dieses allgemeine /FLUidum auf mich /EIN\fluss gehabt hat

S2: ja /ICH will dir **nur** sagen dass du dich also in nächster zeit noch ÄN\dern wirst

S1: du wirst noch /GANZ ein ein /GANZ /BRAver E\hemann

S2: n /GANZ /GANZ in /ZEHN jahren treffen wir uns /WIE\der

S1: **ja ja**

S2: **aber** mach /NIE den fehler einer frau zu /SAgen sie habe keine /REI\ze mehr oder was weiss ich

S1: na das TUT\ er nich **ja**

S3: nein das kann ich **doch** nich MA\chen

S2: das wird er /AUCH\ nich tun

S1: nein das /TUT\ er nicht /BESTIMMT\

S2: bei /ALler NEIN\ ich meine /JETZT noch was /WE\sentliches ich /FINde so dass **auch** die ge/WISS diese illu/SI\on in der man leben /MUSS und dieses **auch** n /BISSchen **vielleicht** sich gegenseitig /MAL\ etwas vorspiegeln /AUCH /UN\heimlich wichtig is und /NICHT\ **nur** aussprache und /NICHT\ **nur** offenheit

S3: **JA** /SI\cher

S2: nich also **aber** ich finde so all/MÄHlich is is unser thema **doch** irgendwie zum /EN\de gekommen ohne dass wir s nun ganz konse/QUENT DURCH\diskutiert haben

Sabest
Saarbrücker Beiträge zur Sprach- und Translationswissenschaft

Fachrichtung Angewandte Sprachwissenschaft
sowie Übersetzen und Dolmetschen
der Universität des Saarlandes

Alberto Gil – Johann Haller – Erich Steiner – Elke Teich
(Hrsg.)

Band 1   Alberto Gil / Johann Haller / Erich Steiner / Heidrun Gerzymisch-Arbogast (Hrsg.): Modelle der Translation. Grundlagen für Methodik, Bewertung, Computermodellierung. 1999.

Band 2   Uwe Reinke: Translation Memories. Systeme – Konzepte – Linguistische Optimierung. 2004.

Band 3   Stella Neumann: Textsorten und Übersetzen. Eine Korpusanalyse englischer und deutscher Reiseführer. 2003.

Band 4   Erich Steiner: Translated Texts: Properties, Variants, Evaluations. 2004.

Band 5   Sisay Fissaha Adafre: Adding Amharic to a Unification-Based Machine Translation System. An Experiment. 2004.

Band 6   Tinka Reichmann: Satzspaltung und Informationsstruktur im Portugiesischen und im Deutschen. Ein Beitrag zur Kontrastiven Linguistik und Übersetzungswissenschaft. 2005.

Band 7   María Jesús Barsanti Vigo: Análisis paremiológico de *El Quijote* de Cervantes en la versión de Ludwig Tieck. 2005.

Band 8   Christoph Rösener: Die Stecknadel im Heuhaufen. Natürlichsprachlicher Zugang zu Volltextdatenbanken. 2005.

Band 9   Fadia Sami Sauerwein: Dolmetschen bei polizeilichen Vernehmungen und grenzpolizeilichen Einreisebefragungen. Eine explorative translationswissenschaftliche Untersuchung zum Community Interpreting. 2006.

Band 10 Rosario Herrero: La metáfora : revisión histórica y descripción lingüística. 2006.

Band 11 Ursula Wienen: Zur Übersetzbarkeit markierter Kohäsionsformen. Eine funktionale Studie zum Kontinuum von Spaltadverbialen und Spaltkonnektoren im Spanischen, Französischen und Deutschen. 2006.

Band 12 María José Corvo Sánchez: Los libros de lenguas de Juan Ángel de Zumaran. La obra de un maestro e intérprete de lenguas español entre los alemanes del siglo XVII. 2007.

Band 13 Vahram Atayan: Makrostrukturen der Argumentation im Deutschen, Französischen und Italienischen. Mit einem Vorwort von Oswald Ducrot. 2006.

Band 14 Alberto Gil / Ursula Wienen (Hrsg.): Multiperspektivische Fragestellungen der Translation in der Romania. Hommage an Wolfram Wilss zu seinem 80. Geburtstag. 2007.

Band 15 Anja Rütten: Informations- und Wissensmanagement im Konferenzdolmetschen. 2007.

Band 16 Valerio Allegranza: The Signs of Determination. Constraint-Based Modelling Across Languages. 2007.

Band 17 Andrea Wurm: Translatorische Wirkung. Ein Beitrag zum Verständnis von Übersetzungsgeschichte als Kulturgeschichte am Beispiel deutscher Übersetzungen französischer Kochbücher in der Frühen Neuzeit. 2008.

Band 18 Ramona Schröpf: Translatorische Dimensionen von Konnektorensequenzen im Spanischen und Französischen. Ein Beitrag zur linguistisch orientierten Übersetzungswissenschaft Romanisch – Deutsch. 2009.

Band 19 Windyam Fidèle Yameogo: Translatorische Fragen der Ambivalenz und Implizitheit bei Mephistopheles. Dargestellt an französischen Übersetzungen von Goethes Faust I. 2010.

Band 20 Manuela Caterina Moroni: Modalpartikeln zwischen Syntax, Prosodie und Informationsstruktur. 2010.

www.peterlang.de